謀略
三國留名青史的外交遺產

官渡之戰逆轉勝、利益衝突毀同盟、玩轉三方終自斃，為了奪天下，每步都得深思熟慮！

張程 著

吳蜀二國這艘翻過船的聯盟怎麼重修舊好，戮力同心？
官渡之戰的奇蹟逆襲其實有跡可循？從一開始早已暗示其中的命運！
三國間越看越精彩的奇謀異策，書寫前人們光輝燦爛的運籌帷幄！

破碎與重建的同盟關係 × 虛實相間的萬全之策 × 撞擊亂世的理想主義
風雲際會三國間，那些爾虞我詐怎麼讀都讓人看不過癮！

目錄

目錄

三國外交年表

三版後記

序

伴隨著中國最近數十年的持續發展，世界對中國的歷史文化表現出日益濃厚的興趣。在國際關係和外交學的研究領域也開始出現把西方國際關係理論與中國歷史相結合的熱潮，不少學者和學生開始對中國外交的歷史和特點產生興趣。國際關係學和外交學的學人們應當在此基礎上形成「中國的國際關係學」或「中國的外交學」。

從這個意義上說，張程的本書也是他在這方面所做的一次探索和嘗試。

曾經有一位韓國學者來到國際關係學院，希望能研究古代東亞國際體系，也就是所謂的朝貢體系。朝貢體系就是典型的中華古代外交事宜。古代有著豐富多彩的外交實踐和思想。這些是先人遺留給我們的寶貴財富。外國的相關學科已經開始注意研究中國古代的外交制度、思想和實踐。這些寶貴的外交遺產一直流淌在我們的外交方針中，影響著今日的中國外交。

理解西方的國際關係理論必須看西方的歷史，可是我們不一定非得用西方的歷史來理解當今的國際關係。西方的很多例子放在中國就「水土不服」。為什麼只是一味去關注古希臘和西發里亞，而不去關注春秋戰國時代和三國呢？我們對西方歷史的了解肯定比不過西方人。

現代國際政治建立在西方價值觀念和遊戲規則之上。中國是現代國際體系的遲到者和被動接受者。在西方外交思想和規範傳入中國之後，本土的外交思想、規範和實踐開始衰落。其實，與古希臘古羅馬的那些城邦國家相比，我們更有資格炫耀自己悠久燦爛的外交歷史。早在春秋

序

戰國時期，中原大地上就形成了華夏體系。這個體系日後逐漸發展完善成穩固的朝貢體系。朝貢體系在十九世紀末二十世紀初澈底崩潰於列強的堅船利炮之下。

本書嘗試挖掘中國外交遺產。我曾經做過春秋戰國時期外交思想的研究，本書則將對古代外交的研究延伸到了秦漢之後，同時將觀察的視角深入內部政權。在書中，作者以詳實的史實梳理了三國時期的外交歷史，歸納出相關國別的外交策略。其中對吳、蜀兩次外交聯盟的介紹和對聯盟理論的穿插分析，為我們展現了特色的聯盟征伐情況；其中對蜀、吳荊州策略的深入分析，將盛傳的「借荊州」細化，糾正為「換江陵」，為我們理清了一椿紛繁複雜的歷史公案。書中有關秦旦通三韓、張特守合肥城等有趣的外交故事，向我們展現了古代外交生動有趣的一面。

正如作者承認的，本書還存在許多問題。比如並沒有嚴格區分外交爭鬥和政治、軍事爭鬥，對三國外交策略和戰術的分析概括也略顯簡單。另外，還需要提醒讀者的是，雖然三國時期魏、蜀、吳三個政治實體各有各的地盤、軍隊和居民，互不隸屬又相互承認，它們之間的交流具有典型的外交特徵，但它們都是秦漢統一天下的歷史前提之下出現的，又都以實現統一為最終的策略目標，而且後來三國又在不久之後重新成為一個統一國家。這又與一般國家的外交有所不同。但總體來說，本書不失為一部通俗易懂、深入淺出的外交史作品。

中國的外交有幾千年的歷史，有豐富的實踐經驗和傳統，有不少知識和傳統一直影響到當代的外交。相信張程的這本書會豐富對這一歷史時期的外交的認識，會對人們理解中國外交的歷史有所補益。

是為序。

葉自成

前言

三國時期存在外交嗎？

璀璨異常的三國歷史是一座巨大的寶庫。本書重點關注三國時期的外交歷史和外交思想。它將帶領讀者走入三國時期各個割據政權之間的外交戰場，近距離觀察三國外交家的思想和實踐；本書也將帶領讀者關注三國外交前輩篳路藍縷的過程，思考三國在世界外交舞臺上的地位。

這是個嶄新的領域，在論述過程中必然伴隨著大量的疑問和思索。

一聽說「三國外交」，人們往往首先詢問：三國時期存在外交嗎？

對於這個前提性問題的回答，涉及我們對外交的理解。現代人已經習慣了電視、報紙和雜誌上展示的外交縱橫。外交官們在聯合國等國際組織和各種外交場合上的瀟灑表現，國家間頻繁進行的照會、會晤和聯盟等外交活動連續公布的國際法、條約、協議和講話為我們營造出一個現實中的外交世界。撥開這些表象，投眼於汗牛充棟的史籍，我們會發現，古代也存在這些外交概念。古代中國人很早就形成了自己的世界觀和外交概念。

外交史大家黎虎教授研究認為，商朝的甲骨文中就包含著外交紀錄。

在商王朝的時候，中國就已經出現了外交官和外交概念。當時的外交指的是中央王朝開展對外交流、允許諸侯各國相互交流的權力和一系列的活動。

春秋時期的魯隱西元年（西元前七二二年）祭國國君出訪魯國。《春秋穀梁傳》中「隱西元年」一篇對此記載道：「寰內諸侯，非有天子之命，不得出會諸侯。不正其外交，故弗與朝也。」意思是說：周朝範圍

內的諸侯們，沒有周天子的允許，是不能相互交流的。這可能是在史籍中最早出現的明確的「外交」一詞的記載。可見，「外交」一詞在古代人們的心中是貶義的。也就是在古代中國人的思維中，只有天子才有權力進行對外交流，外交是天子的特權。

　　但是這並不妨礙諸侯國之間的外交的現實存在。西周時，由各諸侯國和周邊政權組成的國家體系間圍繞著周王室固定運轉，不就是中國原始的外交體系嗎？到了春秋戰國時期，各國外交始終相伴隨著征戰，碰撞出了輝煌的外交火花。葵丘會盟、問鼎中原、晏子使楚、合縱連橫、遠交近攻等外交故事、外交人物和外交策略至今為人津津樂道。

　　秦漢以來，各項外交概念開始固定，外交範圍拓展，形成了政府內部的外交制度。先秦時期的外交，還都是集中在現代中國本土範圍內。西漢時期張騫鑿空西域，中國古代外交突破了本土和東亞的範圍而開始走向世界。位列九卿的大鴻臚，屬於內朝系統的主客曹和行人、四方館等各司其職，撐起了中華帝國的外交體系。中國主導的古代東亞國際體系的輝煌和中國在東亞的歷史遺產就是在當時開始出現雛形。

　　三國時期，國家的分裂並沒有妨礙外交思想的流傳。東吳使臣張溫出使蜀漢，向蜀漢大臣稱讚自己的副手（副使）。後來在國內政治爭鬥中，張溫因此獲罪。《三國志·張溫傳》記載了駱統為張溫求情的話：「向他國之輔，而嘆本邦之臣，經傳美之以光國，而不譏之以外交也。」這裡的「外交」一詞是貶義的，指的是大臣私自對外交流。這裡具體指張溫沒有經過皇帝孫權同意，當著蜀漢君臣面評價東吳的大臣（副使）。駱統求情的時候，就認為張溫雖然擅自評價己方大臣，但說的是好話，不是一般的「外交」。

　　事實上，「三國外交」的概念已經被人提出來了。張大可教授認為：「三國外交，特指三國形成時期的外交，起於西元二〇八年劉孫結盟，止

於西元二二九年吳蜀訂立中分天下的盟約，前後二十二年。」儘管筆者並不贊同張教授的分期，但完全認同張教授對外交的靈活理解。群雄競起的亂世，各國都發展出了自己的外交制度，形成了各具特色的外交實踐和思想。這是我們觀察統一盛世時難以獲得的萬花筒似的精彩畫面。三國兩晉南北朝時期與春秋戰國時期、五代十國時期一樣，都是中國古代外交內容大放異彩的重要階段。

我們得承認，即使是在缺乏理性思維、不擅長思辨和缺乏系統理論的中國古代政治思想中，依然閃耀著前輩外交實踐和思想的光芒。三國時代是存在中國古代外交的。

再追根溯源，外交概念的本質是什麼？現代外交概念由西方而來。現代外交的詞源 Diploma 為金屬製的一分為二的護照和其他通牒。它是國家頒發的執行國家政策、實現國家策略目標的憑證。外交概念在產生之初就帶上了強烈的國家實踐色彩。

外交概念包含兩個前提國家和國家交流。外交概念帶有兩大色彩：國家色彩和主權色彩。

三國時期存在國家嗎？討論割據政權之間的外交是否可行呢？

那麼，三國時期的曹魏、東吳、蜀漢和遼東是否可以算是外交意義上的國家？魏國的疆域東至大海，西到甘肅，北過長城，南達江淮地區；東吳接魏國南境，跨過長江中下流地區、五嶺和珠江流域，直到越南中部；蜀漢保守今四川、雲貴和陝西、青海等省一部。曹魏滅蜀的時候，蜀國人口約九十四萬，魏國人口有四百四十三萬。西晉滅吳的時候，吳國人口達到兩百三十萬。滅亡的蜀漢和東吳兩國，分別立國四十三年和五十九年，分別保持了十萬和二十萬的常備軍。這樣的政權規模，即使按照現在的標準，也是大國。

三國鼎立之勢形成後，「中興漢室」這面旗幟失去了號召力。統一的

前言

漢朝在意識形態領域的份量在降低。隨著時間的推移，人們轉移了天命的觀念。魏、蜀、吳三國在義理上都成了平等的割據國家，三方角逐完全進入了道德與國力的競爭中。對於這三個國家以及遼東政權來說，誰治理得有條理，誰就能贏得民眾的支持，贏得士大夫的歸心，誰的力量就會不斷增強。

當時參與到以三國為核心的外交圈子中的，還有三韓、邪馬臺、大和、西域等國家和地區。這些國家和地區有些發展成了現代國家，有些逐漸融入了中國。但是在當時，它們都是有穩固統治的、獨立的國家。

當然，我們也必須承認這裡的國家都不是近代以來的民族國家，也就是說，這些國家不具備現代意義上的主權。但是，三國時期各國建立了對內絕對排他的統治，在對外事務方面也是完全獨立的。因此，三國時期的國家是存在的。同時，討論割據政權內部、中央王朝與周邊政權之間的外交是可行的。

所有對「三國外交」概念的疑問，都是受到現代外交概念約定俗成的影響導致的。當代人的頭腦裡似乎已經有了先入為主的想法，認為只有在現代國際環境中接觸的外交才是外交。事實上，光輝燦爛的古代也存在豐富多彩的外交實踐和外交思想。我們對它的懷疑本身顯示著我們對它的忽視。希望三國外交能夠成為人們了解古代外交的一個切入口。

讀者們可能又會問了：讀三國外交有什麼現實意義呢？

中國是當今國際體系的遲到者。被動進入近代國際體系的時候，西方國家已經以自己的價值體系和行為規範為基礎，建立了完整的國際體系。

接受的外交教育和薰陶也是在西方理論和實踐的背景下進行的，因此普遍缺乏自己的國際視野。用它來分析當今紛繁複雜的國際形勢，規劃和指導中國的外交行為，甚至有部分人「言必稱西發里亞」。但我們畢

竟不完全適應那一套思維，很難用它來解釋遇到的一切。

在日益走向世界的時候，中國也一再遭遇尷尬情況。在國際圖書版權貿易中長期處於巨幅逆差地位，這令有著幾千年深厚積澱的文化大國十分尷尬；近幾年比較叫座的幾部電影大製作，與其說是民族電影的希望，不如說是在西方審美基礎上點綴了中華元素；學人一年年地西渡，歸國的那部分人引進了大量的西方科技和文化，卻依然改變不了中國一些學科起步低、理論零散、缺乏系統梳理的狀況。

三國外交就是閃耀著智慧光芒的中國外交遺產。透過挖掘它，可以為當今國際關係和外交提供借鑑，也可以幫我們抽去西方國際關係理論所主導的頭腦中所出現的一縷遺憾和一絲無奈。

國家圖存爭霸，「外交力」是綜合國力的重要組成部分。外交力是國家占有一定的外交資源，運用外交能力轉化、配置外交資源，透過外交構想力提出富有成效的外交策略，結合外交意志，形成解決特定問題的外交力量。外交力影響國家的對外交流，隨時隨地隨境況不同而不同。對外交力的靈活運用，體現了執政者的能力，能改善國家的外部環境，也能把一手好牌打得稀巴爛，四面樹敵。並非「弱國無外交」，恰恰相反，弱國更需要提升外交力，或者在消解外患，或者在夾縫中求生存；如果能借力打力、以柔克剛，就能極大提升弱國的國際地位。在綜合國力其他要素欠缺的情況下，弱國能擁抱的就是外交力了。同樣，強國也不能忽視外交。不求事事錦上添花，但糟糕的外交連累整體國力、拖垮國家大政，也不能不防。三國外交便提供了兩方面的生動例子，為外交力增添了中華元素、三國特產。

一　帝國的外交遺產

董卓之蠢，在於他白白浪費了歷史賜予他的巨大機遇，喪失了東漢王朝撥亂反正的最後希望。於是王朝的大廈轟然倒塌，一個亂世開始了！世道亂了，但總有一些東西是不變的。中國政治文化中蘊藏著的外交思想和王朝的外交制度就是帝國世代相傳的寶貴遺產。

中國第一位軍閥

開啟三國時代亂世大門的人，是董卓。

西元一八九年，職業軍人出身的河東太守董卓，戲劇性地率軍進入洛陽，誅殺宦官和大臣，掌握了朝政。他所面臨著的是一個矛盾重重、政弊纏身的朝廷。東漢政治正處於或者撥亂反正或者全盤崩潰的十字路口。董卓的無知、魯莽和他麾下涼州兵團的殘暴，使得矛盾衝突如洪水般決堤而出，加速了亂世的到來。

董卓這個人，不是什麼好人，但也不像後人描述的那麼不堪。他這類人物在之前的中國歷史上尚未出現，在之後的中國歷史上倒是經常出現。後人專門造了一個名詞，來形容董卓這樣的政治角色──軍閥。

身為中國軍閥的前輩，董卓為這個群體的後來者樹立了許多典範。

首先是在體態上，董卓極胖。他兵敗被殺後，橫屍街頭。據說有人在他的肚臍眼上插了根燈芯。董卓肚中的脂肪足足燃燒了三天三夜。後來的唐代著名大軍閥安祿山也是肚子極大，據說需要五匹馬才能載起他。

其次是在個人經歷上。董卓始終與軍隊（涼州軍團）牢固地連繫在一起，親自掌握隊伍。之後歷代的大軍閥，無不牢牢掌控軍隊、崛起於行伍。軍隊私人化成了軍閥的標配。

古代，俗語有云：「好男不當兵」，行伍出身的人通常家世不顯。董卓是涼州隴西郡臨洮（今甘肅省岷縣）人，出身不高，父親董君雅是縣裡的一個小官，最高做到了潁川郡綸氏縣的縣尉。董卓成年後也在老家郡衙門中謀了個監領盜賊的差事。

涼州地區主體在今甘肅省中部，在漢朝是邊陲地區，氣候常年寒冷，因此得名「涼州」。當地少數民族眾多，出產當時中國最優質的戰

馬和最彪悍的戰士，騎兵條件甲天下。也許正是這種環境塑造了董卓彪悍、殘暴的性格。董卓小的時候就與少數民族豪帥結識，這為他日後在涼州軍團的崛起奠定了扎實的基礎。

漢桓帝末年（大約西元一六〇年左右），涼州地區的少數民族羌人的反叛行動日益高漲，東漢朝廷為安定邊陲，提拔了一批當地豪強來平叛。董卓就以「良家子」的身分被提拔為羽林郎（中級軍官）。董卓本就性格粗猛，體格健碩，到了戰場上更是如魚得水。史載他可以在飛奔的戰馬上左右開弓射箭。

憑藉著過人的武力和多次征伐作戰中累積的戰功，董卓一路升遷，歷任軍司馬、廣武令、蜀郡北部都尉、西域戊己校尉、并州刺史、河東太守，終於晉升為高級將領。

董卓勢力的日益坐大引起了朝廷的擔心。中平六年（西元一八九年），朝廷命令董卓交出部隊，去任并州牧。有兵有權又有野心的董卓豈肯就命，他上書說：「臣在行伍中十多年了，與軍中上下的士卒日久情深。士卒們也都依戀臣的畜養之恩。臣願意為了國家，率軍到并州去，效力邊陲。」他也不等朝廷同意，就率領軍隊去上任了。

一個軍閥的身影開始出現了！

羸弱的東漢王朝當時已經無力對董卓採取任何實質性的懲罰措施了。

漢靈帝的東漢，此時朝廷立國已久，像是個痼疾纏身的老人，各種矛盾和問題日積月累，百姓怨聲載道，最終在西元一八四年以農民起義的形式生了一場暴病，這就是歷史上著名的黃巾之亂。

朝廷雖然成功鎮壓了民變，但是實際統治已經動搖了。世族大家的勢力惡性膨脹，地方政權分崩離析，中央政府內部宦官和外戚明爭暗鬥。漢靈帝在最危急的時刻出朝與群臣面議朝政，之後又回到深宮，與宦官相伴。

一　帝國的外交遺產

不久，漢靈帝駕崩，漢少帝即位。志士仁人想要澄清政治，黎民百姓也都盼著朝廷清明。洛陽城內的知識分子、朝臣和外戚們醞釀發動「盡誅閹宦」的計畫。皇權專制衍生出了宦官專權的現象。宦官專權在道德上和實質上削弱了皇權，的確是導致東漢末期政治黑暗的原因之一，也是人們矛頭所指、主要的攻擊方向。大將軍何進和許多大臣都支持這一清除宦官專權的行動，以達到重尊皇權的目的。

朝臣們和知識分子要清除宦官專權是好的，但當時的做法卻犯了幾個致命的錯誤。首先，主導此事的是外戚。何進是國舅，掌握外朝實權，即使行動成功了，最後也難免只是以外戚專權代替了宦官專權，並不見得是好事。

其次，何進的能力太差，靠裙帶關係上臺，不僅辦事不密，而且優柔寡斷。在調兵遣將完畢後，他覺得必須徵得妹妹也就是皇太后的同意。但是皇太后終日需要宦官伺候，自然不同意誅滅宦官。昏庸的何進和朝臣們竟然另闢蹊徑，想出了調外省軍隊入京「兵諫逼宮」的餿主意。這不僅在實質上削弱了皇權，還向天下明確宣告神聖的皇權不能解除身邊的頑疾，而只能依靠外人的力量。

曹操此時在京擔任禁軍校尉，參與預謀。他極力反對徵調外兵來誅殺宦官。他認為誅殺宦官讓幾個獄吏去辦就行了，如果大張旗鼓地進行反而暴露了皇帝和朝廷的無能，是要引起天下騷動的。曹操最為擔憂的是引狼入室，可能會造成軍閥獨霸朝政、削弱皇權。

但是曹操的看法在當時並沒有什麼影響力，外省軍隊依舊被調入京。董卓的部隊就是被徵調的兵諫隊伍之一。

天下沒有不透風的牆，更何況是這麼大的行動。宦官們早已得知了消息，趁外兵未到，就先下手為強，將何進騙到宮中，砍了他的腦袋。

何進的屬下們聞此噩耗立刻紅了眼，奮起神威，衝入宮中，大肆誅

殺宦官。皇宮內一片血雨腥風。據說，當時還誤殺了許多面部無鬚的男人。洛陽陷入了大亂。

鷸蚌相爭，漁翁得利。這時，董卓趕到了滑向混亂的洛陽。

董卓來的時機正好，可是帶的兵並不多，開始時只有步騎三千人，實力遠低於何進餘部和洛陽周圍其他軍隊。董卓也害怕自己兵少，不能鎮服遠近，但多年的軍事經驗教會了他使用計謀。在之後的四五天中，董卓讓軍隊每天夜裡悄悄潛出軍營，第二天再大張旌旗擂鼓而還。洛陽城中各派和周邊地區都以為董卓的軍隊源源不斷而來，紛紛表示歸附。就這樣，董卓憑藉著一個本朝前所未有的機遇，踏著宦官和外戚兩派勢力的屍體，征服了洛陽。

從東漢中期開始，宦官外戚交替掌權是中央朝廷最大的弊端。如今，中央朝廷既沒有了宦官專權，也沒有了主事的外戚集團，民心思定，何等清爽。另外，東漢政權是依靠世族大家的支持建立的，肇建之時就種下了豪強世族惡性膨脹的惡果。上百年來各個大家族累世公卿，把持朝政，讓寒門士人和百姓寒心。而東漢末期豪強大族經歷過民變、造反和內亂的打擊後，勢力衰落；董卓以平民出身入主朝政，得到了普通人的歡迎。

不稱職的掌舵人

　　歷史給予了董卓莫大的機遇，同時也提出了巨大的挑戰。原本漏洞百出的東漢大船經過何進這一折騰，正在緩慢下沉。如果掌控不好，掌舵人將和船隻一起沒入海底。我們來看看董卓是怎麼做的吧。

　　董卓此時已是相國，是東漢王朝實際的掌權者。他有機會也有足夠的實力挽大廈於將傾。但是董卓雖然奪得了權力，卻不懂得如何運用權力來促進國家的發展。

　　雖然他也做了一些積極的事，比如清理「黨錮案」，撥亂反正；改革中央和地方人事；同時他繼續推行地方上的州牧制改革。董卓的這幾項政策使得之前被幽禁、沒有機會出仕的人和長期得不到提拔的人受到了重用，贏得了好評。後世的史家也不得不承認董卓「雖行無道，而猶忍性矯情，擢用群士」。

　　遺憾的是，對於困難重重、處於風燭殘年的東漢王朝來說，撥亂反正已經滿足不了發展的需求。它需要的是龐雜的、客觀可行的全面改革。然而，占據天時、地利、人和的董卓集團既沒有做好全面改革的準備，也沒有這樣的能力。之後除了廢除五銖錢、更鑄小錢，希望改革業已崩潰的國家財政（結果因為錢品惡劣，導致物價飛漲）外，董卓集團的朝廷毫無其他作為。相反，軍閥的殘暴不法逐漸顯露出來。

　　西元一九〇年二月，董卓軍隊到陽城時趕上當地居民迎賽土神的集會。四方居民都聚在一起看熱鬧。董卓軍竟然對手無寸鐵的百姓發起進攻，殺死了所有的男子，奪取車牛裝載婦女和財物。部隊將斬獲的男子頭顱繫在車轅軸上，浩浩蕩蕩地返回洛陽，宣稱攻賊大勝。進入城門後，部隊將所有頭顱堆積起來焚燒，將婦女分給士兵作為婢妾。史載董

卓法令苛酷，用刑很重，冤死者數以千計。「百姓嗷嗷，道路以目。」甚至還有董卓本人強姦宮女、公主的記載。

在進行撥亂反正的同時，董卓主導了東漢王朝的最後一次皇位更迭，當時在位的是漢靈帝的長子──漢少帝劉辯。他尚未成年，是何進的外甥。董卓以少帝無能為由，逼迫群臣同意更換皇帝，改立漢靈帝的幼子陳留王劉協為帝。劉協就是漢王朝的最後一位皇帝──漢獻帝。不久，少帝劉辯即被董卓毒死。更換傀儡只不過是為了鞏固權勢、操持朝政，對漢王朝的復興起不到任何作用，反而瓦解了本來擁護皇權的士人階層對董卓的支持（他們原本是在重尊皇權的旗幟下聚攏在董卓周圍的）。其結果就是，在撥亂反正之初選擇支持董卓的士人階層，經歷皇位更迭後，馬上轉到了董卓的對立面。董卓的舉措儘管為自己獲得了入朝不趨、劍履上殿的特權，卻只是無端地授人口實，推人樹敵而已。

與扶立漢獻帝的舉措一樣費力不討好的，是遷都長安的決策。

董卓盡徙洛陽人口百萬前往長安。一路上百姓們在步騎兵的驅趕下，互相踩踏，加上飢餓、疾病和寇掠，積屍盈路。董卓自己則留駐洛陽，指揮對首都洛陽的焚燒工作，使洛陽城方圓二百里成為一片廢墟。董卓的愛將呂布則挖掘了東漢各座帝陵和公卿們的塚墓，掠奪珍寶。

董卓為什麼要遷都？當時關東十八鎮諸侯聯軍討伐董卓，對洛陽形成包抄之勢。以袁紹為首的關東諸侯雖然人多勢眾，但是整天高談闊論，飲酒作樂。他們討伐權臣是假，割據牟利是真。董卓完全不用怕他們，他也沒有受到任何實質性的軍事威脅。董卓退居關中，可能是想放棄四處難守的洛陽，全力經營易守難攻的關中地區；可能是想西退接近涼州老家；也可能是想守著自己的封地過安樂的日子（董卓的封地郿距長安兩百五十里）。他在封地建築了巨大的塢堡，高厚有七丈，號曰「萬歲塢」。囤積的穀物可以食用三十年之多，還藏有數不勝數的珍寶。董卓

一　帝國的外交遺產

志得意滿地對親信們說：「事成，雄踞天下；不成，守此足以畢老。」

這句話充分暴露了董卓是一個「有術無學」的軍閥。他一生的追求就是擁有封地、糧食和珍寶，過安逸享樂的生活，至於控制朝政、號令天下都是附加要求而已。他所思考的更多的是微觀的個人得失和爭權奪勢的技巧，根本就沒有思考過國家發展的大政方針。東漢王朝在即將沒頂的時候，將命運寄託在這樣的一個軍閥手中，這實在是歷史的悲劇。

退居關中後，董卓自以為權勢牢固，天下威服，殘暴本性表現得越來越明顯。最後在西元一九二年，被親信王允和呂布殺死在長安。

董卓死後幾年，他手下的涼州軍團，包括李傕、郭汜、張濟、段煨、董承等人，繼續為亂關中地區，致使兩三年後關中無復人跡。原本人煙稠密的經濟中心變成了人間地獄。

董卓之亂直接引發了軍閥大混戰。在董卓入洛陽的第二年，也就是西元一九〇年，關東各鎮諸侯就以誅董卓為名開始了興兵討伐。這些各懷鬼胎的諸侯大多墮落成了軍閥。他們驕奢淫逸、禍害地方，成了割據動盪的主角。百姓在飢饉、烽火和恐懼中備受煎熬。女詩人蔡琰（蔡文姬）的《悲憤詩》寫道：「斬截無孑遺，屍骸相撐拒。馬邊懸男頭，馬後載婦女。」這是漢末軍閥混戰的最直接反映。這群軍閥，站在亂世的門口，共同打開了亂世的大門。中國歷史迎來了著名的割據混戰時代，從東漢末一直到隋唐重新統一為止，長達四百年之久。

董卓之亂最大的消極影響在於意識形態的巨大改變。西元一八四年爆發的黃巾之亂得到了廣泛響應，說明百姓對漢朝出現了「忠誠危機」。之後曾出現了少數人意圖謀立合肥侯為皇帝的謀逆事件。但是當時絕大多數人對漢朝是抱有感情的。朝廷的權威低落，但還沒有掃地。董卓原本擁有重尊皇權、中興中央集權的巨大機遇，但是他失敗了。結果皇冠再次受到了奚落，中央集權也成為枉然。如果說在董卓入洛陽的時候，

天下百姓對享國四百年的劉漢王朝還有眷戀擁戴之情，希冀擁護在漢朝的旗幟下實現國家統一和復興的話，那麼現在，天下百姓對劉漢王朝已經撤回了忠誠。

大文豪蔡邕就是其中的代表。他出身於「三世不分財」的名門，氣節和文章受人推崇。蔡邕年輕的時候熱情澎湃、指點江山，在黑暗政治下一再被貶斥，流浪各地。他曾經在吳會地區過了二十多年貧困艱難的日子。董卓當政的時候，起用蔡邕。蔡邕經過短暫猶豫後，接受了朝廷的徵召。雖然他當時已經不再年輕，但是對朝廷的忠誠依然存在，相信經過一次大的革故鼎新，漢朝能夠復興。在董卓之亂中，蔡邕幾乎是一日一升遷，最後官至侍中。對於董卓的荒唐舉動，他也多有勸諫。董卓死後，蔡邕撫屍痛哭，被當作董卓同黨斬首。蔡邕哭董卓，不是因為他是同黨。他哭的是自己心中理想的破滅，哭的是漢朝最後復興希望的喪失。

這，才是亂世大門得以打開的最深層原因。

正如魯肅見到孫權說的第一句話：「肅竊料之，漢室不可復興！」

在蔡邕和魯肅等知識分子心目中，漢朝正在成為過去式。董卓從觀念和現實兩方面打破了漢朝統一的政治格局。不同的是，蔡邕採取了為曾經統一而強盛的漢朝殉葬的做法，而魯肅選擇的是在亂世中參與群雄割據的做法。

在心中拋卻了統一的政治權威後，人們心頭積壓的慾望和人性中的劣根性紛紛暴露出來。身逢亂世，成為一件微妙的事。當時在京城做官的宗室劉焉是漢末州牧制改革的提倡者。他提出改革地方官制，將監察區變為行政區的建議，其實是想在亂世中為自己謀條出路。劉焉起初希望去做交州牧，「欲避世難」。交州在現在的兩廣和越南中北部地區，偏遠閉塞。劉焉老了，想去那裡養老，全身而終。侍中董扶是四川廣漢

一 帝國的外交遺產

人，他悄悄勸劉焉說：「京師將亂，益州（今天四川、雲南、貴州和陝西漢中地區）分野有天子氣。」這是一句典型的大逆不道的話，在皇權鼎盛的時代、在人人擁君報國的年代，完全會為說話者帶來誅滅九族的厄運。但劉焉聽了董扶的話後，不動聲色，心旌搖動，覬覦起益州牧的職位來，最終如願以償成了第一代四川王。

董卓之亂對於改朝換代的歷史拐彎處造成了巨大的影響，最直接的就是耗盡了東漢王朝最後一絲力量。內亂、遷都和混戰的結果在漢獻帝幾年後逃回洛陽時就顯現了出來。西元一九六年，劉協逃離戰亂連綿的關中地區，來到一片廢墟的舊都洛陽。東漢王朝的宮廷只能在一座勉強有四壁的破落院子裡臨時辦公。這座院子據說是之前某個宦官在宮外的私家住宅。當時在其中辦公的大臣有數十人，其中尚書郎以下的大臣必須每天自己去城外採摘野菜充飢。他們與飢民、亂兵一樣，你爭我奪。體弱的人就再也沒有回來。既沒有朝官隊伍，也談不上什麼中央軍隊，甚至連中央政府的供給都成了問題。這就是董卓之亂最直觀的表現。這樣的朝廷也就失去了號令天下、管理全國的可能性了。

漢朝的外交遺產

外交必須是在一定的社會背景中展開的。

現代外交將這個背景叫做「國際社會」。通俗地說，外交是受到歷史經驗、社會觀念、規章制度、力量對比和權力結構等社會因素嚴格約束的。每個國家的外交活動都是在已經布景完畢的舞臺上展開的，每一位外交官多多少少都是戴著鐐銬跳舞的演員。

在我們用來形容現代國際社會的詞語之中，最常見的說法是「無政府狀態」。當今國際社會是一個缺乏統一權威的、無權力金字塔結構的社會。它類似於霍布斯等人所說的「無政府狀態」，但又不同。這個不同就在於人們其實是設計了許多國際法、國際組織和規章制度，形成了許多外交慣例和關係。

那麼三國外交是在什麼樣的背景中展開的呢？

三國外交的背景最顯著的一點就是，它是在中國王朝崩潰之後衍生出來的。在三國之前的中國歷史上，存在過夏、商、周與秦漢王朝這兩個長時期的相對統一經歷。三國外交是在中國歷史的沉澱中起步的。統一的經歷為三國外交的展開造就了諸多的特性：既定的世界觀念；已經起步的營造東亞國際體系的努力 —— 這兩點是統一的歷史所遺留下來的，最主要也是最寶貴的外交遺產。

這個既定的世界觀念可以用「天下觀念」四個字來概括，這也是統治中國人思想數千年的傳統世界觀念。譬如先人說：「普天之下，莫非王土；率土之濱，莫非王臣。」孔子曰：「大道之行也，天下為公。選賢與能，講信修睦……是謂大同。」至今，很大一部分國人依然用「天下」一詞代指中國人視野中的全世界。

一　帝國的外交遺產

　　天下觀念起源於中國上古華夏族體的形成時期。居住在黃河流域，特別是黃河中下游地區的華夏諸族同周邊的其他族體之間存在經濟、社會與文化上的巨大差異。面對這些差異所帶來的一系列問題，華夏諸族自信於自身的發展程度與優勢，堅持夷夏大防，同時希望以夏變夷，將華夏族的優勢向周邊輻射，實現天下大同。之後，華夏諸族和逐漸發展壯大而成的中華民族，相對於周邊民族的各方面優勢一直保持到了近代，天下觀念與「一統華夷」的願望也一直流淌在中國人的政治思想之中。

　　中國人所規劃的「天下」，中國居天下之中，為一國獨尊，四周為蠻夷之人，未施王化。中國屬內以制夷狄，夷狄屬外以奉中國。天下大一統，中心只有一個，那就是中華帝國和天生的聖人 —— 皇帝。皇帝和天朝上國應施王化於蠻夷，追求一統華夷。這是一個以中國代世界，相對封閉愚昧的世界觀。它包括兩個基本要素，一是對自身文明的自信，二是追求天下大同和睦。原始狀態的「華夷分野」觀念，是在上古時期華夏諸族與其他民族不斷對立、衝突但又存在交流的情況下提出的。和許多正在形成的民族一樣，當時的華夏族要維護自身血統純淨，強化民族意識，「裔不謀夏，夷不亂華」。在取得了對於周邊民族的絕對發展優勢後，中華民族並非作繭自縛、消極自保，而是源源不斷地向四周傳播自身的先進文明，有的朝代還強調「天下一家」、「中外一體」的統治思想。

　　西元前二二一年，秦帝國統一天下。中央集權的大一統政治現實為天下觀念的強化提供了政治上的保障。漢武帝獨尊儒術，罷黜百家，儒家思想由此統治中國人的想法兩千多年。改造後的儒家思想，特別是「天人合一」的思想，將天下觀念與「天」的概念緊密連繫在一起。儒家思想裡的「天」是封建統治者權力的來源，是世間道德的仲裁者，是至高無上的神靈，是中國人的精神寄託。「天」強大到了排擠宗教、道德、

文化和政治在社會上存在空間的地步。「天下觀念」從「天」的概念裡演化而來，也被後者賦予了強大的生命力。大一統的中央集權政治和備受尊崇的儒家思想確保了天下觀念的實踐。

三國時期，天下觀念依然牢固占據著中國人的思想，成為統一的世界觀。

與天下觀念相伴隨，中國人很早就開始了對古代東亞國際體系的營造。天下觀念中的「華夷之辨」、「夷夏大防」和「一統華夷」的思想對中國古代外交產生了直接的影響。歷代中央王朝試圖在「天下」營造華夷一統的國際秩序：建立中華王朝的絕對國際權威，以國內政治中的君君臣臣、父父子子的儒禮作為國際交流原則，以儒家思想教化萬邦，一統華夷。

那麼中國先民的外交努力有沒有在古代東亞產生一個固定的國際體系呢？答案是肯定的。葉自成教授認為：「在歐洲體系形成之前，存在著另外一個比它要早得多的地區性國際體系。首先是華夏體系的存在，然後是東亞體系的存在。這兩個體系是存在的。」春秋戰國時期，各諸侯國擁有固定的疆域、政權和軍隊等國家要素，相互征伐；周王朝維持著一個鬆散的國際體系，搖曳著空泛的觀念、制度和道德的旗幟。儘管東亞地區成型的國際體系並沒有在這個時期出現，但是中國內部圍繞著周朝形成了類似於後代的微型「聯合國體系」。更為重要的是，對後世產生巨大影響的封建宗法制度、外交禮儀和制度，是在春秋戰國的亂世中萌生的。秦漢的統一繼承了春秋戰國的外交遺產，奠定了以封貢為核心的古代東亞體系的雛形。它類似於以中原王朝為核心，藩屬、外國和周邊民族圍繞在周圍，以冊封賞賜和朝貢為紐帶的東亞國家同心圓系統。這樣的國際體系是真切存在的。三國時期開始直至隋唐的漫長歷史中，中國的外交內核被牢固繼承，並透過繼續交流不斷得到強化。各個分裂

一 帝國的外交遺產

政權都相互承認為獨立國家，都以繼續發展外交、力圖恢復統一王朝時的外交格局為己任。客觀上，該體系的範圍和內容都獲得了拓展。黎虎教授就認為，「正是在漢唐時期，才奠定了中國古代與外國的基本外交格局。」

古代世界因為客觀條件的限制，各個地域性國際體系獨立發展。中國自秦漢開始主導的東亞國際體系就是其中歷史最悠久、最完善鞏固的地域性國際體系。

作為中國古代外交的有機組成部分，三國外交也是在帝國外交遺產的基礎上展開的，之後又成了整個古代外交遺產的寶貴組成部分。

三國外交開始的時候，龐大的漢王朝剛剛倒塌。各個新興的國家是如何在塵埃逐漸飄散的過程中處理外交的呢？

首先可以肯定的是，各個國家的身分認同是明確的。各個國家相互承認為獨立國家。

在外交場合中，國家之間可能會有高低強弱之分，但是都相互承認互為一國。在三國鼎立時期，曹魏與蜀漢互稱為「賊」；曹魏稱東吳為「南國」、「吳」，蜀漢稱東吳為「東吳」、「吳」；東吳稱曹魏為「北國」、「魏」，稱蜀漢為「西國」、「蜀」或「漢」。各國官員也都是把對方作為國家來對待，以相互間的官職等級確定交流原則。陸抗與羊祜分別是東吳和西晉在荊州地區的軍事首長，兩人往來頻繁，關係密切。他們完全是按照國家間大將往來的禮儀進行的。

東吳和蜀漢在西元二二九年簽訂的平分天下的盟約更可以看作是各割據政權相互平等承認的證據。蜀漢使臣陳震以祝賀孫權登基稱帝為名來到武昌。孫權與陳震升壇歃盟，正式訂立交分天下的盟約。吳蜀兩國相約共擊曹魏，平分天下。這個三國時期異常重要的基礎性條約只有一句話：「以徐、豫、幽、青屬吳，并、涼、冀、兗屬蜀，其司州之土，以

函谷關為界。」按照現代的行政區劃，等消滅曹魏後，江蘇全部、山東和河南大部、京津唐及周邊地區、遼寧大部都歸東吳所有。蜀漢得到的是現在的陝甘寧、山西大部、河北中南部、山東西北和河南東北一帶。這個條約得到了吳、蜀兩國的嚴格遵守。蜀漢為此調整了國內的封爵，避免將日後吳國的土地事先封給臣民；孫權越到晚年也越重視兩國之間的這一根本性文件。交分天下的這份盟約可能是世界外交史上少數自始至終得到嚴格遵守的條約之一。

其次，儘管每個國家都相互明確為國家，但各國都以統一全國、南向稱帝為最終目標。

秦漢以來，大一統的高度集權的政治格局已經形成確定的模式。統一逐漸成為人民擁有的心理常態。特別是在歷經嚴重的戰亂之後，統一往往是全社會上下一致的強烈願望。魏、蜀、吳三國統治集團相同的政治目標，都是要以自己為中心，建立大一統的新王朝。三國在意識形態的宣傳上，更是念念不忘處於「水深火熱」之中的敵國臣民，以天下共主自居。作為天下統治者的重要象徵，登基稱帝是必不可少的。魏、蜀、吳三國的君主即使沒有統一全國，也都南向稱帝，形式上號令天下。即使是地處偏僻的遼東公孫政權，在勢力鼎盛、志得意滿的時候也頻頻用祥瑞為稱帝做輿論準備。

這樣的做法其實也迎合了普通百姓對天下統一的渴望情緒。「建安七子」之一的王粲年輕時在悲傷中逃離正逢戰亂的長安，作《七哀詩》一首。其中有句：「南登霸陵岸，回首望長安。」長安作為統一的輝煌帝國的古都，在一代知識分子心中占有重要的地位。王粲在荊州的生活還算舒適。但在曹操開始進軍荊州嘗試國家統一的時候，王粲成了荊州內部堅定的投降派之一。對天下重新統一的期盼可能是他做出這種選擇的重要原因。

呂蒙白衣渡江占領荊州後，蜀、吳同盟一度破裂。劉備挾稱帝之

一 帝國的外交遺產

威、傾全國之力發動對東吳的討伐。趙雲和諸葛瑾對他的勸諫也反映了民心所向。趙雲諫曰：「國賊是曹操，不是孫權。我們先滅了魏國，那麼吳國自然就臣服了。雖然曹操現在死了，但是他的兒子曹丕篡位盜國。我們應該順應民心，早圖關中，占領河渭上流討伐凶逆曹氏。那樣的話，關東義士一定會裹糧策馬，迎接王師。我們不應擱置魏國，而先與東吳交戰。」趙雲的理由是蜀漢是漢朝正統。現在曹丕篡奪了漢朝皇位，蜀漢討伐魏國，恢復漢朝，那才是首要的任務。這也是符合天下百姓心思的，一定會獲得魏國百姓的歡迎和支持。

諸葛瑾身為東吳的大臣，以私人身分寫了封信給劉備。他說：「我聽說陛下大張旗鼓來到了白帝城。有人說吳王侵取荊州，殺害關羽，怨深禍大，不應該和東吳講和。這是用心於小處，沒有留意大者的表現。請讓我來為陛下分析一下天下大勢的輕重和大小。論親疏，關羽和先帝兩人對於陛下來說，誰更親？論大小，荊州和天下，哪個大，哪個小？自己的仇人和自己怨恨的人，誰當先後？如果這樣想的話，整件事情的處理就易如反掌了。」諸葛瑾的勸告是將荊州問題放在整個天下局勢中來談論。他認為已經登基為漢朝皇帝的劉備，應該以天下為念，不應該被荊州的仇恨迷惑了頭腦。劉備最終還是沒有聽取兩人的勸告，發動了討伐戰爭，對吳、蜀兩國都造成極大的削弱，也斷送了自己天下統一的事業。

對於後來訂立盟約、共分天下的東吳、蜀漢兩國來說，怎麼處理盟約和統一天下的目標呢？盟約的簽訂是否就意味著兩國放棄了統一目標、滿足於日後犬牙交錯的領土劃分呢？答案是否定的。

當年盟約簽訂後，孫權非常高興，曾經對蜀漢使臣鄧芝說：「如果天下太平了，二主分治，不亦樂乎！」鄧芝回答道：「天無二日，土無二王。如果吞併魏國之後，大王您還不能深識天命歸順漢朝的話，那麼兩

位君主只能施展各自的道德，我們做大臣的各盡其忠，將提枹鼓，戰爭還剛剛開始呢。」孫權哈哈大笑，說：「你竟然誠實到這樣的地步！」在正式的外交場合中，鄧芝的回答是相當沒有禮貌的。他說，兩國按照盟約實現天下平分的時候，也正是新的統一戰爭開始的時候。這樣赤裸裸的、對國家最終目標毫不掩飾的回答，卻得到了孫權的高度讚賞。因為統一天下原本就是東吳、蜀漢兩國心照不宣的最終策略。鄧芝的誠實體現了外交官難得的坦率和真誠，因此得到了孫權的讚賞。

最後，各個國家都繼承了前輩對古代東亞國際體系的營建，為朝貢體系的成熟添磚加瓦。

《三國志》將中國與周邊國家和民族的關係列為專門一卷，歸在《魏書》末尾。開頭第一句話就是：「書載『蠻夷猾夏』，詩稱『玁狁孔熾』，久矣其為中國患也。」全卷先簡要回顧了秦漢時期中央王朝與周邊的關係，再詳細介紹了三國時期中原地區對中原之外的世界的認識，記載了中外交流的歷史。其中有許多現代人讀來啞然失笑的內容，但更多的是掩藏在文字後面的寶貴的史料價值。

即使是在動盪的環境中，中原各國都沒有放棄對周邊國家和民族保持「華夷有別」的觀念和態度，繼續前朝的朝貢制度。一旦時機成熟或者力量足夠，中國就會涉足中外交流。當環境安定下來後，逐步恢復的中原文明也會散發出誘人的光芒，輻射周邊。三國時期，北部和西部少數民族的漢化過程沒有停止；各國探索未知世界的腳步也沒有停止。曹魏加強了對匈奴等北方遊牧民族的管理，盡力恢復了對西域的影響力。遼東地區在中國與朝鮮半島、日本諸國的交流中造成了重要作用。日本諸國在三國時期和曹魏有正式的外交。蜀漢對西北少數民族的態度多少與北伐事業有關，其對南中地區的治理使中原文化對西南地區的影響達到了新的高度。東吳在參與對南方少數民族影響的同時，利用高度發達

的航海業，北通三韓和大和國，東渡夷洲（今臺灣），南部則到達了現在的泰國灣地區。西南地區外交活動的活躍，促成了羅馬帝國的客人與東吳的難得接觸。

在整個朝貢體系的歷史過程中，在整個中國古代外交的長河中，三國外交都只是短暫的一瞬。但就是在這個孕育著中國文化新高潮的亂世中，中國外交的腳步一直在前進。

二　天下塵埃落定時

　　曹操的策略起點是亂世群雄中最差的，但卻在你方唱罷我登場的混戰中脫穎而出。是天意，更是人謀使然。袁紹的策略起點很高，勢力最強，但落得隻身從官渡脫逃，最終身亡國滅，傳為千古談資。不是天意，而是人謀不足。一時間，北方初定，天下風雲轉向荊揚之間。歷史留給孫權和劉備的時間不多了。

崛起於四戰之地

　　天道真的要變了，各方勢力蠢蠢欲動。

　　當時的皇帝漢靈帝還活得好好的，有些人就開始謀劃廢除靈帝，扶持新皇。司馬彪的《九州春秋》說發起人其實是陳逸，他是大名鼎鼎的黨錮派領袖陳蕃的兒子。他和王芬、許攸計劃在漢靈帝北巡的時候起兵發難。事先，許攸計劃拉攏老同學曹操一起。

　　曹操卻認為此事並不會像他們想得那麼容易，於是發表了長篇大論予以拒絕：「廢立天子是天下最不祥的事情了。古人往往要權衡成敗、計算輕重，三思而行。伊尹、霍光兩位就是如此。伊尹、霍光不是據宰臣之勢，處官司之上，就是受託國之任，藉宗臣之位。所以他們能進退廢置，取得成功。現在你們幾個人只看到前人廢立的容易，卻沒看到現在已經不具備廢立的條件啊！這事太危險，我不做。」

　　曹操的理由很現實：你們這群人不具備廢立皇帝的實力，所以我不參加。從曹操拒絕的理由中暴露出一個異常危險的訊號：他不是不願意做，而是沒把握。他已經把皇權置於腳下了。

　　叛亂的結果果然如曹操所料，因實力不夠而失敗。

　　但是亂世的大門已經打開，世族大家的勢力惡性膨脹，各路軍閥崛起。其中最有實力的當屬出身於四世三公門第的袁紹。他被討伐董卓的十八鎮諸侯推舉為盟主。

　　董卓沒有被聯軍消滅，聯軍卻開始內訌，相互廝殺。袁紹這個盟主是最大的受益者，他先是奪取了冀州牧韓馥的地盤，自領冀州牧，之後又奪得青州、并州。經過與公孫瓚的多年戰爭，袁紹於建安四年（西元一九九年）消滅了後者，兼併幽州。至此袁紹占據黃河以北四州，領眾

數十萬，成為實力最強的諸侯。

其他各路軍閥藉著討伐董卓的名義，擺脫了中央王朝在名義和實質上的約束，開始了割據混戰的時期。袁術先盤踞豫州中南部，後占據揚州北部；張繡占據南陽；陶謙、劉備、呂布先後占據徐州；劉表占據荊州，劉璋占據益州，閉關自守，未參與爭奪天下；張魯占據漢中，不思進取；公孫度占據遼東，馬騰占據涼州，遠離中原；公孫瓚占據幽州；孫策起步晚，占據江東。至於像嚴白虎、張燕、王朗、張楊、士燮這樣的小勢力就難以確數了。

曹操看到袁紹帶領的討伐董卓的十八鎮諸侯天天宴會高歌，絲毫沒有進取之心，就和熱血青年孫堅發起了自己的遠征，結果被董卓分兵擊敗。

曹操領兵回大本營。此時，盟主袁紹正在謀立幽州牧劉虞為新皇帝，就來拉攏曹操一起。曹操再一次拒絕了擁立新皇的事。袁紹不死心，又叫人去遊說曹操：「現在袁公勢盛兵強，兩個兒子又很成材。天下群英，誰能比得過他？」曹操還是不答應，心裡倒起了消滅袁紹這隻出頭鳥的決心。史載：「由是益不直紹，圖誅滅之。」這埋下了後來官渡之戰的伏筆。只是當時曹操還不具備這種實力。袁紹的親弟弟袁術也拒絕了哥哥的拉攏。袁術的理由冠冕堂皇：「我心裡只有現在的聖上，不知道有其他人。」袁紹討了個沒趣，走了。不久，袁術自己在淮南登基當起了皇帝來。當時的天下，像袁紹、曹操、袁術這樣稱王稱霸的人很多。在亂世萌芽的時候，只有有野心、不守常規的人才能崛起，成為之後歷史的主角。

讓我們先來了解一下曹操是如何發展壯大的。曹操在諸侯討伐董卓時，變賣家產並得到豪強資助，招募了數千兵馬。因為缺乏顯赫的門第和聲望，甚至有「贅閹遺醜」的負資產，曹操無法在家鄉譙縣立足，只

得北上依附好友袁紹。與董卓作戰一敗塗地後，曹操南下揚州募兵，再輾轉返回中原，途中士卒叛逃，最終只收攏兵馬千餘人，勉強作為袁紹的一支偏師，駐紮在黃河岸邊。

曹操最初的根據地是東郡，得來頗為幸運。原東郡太守喬瑁與兗州刺史劉岱交惡，為後者所殺。屯兵附近的曹操趁勢占領東郡。袁紹支持曹操就任東郡太守。東郡地理重要，位於今河南省東北部和山東省西部的黃河兩岸，處於中原核心地區；又東西綿延五百里，南北寬不過數十里，是袁紹冀州的南方屏障。袁紹需要曹操駐守南方防線。

曹操環顧根據地，「地平土沃，無大川名山之阻，而轉輸所經，常為南北孔道。且西連相、魏，居天下之胸腹；北走德、景，當畿輔之咽喉。戰國時，東諸侯往往爭衡於此。」以東郡為代表的河南大部和山東西部是典型的「四戰之地」，地域遼闊，地勢平坦，除黃河天塹外無險可守；又隨時面臨著北方的遊牧民族、關中和江南的割據政權對關東的軍事行動。要想向四周擴展，則面臨著黃河、長江、關隘和山脈丘陵的阻礙。簡單地說，處於四戰之地的曹操容易挨打，卻難以還手。

在爭霸的各個集團中，曹操集團的地緣條件是最差的。曹操最終能夠統一北方，都是他策略得當、上下用心、苦心經營的結果。

在從西元一九〇年起兵到西元二〇八年統一黃河中下游的十八年爭霸過程中，曹操集團的外交策略主要是五條。

第一，先弱後強，重視壯大自身的務實策略。曹操集團北方是占據冀、青、并三州的袁紹；西方是割據關中的韓遂、馬騰集團；張繡割據西南方向的宛；袁術盤踞東南方向的淮南；東邊是先後擁有徐州的陶謙、劉備、呂布三集團。外圈還有遼東的公孫度、幽州的公孫瓚、幽北的烏桓、河套長城沿線的匈奴、漢中的張魯、益州的劉璋、荊州的劉表和江東的孫策。河內張楊和關東諸賊游弋其間。其中與曹軍接壤的袁紹

集團實力最強，逼視河南。曹袁二人雖從小就認識，卻都是志在天下，不願屈居人下，戰爭遲早難免。

相對弱勢的曹操集團卻依靠了袁紹相當長一段時間。袁紹視曹操，也有一個從少年密友、同盟偏師、南方黨羽、勢力盟友，直到敵人的認知過程。

曹操在實力壯大前一直向袁紹妥協，避免直接衝突。曹操占據東郡，扼守黃河要津，協助袁紹消滅割據河內的王匡，共同與公孫瓚、黑山賊張燕等人作戰。袁紹則充當了曹操的後盾，使得曹操無後顧之憂，一心向南。不到數年，青州黃巾軍入兗州，兗州刺史劉岱迎戰陣亡。兗州豪強擁戴曹操繼任，不能說這背後沒有袁紹支持的身影。

征討徐州時，曹操後方起火，被呂布偷襲了根據地兗州，只剩東阿、鄄城、范三座孤城，形勢危急。袁紹建議曹操殘部向河北靠攏，接受補給。曹操陣營內部起了投奔袁紹的呼聲，但曹操最終保持了獨立，依託剩餘城池與呂布硬扛。他深知，身逢亂世，鼎足一方，實力是根本。正是憑著這份務實與堅持，曹操或險中求勝，或趁勢而為，先後殲滅了張繡、呂布、袁術、張楊等弱小勢力後，終於具備了向袁紹攤牌的實力。

第二，穩定外圈，集中力量消滅近敵的遠交近攻策略。以豫州為核心的東漢末年政局，類似一個同心圓結構。曹操恰好居中，並未與外圈交惡，而是穩紮穩打，一定時間內集中精力處理一個敵人。比如，早期依託袁紹為後盾，全力鎮壓了青州黃巾軍，收編餘部，練成曹魏基本部隊「青州兵」；占領兗州後，又全力東征徐州；及至驅逐偷襲的呂布勢力，消滅兗州內部反對派張邈等人後，曹操沒有繼續東征徐州，而是及時調整策略，全力南下占領汝南、潁川等豫中平原。曹操始終將主力用於一個方向，避免兩面出擊。

二　天下塵埃落定時

東漢末年後，西涼集團一直占據關中地區，對關東曹操集團構成策略威脅。西涼集團戰鬥力雖強，卻內爭不斷。曹操於是拉攏一派打壓一派，維持西部穩定。在袁紹北取幽州、無暇南顧時，曹操派遣鍾繇西行入關，說動韓遂、馬騰效忠自己控制的朝廷。當官渡之戰前夕，西涼董承宣稱受漢獻帝「衣帶詔」，發動兵變時，曹操毅然回兵鎮壓董承，再派遣衛覬入關穩定韓遂、馬騰集團，分化了敵人。同樣，對於劉璋、公孫度、張魯等外圈勢力，曹操也透過漢獻帝維持著和好的關係。

第三，分化外敵、以敵克敵的策略。其中最典型的就是利用江南孫氏集團牽制湖廣劉表集團。劉表、孫策集團對曹軍構成南部的直接威脅。曹操與袁紹準備決戰之時，雄心勃勃的孫策統一江東，正伺機北上，而劉表集團也正待價而沽。好在劉表怯懦，孫策又遇刺身亡，而孫、劉兩集團既有殺父之仇在前，又有荊州之爭在後，一直衝突不斷。孫權繼位後，曹操以漢獻帝名義優撫劉表；又授予孫權討虜將軍、領會稽太守，支持孫權西征劉表，以敵制敵。曹操還透過任命書將勢力深入南方的交州地區，對四川和湖廣地區都形成策略威脅。

曹操在十八年的苦心經營中，還採取了其他兩項在中國歷史上影響深遠的策略。這兩項策略大大推動了曹操的統一大業，也對曹魏的外交思想產生了重要影響。

這第四項就是「挾天子以令諸侯」，取得意識形態上的優勢。西元一九六年，漢獻帝逃離關中地區，脫離關中董卓餘部的控制，孤身來到洛陽，改元建安。曹操及時迎奉天子到許縣。從此，許縣成了漢朝朝廷最後二十多年的避居地。

挾天子以令諸侯的第一個好處就是占據了意識形態的高地，為自己樹立起了鮮明的道德旗幟。最直接的優勢就是獲得了民眾的支持。漢朝四百年的統治，在民眾心中留下了一時難以磨滅的影響。天下大亂，唯

獨曹操迎奉漢獻帝，這令曹操立即獲得了漢朝保留在天下的精神財產，支持率上升。

漢末大儒孔融的《六言詩三首》其二說道：

郭李分爭為非，遷都長安思歸。

瞻望關東可哀，夢想曹公歸來。

孔融的詩寫於自身與曹操的蜜月期，難免有誇大的成分，但也反映了當時一般知識分子和民眾對曹操迎奉皇帝的支持程度。曹操集團日後以皇帝名義徵召人才往往能夠成功，多多少少是因為朝廷名義在這些人才心中依然存在影響，人們還有那麼一絲復興漢室的情緒。

「挾天子以令諸侯」的第二個好處是可以帶來實質的行政效果。曹操在發展壯大的過程中，以天子的名義輕而易舉地接收了許多勢力空白地區（主要是在河南地區），使關中等地保持名義上的服從；同時動輒以朝廷為幌子，推行曹氏自己的政策主張。這在統一過程中，是非常有利的。

以交州為例。曹操任命南陽張津為交州刺史。一紙委任狀就使曹操集團的勢力深入了南方。「張津與荊州牧劉表為隙，兵弱敵強，歲歲興軍」，極大地牽制了劉表集團的行動。雖然張津馭下無能，最後被部將區景殺死，但曹操集團也並沒有付出什麼實質的代價。曹操失去張津這個代理人後，轉而任命交州實力派士燮家族擔任地方官，在絕遠之地扶持新的代理人。士燮繼續為曹操抵禦劉表和孫權，防止他們染指交州，還「遣吏張旻奉貢詣京都。是時天下喪亂，道路斷絕，而燮不廢貢職」。士燮的進貢給足了曹操面子。朝廷「特復下詔拜安遠將軍，封龍亭侯」。

但是，凡事有利必有弊。曹操辛辛苦苦打下的江山，在名義上卻是漢朝的。如果曹氏家族要奪天下，那就是篡位。等到曹操勢力壯大後，

二　天下塵埃落定時

關於曹操有不臣之心的傳言就一直沒有斷過。對於自己與朝廷的關係，曹操在建安十五年（西元二一〇年）十二月公開發表了一篇《讓縣自明本志令》集中解釋了自己與漢室的關係。曹操先解釋了自己的志向：

> 故以四時歸鄉里，於譙東五十里築精舍，欲秋夏讀書，冬春射獵，求底下之地，欲以泥水自蔽，絕賓客往來之望，然不能得如意。

> 後征為都尉，遷典軍校尉，意遂更欲為國家討賊立功，慾望封侯作征西將軍，然後題墓道言「漢故征西將軍曹侯之墓」，此其志也。

曹操說自己年輕的時候只想為國奉獻，建功立業。如果自己死後，天下還有人能記得他這個「征西將軍曹侯爺」，他就很高興了。但是天意作人，歷史卻把他推上了政治的風口浪尖，縱橫天下。曹操毫不謙虛地概括自己的功績：「設使國家無有孤，不知當幾人稱帝，幾人稱王。」曹操的確為漢朝做出了巨大的貢獻，為漢朝延續了二十多年國祚。

後來又有人就說了：現在曹操你功成名就了，應該退休歸政了。曹操於是說道：「然欲孤便爾委捐所典兵眾，以還執事，歸就武平侯國，實不可也。何者？誠恐己離兵為人所禍也。既為子孫計，又己敗則國家傾危，是以不得慕虛名而處實禍，此所不得為也。」他的意思是，自己不能回到封地武平縣去。因為自己的仇人太多了，為了自己的安全和子孫的利益著想，曹操不能放棄兵權和政權回家閒居。這可能是每個權臣共同的困境：權臣最後不得不透過加強集權來保障自己的利益，甚至是最基礎的人身安全。功成名就、退隱山林的做法往往是曹操說的「得慕虛名而處實禍」。

在整篇文章中，曹操的說法的確在情理之中。他承認自己是權臣，承認自己的功績，也明確說自己不會放權。有人說是他在向群臣暗示自己不會放棄軍政大權，並且要世代相傳的決心，是對天下的變相試探。然而筆者認為，這恰恰反映了一代梟雄晚年的困境。

第二個弊端是在朝廷的旗幟裡（實際上就是在曹操陣營中）一直隱藏著一批忠心於漢室、反對曹操的勢力。漢獻帝並不是一個簡單的兒皇帝，他是一位渴望有所作為的血氣方剛的皇帝。漢獻帝不斷傳出衣帶詔，詔詔要置曹操於死地：下毒事件、馬騰反叛事件、五大臣縱火謀叛等一系列暗算事件使得曹操應接不暇。最可怕的內亂事件發生在建安二十三年（西元二一八年）春，正月，太醫令吉本與少府耿紀、司直韋晃等人謀反，發兵攻打許縣，燒毀丞相長史王必的營地。這些內部反叛雖然都被曹操殘酷地鎮壓了（曹操殺戮了包括漢朝皇后伏氏、重臣董承等人在內的家族），但在很大程度上黯淡了曹操的道德光芒。

這些陣營內部的隱患，也很大程度上束縛了曹操的手腳。比如，依漢例，群臣覲見皇帝，必有持兵甲士環列四周。曹操晚年疑心重，十數年拒絕上朝，以避可能的刺殺。

曹操集團崛起的第五項策略是在內政上推行屯田制。在迎奉皇帝到許縣的當年，曹操就認識到：「夫定國之術，在於強兵足食，秦人以急農兼天下，孝武以屯田定西域，此先代之良式也。」累積糧草、強壯士卒是前代驗證的定國之術。從建安元年（西元一九六年）開始，曹操集團開始招募流民屯田許縣，當年得穀物百萬斛。取得成功後，曹操集團在州郡設置屯田官，務農積穀。強大的屯田事業使曹操集團征伐四方，無運糧之勞。

東漢末年的黃巾之亂、諸侯混亂和民族衝突使得天下荒亂，飢饉遍地。各個勢力都缺糧穀。「諸軍並起，無終歲之計，飢則寇略，飽則棄餘，瓦解流離，無敵自破者不可勝數。」很多軍隊的存糧不足一年，後因缺糧解散。袁紹在河北的時候，軍隊一度吃桑椹過活。袁術在江淮的時候，取蒲蠃做食物。在局部軍隊拉鋸的地區，州裡蕭條，甚至出現吃人慘劇。屯田得來的充足糧食在曹操「兼滅群賊，克平天下」的事業中

發揮了重要作用。

孔融的《六言詩三首》第三首寫道：

從洛到許巍巍，曹公憂國無私，減去廚膳甘肥。

群僚率從祁祁，雖得俸祿常飢，念我苦寒心悲。

知識分子對屯田事業的推崇，開始在曹魏政權中產生了一個堅定的觀念：重視內政，累積實力。在平定河北後，曹操曾說：「有國有家者，不患寡而患不均，不患貧而患不安。」在這句膾炙人口的名言指導下，曹魏勢力抑制豪強大族的勢力膨脹，保障相當數量的國有土地，大力推廣屯田。屯田事業陸續推廣到各國，但在曹魏境內發展得最為成功。曹魏後來產生重綜合國力的內斂外交思想與屯田不無關係。在曹魏外交策略一章中，我們將詳細探討屯田事業，這裡就不多說了。

回顧曹操崛起於四戰之地的過程，我們發現了許多似曾相識的外交策略。遠交近攻的策略是秦國的范雎提出的，先弱後強的外交策略也被一再應用。中國的外交思想帶有很強的連續性，曹操只是其中的一環。屯田也早在西漢的邊地就已經出現了，曹操也只是將這一制度推廣到了全國。

「挾天子以令諸侯」體現了中國政治對意識形態的一貫重視。意識形態在中國政治運作中具有崇高而重要的地位。曹操對這一策略的運用告訴我們，意識形態並不是馴服的綿羊，一旦使用不當就是把雙刃劍。在外交戰場上，老有人想搶占意識形態的高峰或者樹立所謂的道德標準，殊不知意識形態這樣的敏感武器不是一般小外交官所能操控的。

官渡沒發生奇蹟

　　迎奉皇帝後短短五年間，曹操勢力迅速崛起。袁紹就不高興了。

　　漢獻帝當初從關中逃離的時候，取道河東去洛陽。河東在黃河北，與袁紹的勢力範圍近在咫尺。皇帝到了家門口，袁紹派遣謀士郭圖（潁川人）去觀見皇帝。郭圖回來後，勸說袁紹迎奉天子到袁紹的大本營鄴縣。袁紹不同意。他的理由有兩個：第一是當初漢獻帝的廢立並不符合袁紹的心意，而袁紹參與了對劉虞的勸進，心裡總覺得有那麼點彆扭；第二是袁紹顧慮皇帝到了大本營之後，大小事務都得透過皇帝這一關，請示匯報，太麻煩了。

　　裴松之的註解說謀士沮授也建議過袁紹：「將軍累葉輔弼，世濟忠義。如今朝廷正處於困境，現在河北州城粗定，您應該迎接聖駕，安宮鄴都，挾天子而令諸侯，畜士馬以討不庭。到時候誰還能抵禦你啊！」袁紹終究不聽。相反，倒是遠在山東的曹操，風塵僕僕地派遣曹洪率軍迎接漢獻帝。如果你是當時的天下百姓，你會覺得袁紹和曹操誰是忠君愛國之人呢？

　　曹操迎接天子到許後，輕易收了河南各地，關中等地也在名義上歸附了。袁紹這時候才知道後悔。他耍了個小花招，寫信告訴曹操，建議遷徙漢獻帝到鄄城去，以鄄城為都城。袁紹的理由是想「密近」天子。曹操心裡明白，袁紹密近天子是假，方便袁軍搶奪漢獻帝是真，於是斷然拒絕。

　　漢獻帝都許後，封曹操為大將軍、武平侯，封袁紹為太尉、鄴侯（這也是曹操的意思）。詔書發到河北，袁紹不甘心位置在曹操之下，非常憤怒，公開說：「曹操都死過好幾次了，每次是我救存他的。現在曹操

背恩，挾天子命令起我來了啊！」曹操聽說後，就將大將軍的位置讓給袁紹。袁紹嘟嘟囔囔地接受了大將軍的官職，但拒絕接受鄴侯爵位。曹操自己擔任司空，代理車騎將軍。

下一步就是逐鹿中原爭霸了。袁紹是怎麼策劃的呢？

建安五年（西元兩百年），袁紹初步統一了河北地區。有實力與其爭奪北方霸權的就是隔黃河相望的曹操了。於是袁紹整軍向南，直指曹操。

當時沮授勸阻袁紹說：「河北殘破，但底子好，您何不先加強內政，整備軍隊，同時派遣支隊不斷騷擾河南地區。曹操正陷入中原混戰之中，底子薄，又遭受我們的不斷騷擾，肯定不是我們的對手。到時候您再率大軍一戰定中原。」袁紹不同意，堅持要率得勝之師馬上進行主力決戰。

沮授的建議不失為老成持重的策略，是基於對黃河南北兩派勢力對比的考量。袁紹占領的北方三州和青州大部，相比十室九空的河南地區來說，受戰火毀壞較小；袁軍掃蕩河北，不論數量、戰鬥力、經驗和士氣都超過曹軍；袁紹本人家族鼎盛，聲望貫於南北，吸引了大批文人武將聚攏在周圍。袁紹就是從如此的實力優勢中獲得了立即決戰的勇氣。而沮授認為可以憑藉這樣的優勢不戰而屈人之兵。其方法：一是整頓內政，在實力上給曹操巨大壓力，二是派兵騷擾。

在決策之初，我們很難說袁沮兩人誰對誰錯。但是袁紹本人素養之低讓他的決戰策略走向了失敗。

再看準備迎戰的曹操這一邊。

「四戰之地」的特殊地緣為曹軍帶來了巨大束縛。首先遇到的問題是怎麼防守。中原一馬平川，處處都可能是敵人的突破點。曹操判定袁軍的主攻方向是越黃河，撲向許縣，於是採取了重點防禦的對策。為爭取策略上的主動，曹操搶先派遣臧霸率近萬人入青州，占領齊、北海、東

安等地，鞏固右翼，防止袁軍從東面襲擊許昌；又派人鎮撫關中，穩定涼州，鞏固左翼。

曹操自己率兵防守正面，總兵力一萬出頭。其中于禁率兵駐紮黃河南岸的重要渡口延津，東郡太守劉延進駐另一個重要渡口白馬，阻滯袁軍渡河和長驅南下；曹軍主力在官渡（今河南中牟東北）一帶築壘固守，構築第二道防線。恰好在這時，張楊被部將殺死，河內陷入內亂。曹操派遣徐晃、史渙出兵渡過黃河，拉攏一派打擊一派，在黃河北岸建築了據點，使防守局面得到改觀。

正月，袁紹發布討曹檄文，二月十萬將士進軍黎陽。黃河中游形成了十比一的主力決戰態勢。

袁紹在決戰前後也沒閒著，展開了密集的外交穿梭。他的外交對象就是分布在曹操四周的大小勢力，希望能夠形成四周夾擊河南的形勢。

袁紹外交工作的第一個對象是盤踞在南陽地區的張繡。

張繡勢力是西涼軍團的分支。張繡的叔叔是董卓的部將，在關中大亂的時候「就食」南陽。張繡繼位後，與劉表結盟，與曹操為敵。曹操與張繡展開多年的拉鋸戰，損失了自己的愛子、侄子和愛將典韋，還是奈何不得張繡，張曹兩派結下了仇。

所以當袁紹在戰前派人向張繡和謀主賈詡送去書信，相約結援、共擊曹操時，張繡是願意與袁紹同盟對抗曹操的。但就在正要簽約的時候，賈詡卻對袁紹的來使說：「你回去謝謝袁紹。告訴他，袁家兄弟都不能相容，還怎麼能容天下呢？」袁紹的使節被趕跑了，雙方的外交大門也關閉了。

張繡吃驚地問賈詡：「何至於如此呢？那現在怎麼辦？」賈詡建議張繡歸降曹操，並列出了選擇曹操的三大理由：「曹公奉天子以令天下，其宜從一也。袁紹強盛，我們以少從之，最多就是個小夥計，不會受到

袁軍的重視。曹軍眾弱，得到我們這支力量一定很高興，很重視，就是第二個理由。有霸王之志者，肯定會釋私怨，以明德於四海，其宜從三也。」張繡聽從賈詡，率眾歸降曹軍。曹操喜出望外，不僅盡釋前嫌，還對張繡等人加官晉爵，委以重任。袁紹的第一項外交工作宣告失敗。

袁紹外交工作的第二個對象是到據湖廣大地、兵強馬壯的劉表。

劉表滿口答應了，表示一定與袁紹一起滅曹，發兵北伐。袁紹無比高興，誰知道等了好幾個月，毫無湖廣方向的消息，才知道劉表其實是口惠而實不至，按兵不動，坐觀成敗。正如郭嘉對劉表的評價：「表，坐談客耳。」劉表這個人，指點江山發表意見還行，但真正要落實到行動上，則瞻前顧後，優柔寡斷。劉表根本就沒有奪取天下的決心和能力。儘管謀士們一再勸告主公要有明確的爭霸策略，但直到劉表病死都沒有確定爭霸的策略。而且劉表當時的精力並不在袁曹之戰上。有三件事情牽制了劉表北向的決策：第一是江東的孫策正在覬覦荊州，發兵進攻江夏郡；第二是劉表派遣吳巨南下，正在爭奪交州地區；第三是自己娶了小老婆蔡氏，生了小兒子，家事令他煩惱。事情一亂，劉表這個坐談客頭腦也亂了，能夠口頭答應袁紹，已經很給袁紹面子了。

袁紹外交工作的第三個對象是「江東小霸王」孫策。

孫策聽說曹操和袁紹在黃河中流相持，早就謀劃偷襲許縣了。所以在周圍諸股勢力中真正能夠對曹操構成威脅的是孫策。曹操在發兵前，也特地在東南方向留下李通部，來防範江東方向的進軍。誰知，孫策為人不拘小節，在一次打獵中遭到刺客偷襲，傷重而死。江東陷入權力交接，人心搖動；盧江的李術反過來投降了曹操，偷襲許縣的計畫早被拋到爪哇國去了。

袁紹的外交努力相繼宣告失敗。

然而，就在大戰一觸即發的時候，曹操陣營內部還真出現了變亂。

比袁紹更不成器的弟弟袁術在淮南稱帝後，橫徵暴斂，導致地貧人怨，後來混不下去了，就將帝號讓給了哥哥，向哥哥靠攏。曹操派遣投靠自己的「皇叔、宜城亭侯、左將軍領豫州牧」劉備去徐州截擊袁術。結果，袁術倒是被消滅了，但是劉備也乘機攻殺了徐州刺史車冑，重新占據了徐州，與袁紹遙相呼應。曹操就派遣劉岱、王忠領兵攻打劉備，沒有成功。曹操走了一著險棋，他不顧反對，親自從官渡前線率主力回師東向，進攻劉備。

此時，袁紹的謀士田豐建議袁紹乘曹軍主力東征之機，趕緊派大軍突襲南進。劉備也向袁紹求援，提出了相同的建議。在關鍵時刻，袁紹體現出了個人素養對外交決策的關鍵性影響。袁紹不敢突襲，以自己的小兒子生病為藉口，拒絕進軍。結果曹操大軍一舉擊潰了立足不穩的劉備，收復徐州。劉備只得投奔袁紹而去。袁紹又後悔了，親自出城迎接劉備，表示歉意。

好了，所有的前期準備和幕後外交對抗都做了。大家該來正經地過招了！

主力決戰的序幕在白馬拉開。四月，袁紹派顏良進攻白馬，計劃奪取黃河南岸要點，以保障主力渡河。曹操親自率兵北上解救白馬之圍。

曹軍兵少，難以直接接招。曹操先引兵至延津，偽裝要渡河攻袁軍後方。袁紹分兵延津，減少了白馬主戰場的兵力。曹操乘機率輕騎，以張遼、關羽為前鋒，急趨白馬，短時間內對袁軍形成優勢。顏良倉促應戰，被斬殺，袁軍潰敗。白馬之圍解後，曹操主動放棄這個渡口，遷徙白馬的百姓沿黃河向西撤退。袁軍追擊，在延津南搶奪曹軍故意散落的輜重財物，陣勢大亂。曹軍突然轉身反攻，擊敗追軍，殺名將文醜，順利退回官渡。

袁紹初戰，雖然占領了黃河沿線渡口，突破了曹操的第一道防線，

二 天下塵埃落定時

但損兵折將，消耗了有生力量，尤其是兩大名將被殺，嚴重影響了士氣。

之後的戰線在官渡固定下來。對袁紹來說，官渡是進軍許縣的最後一站；對曹操來說，保衛官渡是保衛政權存亡的生命線。曹軍當時只有萬人左右，只能集中防守幾個要點，更要命的是後勤補給困難。袁軍當時連營成一線，進逼官渡。曹操幾乎沒有選擇餘地，全軍動彈不得。

有很多人建議袁紹不要將全部兵力都集中在官渡。袁紹手中的籌碼比曹操要多得多。沮授獻策說：「北方士兵數量多，但是鬥志不及南方士兵；南方糧草少，物資儲備比不過北方，所以曹軍利在速戰，而我軍利在鏖戰。我們應該進行曠日持久的消耗戰。」沮授其實是重複了自己先前的觀點，建議主公秣馬厲兵，回軍河北著力內政，最終以實力取勝。

許攸則建議袁紹說：「主公現在沒必要與曹操在一點上相互攻擊。應該馬上分軍，其中一支軍隊取道他途，進攻許縣迎接天子。那樣大事就可以成功了。」許攸的策略其實是全面進攻的策略，在將曹操主力牽制在官渡的同時，出奇兵偷襲許縣將皇帝搶到手。袁紹不同意，堅持要在官渡和老同學玩老鷹抓小雞的遊戲，「吾要當先圍取之」。

田豐也對袁紹說：「曹公善用兵，變化無方，軍隊雖少，但也不能輕視。」田豐同意沮授的持久戰策略，認為袁紹應該「據山河之固，擁四州之眾，外結英雄，內修農戰」。同時，田豐綜合了許攸的觀點，認為應該分頭進攻，對曹操展開全面攻擊，「然後簡其精銳，分為奇兵，乘虛迭出，以擾河南，救右則擊其左，救左則擊其右，使敵疲於奔命，民不得安業。」這樣不到兩年，北方就能取得對河南的勝利。田豐的觀點不失為明智的策略選擇，但袁紹還是聽不進去。田豐一再懇切勸諫，袁紹生氣了，認為田豐不僅公然違背自己的決定，而且打擊鬥志，便將田豐關押了起來。

在袁紹陣營中的劉備見到這副情景，不禁對袁軍的前途失去了信

心。他藉口要去汝南聯合黃巾軍殘部，開闢第二戰場，在取得了袁紹的同意後，帶著自己的部隊脫離了袁軍，又一次自立門戶去了。汝南地區的黃巾軍劉辟等人響應劉備，和劉備合軍，計劃攻略許縣。曹操再次乘劉備立足未穩，派曹仁率軍進攻。劉備拍拍屁股走了，投靠劉表去了。倒楣的劉辟做了替死鬼。

事實上，袁紹多少接受了謀士們的建議，多次派造精銳輕騎，包抄、切斷官渡戰線背後的曹軍糧道。《三國志・任峻傳》載在官渡之戰中：「太祖使峻典軍器糧運。賊數寇鈔絕糧道，乃使千乘為一部，十道方行，為複陳以營衛之，賊不敢近。」可見，袁紹派出了小股部隊多次偷襲曹軍的糧道，影響了曹軍的正常糧草運輸。然而遺憾的是，袁紹此舉僅僅是「抄糧術」的運用而已，他並沒有增派兵力，增加密度，擴大戰果。曹操這邊負責後勤的任峻被弄得灰頭土臉，最後採取集中運輸和武裝護送的辦法，才限制了袁軍偷襲部隊的騷擾，保證了官渡前線的糧草運輸。當然了，曹操也多次派遣輕騎偷襲袁紹的糧道。于禁、樂進等人就多次率軍騷擾袁軍後方。曹操取得的成果比袁紹要大得多。史載曹操「遣奇兵襲擊紹運車，大破之，盡焚其穀」。

偷襲糧道失敗後，袁紹只能將希望都寄託在官渡，計劃透過強攻取得勝利。袁紹先造起高櫓，堆起土山，居高臨下向曹營射箭。曹軍只能舉著盾牌在營中行進，士氣低落。曹操造了發石車，從下向上攻擊袁紹的高樓，取得勝利。袁紹又造起霹靂車向曹營發射火箭、火球。曹操於是用發石車還擊巨石。袁紹又挖了地道，想從地下偷襲曹軍。曹操就在營地裡挖起了長塹，斷絕敵人的道地。袁紹在學堂沒玩盡興，現在和老同學玩得不亦樂乎。曹操實力不夠，但也只能勉力支撐，陪著玩。

曹操底子太薄，河南地區幾乎淪為一片赤地，經過幾個月的相持戰後，河南百姓疲乏，開始出現叛亂響應袁紹；而曹軍也開始嚴重缺乏糧

草。袁紹的糧草儘管一再被曹軍偷襲，但依然可以獲得源源不斷的供給。這天，淳于瓊等人率領一萬多人護送上萬輛運糧車來到前線。沮授建議袁紹加派軍隊護衛糧道，避免曹操的偷襲。袁紹對沮授的建議是一概不聽。淳于瓊等人將糧草囤積在烏巢，距離袁軍大本營四十里。

　　這時候發生的一件事，為正勉強支撐的曹操帶來了關鍵轉機。陳壽只用一句話來記載這件事：「紹謀臣許攸貪財，紹不能足，來奔，因說公擊瓊等。」

　　許攸這個人老想乘亂世謀利，結果眼界太高，自律不嚴，樹敵太多，被排擠出了袁紹陣營。許攸深夜來到官渡。曹操正在洗腳，聽到老同學來了，光腳就出來迎接。他拍著手笑道：「子遠來了，我的事情有轉機了！」坐定後，許攸問曹操：「袁氏軍盛，你打算怎麼對付？軍中還有多少糧草啊？」曹操回答：「還能支撐一年。」許攸說：「不是吧，再說！」曹操又說：「還可以支持半年。」許攸曰：「你不想打敗袁紹了吧，為什麼不實話實說呢？」曹操不得不說：「剛才是玩笑而已。其實軍中餘糧只有一個月了，怎麼辦？」許攸說：「你孤軍獨守，外無救援，內無糧穀，現在已經是危急時刻了。」他進而透露了一個重要情報，袁軍輜重屯在烏巢，駐軍防備不嚴。許攸建議曹操用輕兵偷襲糧站，焚燒完盡。這樣不到三日，袁氏自敗。

　　這時，曹操體現出一位領袖的魄力來。他不顧謀士武將對許攸的懷疑，親自領軍五千連夜偷襲烏巢，一舉得手。袁紹看到烏巢的熊熊火光後，還對長子袁譚說：「曹操取我糧道，我就去拔他的大本營。這樣他即使偷襲得手，也無家可歸了。」袁紹一方面派張郃、高覽攻官渡，一方面派軍迎戰曹操。結果曹操再次擊敗袁軍，而張郃、高覽兩人卻沒有擊敗留守官渡的曹洪，乾脆率眾投降了。消息傳到袁軍那裡，軍隊大潰。袁紹與袁譚父子兩人只率領數百騎兵渡河退回河北，其餘袁軍全部投

降。有數據說曹操僅降軍就活埋了八萬人。《三國志》為了照顧曹操的形象，說這些袁軍都是「偽降」的。

官渡一戰，袁紹主力被悉數殲滅，人才被掃蕩一空。戰時，河南各郡動盪不安，部分地區還暗地投降了袁紹；戰後，河北各地則紛紛反叛袁紹，向曹操示好。黃河南北的實力對比開始向著有利於曹操的方向轉化。史學界承認，官渡之戰奠定了曹操統一北方的基礎。

人們往往將官渡之戰看作是一場以少勝多的奇蹟。其實，袁紹的所謂「多」、所謂「強」是一種假象。戰前，曹操的策略非常成功，只是尚未轉化為現實的物資儲備和軍隊數量而已。袁紹這個人的隨性、輕浮和優柔寡斷，在堅毅、穩重和謀略過人的曹操面前，顯得必輸無疑。其實，袁紹從一開始就步步不順，暗示了失敗的命運。所以說，中國歷史並沒有在官渡上演一場奇蹟。

曹操在消滅了袁紹後，占領了幽州、并州、冀州、青州、兗州、豫州、徐州全部和揚州、荊州的北部，並威服關中、涼州和遼東地區，地緣形勢大為改觀，真的是帶甲百萬、雄視天下了。下一步向何處去呢？

官渡之戰後，曹軍繼續花了數年時間來完全征服、建設北方地區。在西元二○二年的時候，袁譚求降。當時曹營的很多人以為荊州劉表勢強，宜先平之。荀攸指出：「天下有事，劉表坐保江、漢之間，不敢展足，其無四方之志矣。袁氏據四州之地，帶甲數十萬，若二子和睦，共守成業，天下事未可知也；今乘其兄弟相攻，勢窮而投我，我提兵先除袁尚，後觀其變，並滅袁譚，天下定矣。」荀攸的意見是趁熱打鐵，澈底消滅袁氏勢力。至於天下還存在的其他勢力，他只提到了劉表。但因為劉表只是坐保地盤，所以不足為懼。另一個謀士辛毗則認為：「荊州豐樂之地，國和民順，未可搖動。況四方之患，莫大於河北；河北既平，則霸業成矣。」他認為荊州劉表的勢力是強大的，現在應該先易後難，

二　天下塵埃落定時

先消滅地盤殘破、兄弟相殘的袁氏勢力。只要河北平定了，稱霸就可以成功了。的確，占據了黃河中下流後，曹操的霸業已經確立了。但是曹操著眼的不是霸業，而是統一大業。在取得決定性勝利之後，曹操就將目光集中在了荊州。

風雲際會荊揚間

　　坐保荊州的劉表有相當的實力。史載「表跨蹈漢南，紹鷹揚河朔」，將他與北方的袁紹並列。劉表與袁紹相比，的確不輸多少。從出身講，劉表是宗室遠親；從地域講，劉表占領荊州大部和交州的北部；從實力講，荊州地區受戰亂影響小，相對富庶，支撐劉表建立了數以萬計的陸軍和全天下數一數二的水軍。

　　劉表據地數千里，帶甲十餘萬，稱雄荊江，卻不知道身逢亂世，自己應該怎麼去維護自己的勢力，更不用說去爭霸天下了。劉表陣營最大的外交策略就是沒有外交策略，他沒有參加過任何戰事，到荊州上任後就沒有出過轄區。郭嘉說他是「坐談客」，曹操說他是「自守之賊」，賈詡評價他是「表，平世三公才也；不見事變，多疑無決，無能為也」。的確，劉表在治世中可能會累功積官做到三公，但在亂世中的無所作為卻為他自己和整個荊州帶來了災難。

　　劉表身邊不乏有眼光的謀士。從事中郎韓嵩、別駕劉先就勸劉表說：「現在的天下是豪傑並爭，曹操和袁紹兩雄相持。天下之重，在於將軍。將軍您支持哪一邊，哪一邊就能取得勝利。您如果想有所作為，可以利用兩雄相持的弊端起兵，爭奪天下；如若不然，您應該選擇向其中一方勢力靠攏。將軍您現在是擁十萬之眾，安坐觀望。見賢而不能助，請和而不得，此兩怨必集於將軍。您現在保持了中立的和平局面，但荊州最終要不得安寧了。」

　　劉表覺得這話有理，狐疑起來，於是派韓嵩去許縣朝拜天子，以觀虛實。劉表手下的謀士親曹操的居多。韓嵩回來後就向劉表大談特談中原形勢和曹操的威德，還遊說劉表送兒子到許縣去做人質，投靠曹操。

二　天下塵埃落定時

劉表懷疑韓嵩做了曹操的說客，大怒，想殺韓嵩。在拷打折磨了韓嵩的隨行者後，才知道韓嵩只是不會「說話」，書呆子氣重了點，才把舉起的屠刀又放了下去。

陳壽感嘆道：「表雖外貌儒雅，而心多疑忌，皆此類也。」

在荊州北方，原先是劉表支持張繡與曹操對抗，作為自己的屏障。官渡之戰期間張繡反倒投降了曹操，這讓劉表非常著急。就在此時，敗軍之將劉備來投靠自己的同宗親戚劉表來了。劉表幫助劉備整頓了一小支部隊，讓劉備駐紮在新野防曹操。劉備於是代替了張繡的位置。

劉備是在官渡之戰中非常活躍的一個角色，事實上在整個東漢末年他都是一個活躍的角色。劉備一出場就自稱是皇室宗親，但已經淪落到以販履織席為業的地步了。靈帝末年，劉備借鎮壓黃巾之亂踏上政治舞臺，任安喜尉，後投靠公孫瓚。徐州牧陶謙為曹操所攻，劉備率兵相救，陶謙死，劉備據其遺命，代為徐州牧，與盤踞壽春的袁術相拒。後來被另一軍閥呂布所乘，敗歸曹操。

曹操很看重劉備，讓劉備做了左將軍領豫州牧，封侯。劉備卻參與了謀殺曹操的「衣帶詔事件」。董承、劉備、長水校尉種輯與將軍吳子蘭、王子服等人在許縣結成同謀。事情敗露後，董承等人被誅滅滿門。就在曹操面臨袁紹大軍壓境之時，劉備偷襲取得了徐州，與袁紹南北呼應公開與曹操叫板。曹操還是非常「重視」劉備的，不顧眾人反對，親自從官渡率主力回師，進攻劉備。曹操的理由是：「夫劉備，人傑也，今不擊，必為後患。」劉備不敵曹操，乾脆逃往河北去了。現在又來到了荊州，投靠他一生中的第四個庇護者 —— 劉表。

劉備大半生居無定所，顛沛流離。究其原因，主要是他一直缺乏明確的策略。他的前半生就是一個普通小軍閥，你打我一下，我打你一下，有的時候興起得快，敗亡得也快。隨著天下局勢漸漸清晰下來，寄

人籬下的劉備選擇餘地越來越少了。

劉備在新野駐屯了八年。其間，曹操沒有南下，新野無戰事。劉備闖蕩慣了，坐不住，多次跑到襄陽去建議劉表北伐。劉表只是笑笑而已，既不贊成，也不反對。

但曹操終究沒有看走眼，劉備畢竟不是池中之物。在他顛沛流離、一無所有的情況下，依然有那麼一批人死心塌地地跟隨著他。武將有關羽、張飛、趙雲等當世名將。謀士就弱了一點，有簡雍、孫乾、麋氏兄弟等二流角色。劉備在聚攏人才、使用人才方面非常出色。他與人坦誠相待，非常注意個人的聲望和形象。劉備以曹操為對象，吸收曹操的經驗教訓，「操以急，吾以寬；操以暴，吾以仁；操以譎，吾以忠。每與操反。」極力樹立自己的道德旗幟，因此在荊州士族和普通民眾中具有崇高的聲望。

在新野，劉備也沒閒著，費盡心思地累積壯大自己的實力。劉備八年中最大的收穫就是拖著疲憊的身軀，三次趕往隆中鄉間拜訪一位足足比自己小二十歲的年輕人，得到了這位年輕人出山相助，他名叫諸葛亮。

諸葛亮是三國中後期的關鍵人物，也是本書的主角之一。在隆中鄉間的茅廬中，諸葛亮就憑一篇〈隆中對〉奠定了自己在中國歷史，尤其是中國外交史上的地位。這篇重要文獻在相關著作中各有詳述，希望讀者允許筆者將整篇對轉引如下：

自董卓以來，豪傑並起，跨州連郡者不可勝數。曹操比於袁紹，則名微而眾寡，然操遂能克紹，以弱為強者，非唯天時，抑亦人謀也。今操已擁百萬之眾，挾天子而令諸侯，此誠不可與爭鋒。孫權據有江東，已歷三世，國險而民附，賢能為之用，此可以為援而不可圖也。荊州北據漢、沔，利盡南海，東連吳會，西通巴、蜀，此用武之國，而其主不

能守，此殆天所以資將軍，將軍豈有意乎？益州險塞，沃野千里，天府之土，高祖因之以成帝業。劉璋闇弱，張魯在北，民殷國富而不知存恤，智慧之士思得明君。將軍既帝室之冑，信義著於四海，總攬英雄，思賢如渴，若跨有荊、益，保其岩阻，西和諸戎，南撫夷越，外結好孫權，內修政理；天下有變，則命一上將將荊州之軍以向宛、洛，將軍身率益州之眾出於秦川，百姓孰敢不簞食壺漿以迎將軍者乎？誠如是，則霸業可成，漢室可興矣。

〈隆中對〉為劉備集團解答了三大策略問題：是什麼？去何處？怎麼辦？

窗外的政治局勢是什麼？諸葛亮認為當時是豪傑並起的時代。其中值得注意的有曹操和孫權兩大勢力。曹操統一了北方，占有天時和人謀。現在曹操已經「擁百萬之眾，挾天子而令諸侯」，劉備不能與他爭鋒了。而孫權集團在江東的統治已經穩固，「國險而民附，賢能為之用」。孫權集團可以用作援手，卻不能打他地盤的主意。諸葛亮一開頭就精確地分析了當時的天下局勢，看得非常清楚透澈。更難能可貴的是，諸葛亮預測到了曹、孫、劉三大集團鼎立天下的未來局勢。

那麼，劉備集團應該向何處發展呢？諸葛亮建議劉備占據荊州和益州地區。荊州交通便利，位置重要，而劉表不能守土盡責，這正是劉備首先奪取荊州作為根據地的有利條件。益州地區沃野千里，資源豐富，同時天險環繞，易守難攻，是典型的割據地。益州的主人劉璋的素養比劉表還要差，人心動盪。這又是一塊可以攻取的地盤。

關鍵是劉備集團應該怎麼辦呢？諸葛亮首先分析了劉備的優勢，再為劉備籌劃了一個三步走的策略設想。劉備的優勢就是他聲望高，有信用，占據了道德高地。劉備第一步應該占領荊州和益州，取得立足點；

第二步應該勤修內政，積蓄力量。這包括處理好與西部和南部少數民族的關係，與孫權建立友好關係，搞好國內建設等內容。第三步，也是最關鍵的一步，是等「天下有變」的時候，劉備集團可以兵分兩路，進軍中原：一路從荊州出發，指向中原地區；一路從四川北上，進攻關中地區。在「興復漢室，還於舊都」的旗幟下，天下百姓一定會支持劉備集團的。

〈隆中對〉是諸葛亮對天下局勢精心分析、小心規劃的傑出作品。其中對政治局勢和政治運作的洞察力和操控力令人驚嘆。在劉備與諸葛亮執政時期，〈隆中對〉成了蜀漢政權的重心。整個國家行為都是在〈隆中對〉的指引下進行的。

但是〈隆中對〉最後卻沒有取得成功。對於「是什麼」、「去何處」兩個問題，後世大多同意諸葛亮的分析。但是針對諸葛亮為劉備設計的三步走的策略，後世卻有很多批評。首先是劉備能否取得荊州的問題。龐統曾對劉備說「荊州荒殘，人物殫盡，東有吳孫，北有曹氏，鼎足之計，難以得志。而益州國富民強，戶口百萬，四部兵馬，所出必具，寶貨無求於外，您可以占領益州以定大事。」龐統的意思非常明確，即貶低荊州的作用，建議占領益州成大事。但是劉備對占領這兩個州都有顧慮，畢竟劉表、劉璋和自己都是同宗，關係也不錯，無故攻占同宗的地盤在道德上都說不過去。「今以小故而失信義於天下者，吾所不取也。」最後，歷史的發展證明，曹操的迅速南下和劉表勢力的迅速投降，一開始就打亂了劉備集團的部署。曹操和孫權勢力進入荊州，劉備失去了全占荊州的可能性。劉備勢力最終占領的只有益州一地。

其次，益州是否具備支撐天下爭霸的物質基礎？批評者認為益州不具備支持劉備勢力統一天下的物質基礎。益州土地肥沃，地域封閉，的確是個割據自保的好地方。但益州人口缺乏，基礎薄弱，要它作為遠圖

二 天下塵埃落定時

中原，統一天下的策略根據地，困難重重。更何況，荊州實際上並沒有為劉備勢力所占領，益州是在以一州之力與天下為敵。

最後，在前兩個部署都沒有完成的前提下，堅持第三個步驟是否明智？諸葛亮似乎也意識到了前兩個步驟不一定能順利完成，所以給北伐加了一個前提——「天下有變」。也就是說，諸葛亮設想在北方出現有利於蜀漢的變亂的時候，再趁亂北伐。遺憾的是，曹魏的統治一直非常穩固，沒有出現諸葛亮所希望的變亂。至於怎麼看待諸葛亮明知不可為而為之的悲壯和執著，我們將會在蜀漢外交裡面專門論及。

〈隆中對〉畢竟只是一個策略設想，現實的變化會影響策略設想的執行。但是我們僅從作品背後所體現出來的清晰的思維、敏銳的洞察和縝密的設計來看，〈隆中對〉不失為一部傑出的策略巨著，是三國時期最重要的言論之一。

諸葛亮出山之初，因為劉備能夠提供的舞臺太小，並沒有太大的作為。整個劉備集團都在等待著局勢的變化……

前文提到的江東孫權，他的勢力到諸葛亮出山的時候已經歷經了孫堅、孫策和孫權兩代三朝了。富春孫堅，也就是孫策和孫權的父親，是江東政權的建立者。孫堅和曹操、劉備一樣，都是靠鎮壓黃巾之亂起家的。孫堅的運氣比劉備要好，因功升為長沙太守，封烏程侯，參加了興師討伐董卓的軍事行動。但孫堅不獨立，長期依附於袁術，替後者辦事。西元一九一年，孫堅率部與劉表交戰，擊潰劉表部將黃祖，但不幸遭到襲擊，中箭身亡。

孫策是孫堅的長子。孫堅死時，孫策正隨著母親避居舒縣，與江淮士族周瑜等交遊，少有名聲。孫策繼承了父親的舊部，在袁術麾下作戰，所向披靡。孫策比父親的眼光長遠，中途脫離了袁術進軍江東，獨立發展。孫策在江東，依靠南北士族力量，攻城略地，很快建立了龐大

的割據勢力，人稱「小霸王」。曹操評價孫策說：「猘兒難與爭鋒也。」

孫策後來遇刺身亡，留給弟弟孫權一個龐大的地盤。孫權是三國時期在位時間最長的君主。他執政早期知人善任，積極進取。在即位之初，他也遇到了諸葛亮式的人物：魯肅。

魯肅為孫權提出了〈榻上策〉。史載孫權與魯肅合榻對飲。孫權問魯肅：「漢室傾危，四方雲擾，我繼承了父兄的餘業，想創建桓文之功。魯肅君有什麼指教啊？」魯肅回答說：「肅竊料之，漢室不可復興，曹操不可卒除。為將軍計，唯有鼎足江東，以觀天下之釁。規模如此，亦自無嫌。何者？北方誠多務也。因其多務，剿除黃祖，進伐劉表，竟長江所極，據而有之，然後建號帝王以圖天下，此高帝之業也。」

魯肅的〈榻上策〉分兩個層次，先說天下大勢，再建議孫權應該怎麼辦。在對天下大勢的評論中，魯肅既有與諸葛亮相同的判斷（曹操勢力已成，難以消滅了），也有不同的地方（漢朝算是完了，沒辦法復興了）。

在「怎麼辦」的部分，魯肅也提出了「三步」策略。第一步是鼎足江東，以已有的地盤作為根據地，再逐漸發展。第二步是向西發展，消滅黃祖和劉表，「竟長江所極，據而有之」。這第二步是魯肅天下策略的關鍵步驟，簡單地說，就是占領荊州。因為占領荊州就能掌握整個長江天險。而長江天險是南方政權對付經濟實力和軍事實力都占有絕對優勢的北方政權的最重要籌碼。在這裡，荊州就成了關鍵中的關鍵。也正是因為這一點，魯肅的〈榻上策〉和諸葛亮的〈隆中對〉具有天然的排斥性。當孫權將〈榻上策〉作為東吳的國家策略貫徹推行的時候，東吳和蜀漢的國家策略矛盾就難以避免了。魯肅策略的第三步是爭霸天下，建議孫權建號稱帝。諸葛亮沒有明確提出建號稱帝的建議，因為對於皇叔劉備來說，這並不是突出的問題。但是對於孫權來說這是一個意識形態

二　天下塵埃落定時

上的重大突破。在三國之前的歷史上，還從來沒有來自江東的皇帝。江東在之前中國歷史上還是南方蠻夷之地。

　　孫權聽到這裡，搖搖頭說：「我應該盡力一方，希望能夠輔助漢室。你所說的，我的力量不一定做得到啊。」但孫權說的並不是真心話，而只是表示謙虛而已。西元二二九年，孫權正式登基稱帝。當時，魯肅已死，但他的策略早已經貫徹到東吳的國家方針中了，已經進展到了第三步。孫權在登基典禮上不無傷感地對左右大臣說：「魯肅早年就預料到了今天啊！」

　　孫權接受了魯肅的策略後，加緊對荊州東大門江夏郡（今武漢周邊地區）的進攻。荊州的降將甘寧也向孫權提出了與魯肅相類似的建議：「現在漢室國祚日微，曹操篡奪漢室是遲早的事情了。南荊之地，山陵形便，江川流通，是吳國的西勢。我觀察劉表這個人，眼光狹窄，兒子又無能，不是能承業傳基的人。將軍您應該早點規劃荊州，不能落在曹操的後頭啊！」強盜出身的甘寧在政治觀察上遠遠超越了一般的謀士。他的建議包含兩點非常重要的理論創新：第一是他判斷了曹操家族遲早要篡奪天下；第二是他準確判斷出曹操已經將目光轉向荊州，東吳需要與北方展開爭奪荊州的賽跑。應該說，這兩個判斷都是正確的。

　　身為武將，甘寧提出了具體的策略：「進取荊州要先取黃祖。黃祖年老昏庸；江夏郡財穀缺乏，戰具不修；吏士心怨，軍無法伍。將軍進軍，必破無疑。消滅黃祖後，將軍再乘勝向西，占領楚關，大勢就成了。接下去就可以逐漸吞併巴蜀了。」在以甘寧為代表的武將中，大多也都認為東吳要盡占荊州。但他們沒有將目光僅僅局限在荊州，還向西放在了益州（巴蜀）上。與魯肅不同的是，甘寧代表了東吳內部另外一派勢力。在對待劉備集團和益州問題上，這兩派的觀點和實踐都是相左的。

防守江夏的黃祖果然多次被孫權所擊敗，但孫權每每不是因為內部有事，就是因為山越反叛，一直沒有真正占領江夏地區。荊揚之間的局勢是，劉表安坐襄陽，不思進取；孫權猛攻江夏，但直到曹操來到了赤壁，東吳都沒有占領這個郡。

然而我們不能說曹操就對荊揚地區占有優勢。荊揚地區正風雲激盪。劉備和孫權都已經為天下三分做好了準備，他們所缺乏的就是歷史機遇了。

北方的曹操已經在鄴城操練起水軍來了。

有人批評說，曹操應該先進一步穩定北方，再進攻南方，不能操之過急。然而，曹操先取荊州自有他的道理。首先，荊州是進攻南方的最佳突破點。荊州處於南方中段，占領荊州就能將南方隔成東西兩段；另一方面益州有崇山峻嶺，東吳有浩浩長江，荊州北部的平原相對容易突破。其次，滅劉表、斷長江，可以將軍鋒指向最有遠略、實力的孫權。共有長江、大兵壓境，可以對孫權造成巨大壓力。之後的歷史發展顯示，在這樣的大軍壓境之下，東吳內部果然投降之聲四起。最後，關中不敢輕舉妄動。關中和涼州地區一直沒有形成穩固而強大的主導軍閥，難以合力。曹操以中央政府名義對關中地區的鎮撫是有效的。事實上，張魯自保，劉璋在劉琮投降後主動歸順也都證明了曹操先取荊州是正確的。

曹操可能想先占領中原，再南下，最後才西進關中和益州，統一全國。

曹操先取荊州決策正確性的佐證是當年的劉秀。劉秀就是由東向西，統一全國的。

曹操在荊州的失敗，不是南下策略的失敗，而是他低估了對手的實力，再加上一系列的戰術失誤導致的。

三　尋找平衡的聯盟

　　兩國結盟並不比兩人結婚簡單多少。大兵壓境之下的結盟，著名策略家的極力促成，最終使中國在西元二〇八年這一年開始了將近四百年的南北分裂。曹操在赤壁的慘敗，不是策略上的失敗，而是戰術上的連續失誤造成的。對於得勝的孫劉聯盟來說，荊州問題成了雙方的核心矛盾，加上外交信用的不斷揮霍，勢力對比的傾斜，聯盟走向了血戰。從孫劉聯盟的歷史中，我們可以歸納出保持同盟平衡的三大關係。

兵臨城下的結盟

建安十三年（西元二〇八年）是一個重要的年份。

這一年，中國失去了統一的機會。人們再一次見到大一統王朝是西元三七三年以後的隋朝了。

這一年，曹操率領大軍南下荊州。劉備放棄新野南逃，曹軍直撲襄陽大軍還沒到襄陽，劉表病死了。即位的小兒子劉琮在親曹派的鼓動下，派人求降。逃到樊城的劉備面臨被夾擊的危險，再次向荊州物資基地江陵方向撤退，沿途攜帶了許多百姓和物資。曹操再次顯露出政治家本色，不按常規出招，親自率領五千輕騎兵追趕劉備。曹操連夜狂趕三百多里路（他還真是一如既往地重視劉備），在當陽長坂坡追上並殲滅了劉備主力。劉備、諸葛亮率領一眼就能數清楚的殘軍擺脫追兵，改道退向夏口（今武漢市）。曹軍占領江陵後，大軍密密麻麻地沿江向東推進，在長江中流地區形成了巨大的軍事烏雲。

曹操收編了荊州部隊，尤其是數一數二的水軍後，總兵力達到三十至四十萬人，其中用於第一線的主力部隊接近二十萬人。劉備在夏口匯合劉表長子劉琦的駐軍後，擁有將近一萬軍隊。這一萬烏合之眾就是抵抗二十萬曹軍的全部軍隊。

曹操顯然認為自己已經取得了荊州戰役的勝利。他的目光超越夏口，投向了江東。

賈詡進言說：「主公昔日破袁氏家族，現在收服江漢地區，威名遠著，軍勢盛大。如果我們現在利用荊州的富饒，整頓吏士，安撫百姓，使大家安居樂業，不用勞師動眾就能征服江東了。」

曹操聽從了他的進言，在荊州開始了驕傲的等待。他相信完全可以

憑藉破荊州的餘威不戰而使江東屈服。曹操在荊州採取了雙管齊下的戰術。一方面他以大軍壓境，對江東形成巨大的軍事壓力；一方面派出使者到江東，希望能夠和孫權會獵於吳會。《江表傳》記載了曹操給孫權的書信：「近者奉辭伐罪，旄麾南指，劉琮束手。今治水軍八十萬眾，方與將軍會獵於吳。」孫權將書信給群臣看，群臣沒有不震驚失色的。江東內部投降聲四起。

在曹操攻破荊州的時候，魯肅就意識到這是一次染指荊州的好機會。魯肅建議孫權與荊州的抵抗力量聯合共同抗拒曹操，同時擴大江東在荊州的影響力。魯肅說：「若劉備與劉琮協心，上下齊同，那我們就安撫他們，與他們連結盟好；如果他們雙方離心離德，我們就做另外的打算，擴大我們在荊州的利益。」於是，魯肅以為劉表奔喪的名義前往荊州。

可魯肅還在路上的時候，劉琮不戰而降，劉備在長坂坡全軍覆沒。形勢變化太快了，魯肅當機立斷，臨時決定將劉備作為結盟的對象。魯肅於是徑直趕去當陽長坂地區，見到了劉備。他向劉備說明江東希望聯合抗曹的意向。為了增加劉備的信心，魯肅縱論天下大勢，陳述了江東的強固，勸劉備與孫權併力北向。

這可以看作是孫劉結盟的萌芽。

結盟的萌芽是魯肅在形勢危如累卵的情況下，斷然做出的個人決策。裴松之就認為「劉備與權併力，共拒中國，皆肅之本謀」。魯肅當機立斷的決策，一方面如表面所說是共同抗擊曹軍南侵的需求，在東吳面臨曹軍威脅的情況下建立軍事政治聯盟；另一方面的目的魯肅沒有說，那就是乘機染指荊州，趁亂占領荊州。當然，即使魯肅不說，聰明的劉備和諸葛亮也知道其中的利害。

所有的同盟都是出於特定的目標而建立的，通常是出於對付共同敵

三　尋找平衡的聯盟

人的需求。孫劉的結盟就是在曹操大軍壓境的情況下迅速萌生的。但是對於牢固的同盟來說，僅僅有共同的目標是遠遠不夠的。要造就一個成功的同盟，同盟者必須平衡好三大關係：

第一個關係就是在結盟利益和其他國家利益之間尋找平衡。結盟符合盟國特定的國家利益，我們可以稱之為結盟利益。但結盟利益不可能是一個國家的國家利益的全部，它僅僅是一國的局部利益。比如不同社會形態的國家可以為抵抗共同的侵略者而結成同盟，但這不能消除雙方在社會形態上的矛盾。每個國家即使在同盟期間，也要維護甚至擴大其他國家利益。如何處理結盟利益和其他國家利益，是一國必須面對的現實問題。具體到孫劉結盟，曹操是共同的敵人，但荊州又是雙方的矛盾地區，誰都想占領這個地區，怎麼辦呢？

國家利益的不同部分在不同的領域和不同的時間裡有輕重和緩急之分。同盟者可以根據不同時期在不同領域內國家矛盾的主次之分，來處理這些國家利益的關係。但這只是極抽象的一般原則，落實到具體的外交操作上依然需要極大的政治技巧。

第二個關係就是要平衡雙方的實力對比關係。世界上不存在實力完全相等的外交同盟者，但是同盟者的實力對比不能相差懸殊。如果其中一個同盟者實力始終微弱，需要仰仗其他同盟者的支持甚至保護，這樣的同盟肯定不會持續多長。結盟初期，個別同盟者可能非常弱小，其他同盟者應該給予必要的支持和保護。那個弱者則需要透過結盟盡快發展自己的實力。同時，弱者必須帶有其他同盟者所看重的某項東西，能夠給聯盟整體帶來利益。

客觀上的實力對比關係相對容易計算，但同盟者心理的實力對比關係就難以計算了。也就是說，當某個同盟者的實力取得了突飛猛進的發展，那麼其他同盟者在心裡也必須承認這樣的實力改變，不能老用先前

的、固定不變的眼光去看待這個同盟者。可惜的是，行為體的心理變化老是滯後於現實實力的改變。孫劉的結盟就存在這樣的問題。同盟初期，劉備就是那個開始的弱者，而孫權等人心中對蜀漢老是有一種居高臨下的固定看法。

第三個關係就是在同盟執行時，同盟者必須構建好誠信守約、相互信任的關係。當然了，要同盟者做到肝膽相照、推心置腹，那是奢望。所以一開始，同盟者就應該將目標、權利和義務都規定在白紙黑字上。這就是盟約的起源和效力泉源。盟約是處理同盟者相互關係的文本，是約束各自關係的法律。退一步說，盟約也是各個同盟者的行為底線。所有的同盟者必須恪守盟約，盡可能透明地執行，共同打擊、消滅違約的行為，除非有人不想繼續同盟了。

同盟者對三大關係的平衡過程就是同盟執行的過程，平衡的好壞決定了同盟水準的好壞。

再說劉備一行逃到夏口後，諸葛亮對劉備說：「事情緊急了，請讓我向東吳孫將軍求救。」這時孫權擁兵在柴桑，在巨大的軍事壓力和內部投降派的包圍下，猶豫觀望。

諸葛亮到了柴桑後遊說孫權說：「海內大亂，孫將軍您起兵據有江東，劉豫州也在漢水之南收斂部隊，與曹操並爭天下。現在曹操已經平定北方，攻破荊州，威震四海。劉豫州是英雄無用武之地，遁逃到夏口。孫將軍您量力處之：如果能以吳越之眾與曹軍抗衡，不如早點與曹操斷絕外交；如果不能抵擋，您不如放下武器，向曹操稱臣服侍！現在您表面上向曹操服從，內心裡猶豫不定。遇事當斷不斷，禍害馬上就要到了！」

孫權正是血氣方剛的年齡，反問諸葛亮說：「如果像你說的這樣，劉豫州為什麼不投降曹操呢？」諸葛亮說：「劉豫州是王室貴胄，英才蓋

世。大家對他的景仰就像那滔滔江水，綿延不絕。劉豫州堅決要抵抗曹軍，如果事情失敗，這是天意，怎麼能甘居曹操之下呢！」

孫權被諸葛亮一激，勃然大怒：「我不能將全吳之地，十萬之眾，受制於人。我決定了。不是只有劉豫州才能抵擋曹操。但是劉豫州剛剛全軍覆沒，怎麼抵抗曹操的大軍呢？」

諸葛亮進一步說：「我軍雖然在長坂戰敗了，但生還的戰士和關羽水軍還有上萬人，劉琦的江夏駐軍也不下萬人。」諸葛亮向孫權詳細分析了曹操的劣勢，堅定了孫權的抵抗決心：「曹操大軍遠來疲敝。聽說在追趕我軍的時候，曹軍輕騎兵一天一夜趕三百餘里地。『強弩之末，勢不能穿魯縞。曹軍已經犯了兵家大忌了。而且北方人不擅長水戰；而曹操的水軍都是荊州新投降的劉表部隊，都是迫於兵勢暫時投降，並非心服。現在孫將軍您命令猛將統兵數萬，與劉豫州協規同力，必定能夠擊敗曹軍。曹操被打敗後，必須北還，那麼荊吳勢力強盛，天下鼎足形勢就形成了。成敗之機，就在當下了！」

孫權下定決心，派遣周瑜、程普和魯肅率水軍三萬，西進與劉備合兵，與東進的曹軍接戰。孫劉同盟正式形成，直到蜀漢滅亡為止。孫劉同盟的目的是抗曹，是一個政治軍事同盟。

還在荊州等待孫權來投降的曹軍很早就得到了劉備向東吳靠攏的情報。過度樂觀的人認為孫權會順便將劉備殺了來投降。謀士程昱卻不這麼認為，說：「孫權新即位，沒有威望。現在曹公天下無敵，威震江表。孫權雖然有主見，也不能獨率大軍。劉備有英名，關羽、張飛都是當世名將。孫權必定聯合他們來抵禦我軍。」孫劉結盟的消息傳到江陵後，曹軍一片失望的聲音。但是曹軍並沒有對這次結盟給予多大的重視，開始了真正的東進，準備以武力解決劉備和孫權。

西元二〇八年十一月，曹軍進駐江北的烏林，孫劉聯軍在江南的赤

壁與曹軍對峙。曹操錯誤地將戰船首尾相連，結為一體，方便水軍操練，伺機攻戰。周瑜和部將黃蓋決定使用火攻計。黃蓋先是用苦肉計，與周瑜兩個人一個人願打，一個人願挨，取得了曹操的信任。黃蓋緊接著致書曹操詐降，到約定時刻率艨艟鬥艦乘風駛入曹軍水寨，縱起火來。曹軍船陣被燒，火勢延及岸上營寨，孫劉聯軍乘勢出擊，曹軍死傷過半。曹操大軍最終被燒敗了。

有很多後人批評曹操冒進決戰，導致了赤壁大敗。其實曹操南進的策略並沒有錯，他在赤壁的失敗更多的是一場戰術的失敗。

戰後仔細分析，有讀者會相信曹操主力都被一場大火燒死了嗎？黃蓋放的火、水土不服和傳染病的襲擊、看形勢不妙逃散的劉表降軍這三大原因使曹軍的減員即使有二十萬人，但曹操在第二線的軍隊依然在數量上占有絕對優勢，加上曹軍的人才資源保存完好（曹操陣營多數重要將領都沒有參加赤壁之戰，分守各處），因此曹操依然占有對孫劉聯軍的優勢。但是竟然如諸葛亮說的一樣，曹操在赤壁失敗後，主動率部北退，只留征南將軍曹仁固守江陵。

赤壁失敗後，曹操為什麼放棄原先南進征服江東的策略了呢？那是因為赤壁之戰的失敗讓曹操發現了原先未發現的問題，同時戰敗又觸發了許多新的問題。首先是曹操發現自身戰線太長。曹軍主力滯留荊州的時候，孫權在得到前線勝利的消息後，親自率大軍進攻合肥；關中各豪強聽說曹操在前線的敗績，也開始不安分了。這就決定了曹軍必須分兵他處。其次，赤壁水戰暴露出曹軍在水軍和水戰思想建設方面的落後。這也促使曹操暫緩與江東的直接交戰，而精心經營荊州已有的地盤，訓練水軍。最後，曹操個人也進入了晚年，心態不復當年了。他急著回北方逼宮去了。劉備就不贊同一些人認為曹操力量窮盡的觀點，認為他只是「無復遠志也」。林林總總，最終決定了曹操做出了撤軍北還的決策。

三 尋找平衡的聯盟

就是曹操的略一遲疑，孫劉勢力就迅速發展壯大了。尤其是孫權勢力全力攻占江陵，打敗曹仁，又使曹操的決策效果大打了折扣。曹操想再定前計，也無可能了。中國統一的希望就這樣喪失了。

戰後，劉備推薦劉琦為荊州刺史，以他為傀儡，南征荊州南部四郡。武陵太守金旋、長沙太守韓玄、桂陽太守趙範、零陵太守劉度都向劉備投降。劉備新任命了諸郡太守，比如零陵太守郝普、桂陽太守趙雲、長沙太守廖立等，又讓諸葛亮督調荊南賦稅，辦公地點在臨烝。曹操在赤壁之戰期間也將勢力插入荊南地區，派遣劉巴招納荊南諸郡。劉巴在曹操撤軍後，孤立無援，南逃交州。曹操勢力從此退出荊南地區。劉備順便也接收了劉表原有的交州北部地區，從此有了穩固的根據地。

孫劉聯盟在初期取得了輝煌的成功。這個同盟一開始是聯合拒曹、共同瓜分荊州的產物。推動孫劉結盟可以說是曹操在赤壁之戰中最大的失敗。而曹魏勢力一直對聯盟的雙方存在著巨大威脅，是導致孫劉聯盟被強化、即使破裂也迅速修復的主要原因。這個窘境有點類似於曹操當年在河北對付袁譚、袁尚兩兄弟的情形。

在初期的同盟中，劉備勢力獲得了更大的利益。魯肅後來曾回憶自己第一次見到劉備的情景：「始與豫州觀於長坂，豫州之眾不當一校，計窮慮極，志勢摧弱，圖欲遠竄。」面對這個只有百來個人的落魄同盟者，孫權做出了巨大讓步，以平等的身分與劉備結盟。在赤壁之戰中，孫權勢力承擔了主要的兵力和物資，貢獻大於劉備。可是戰後，劉備趁亂占領的荊州地盤最大。

荊州在東漢時有七郡，分別是南陽郡（治所在宛）、南郡（治所在江陵）、江夏郡（治所在西陵）、長沙郡、桂陽郡、武陵郡、零陵郡。劉表時期又在襄陽新設了章陵郡，所以荊州一共有八個郡。現在劉備占有了南方四郡；孫權占領了夢寐以求的江夏郡，並從曹軍手中奪取了南郡的

南部；曹軍勢力被限制在南陽郡、章陵郡的全部和南郡的北部、江夏郡的一部分。結果，三方誰都沒有實現占領荊州的策略意圖。對於曹操來說，他畢竟將勢力範圍延伸到了長江北岸；但對於劉備來說，〈隆中對〉的第一步沒有完成。更為糟糕的是，劉備的勢力被限制在了長江以南。孫權占領的南郡和江夏郡剛好橫在南北的劉備和曹操之間，且堵住了劉備西進巴蜀的入口。

孫權占領的狹長地形一來使他與曹操直接全面為敵，承擔荊州方面曹軍的全部壓力，二來使得劉備方面非常不滿。劉備被局限在長江以南地區，東面和北面被孫權包圍，南部和西部是今貴州、廣西等蠻荒之地，英雄無用武之地。對於同盟來說，劉備勢力其實是被包圍在了孫權勢力內部，長此以往，難以發展，只能永為孫權的附庸。

這樣的局面引起了孫劉雙方的思考，最先要求打破現有實力對比的是劉備。西元二一〇年十二月，劉備渡江去京口見孫權，要求同盟雙方調整防區。具體而言，劉備要求孫權將江陵劃入他的防區。

劉備選擇江陵作為解困的突破口是因為江陵這座城市具有策略意義。第一，占領了江陵後，劉備勢力就突破了孫權勢力對他的包圍，直接面向曹操勢力了。江陵就好像是劉備進軍中原的一扇窗口，可以對整個江漢地區甚至中原構成威脅。第二，江陵周邊地勢險要，是扼守長江中流的重鎮。占領江陵等於占領了一半的長江天險，並居高臨下對江東形成俯視、壓迫的態勢。第三，江陵地區是荊州進出巴蜀的必經地。劉備可以將江陵建設為進軍西部的基地，為日後占據巴蜀、漢中打好基礎。

孫權也很清楚江陵的重要性。對於江東來說，失去了作為荊州西大門的江陵就意味著尚未占領整個荊州。尤其是江陵落入他人手中後，江東就受到了上游的威脅。這是孫權答應劉備要求的弊端。但是孫權權衡利弊後，還是答應了劉備的要求。第一，沒有江陵的劉備勢力被永遠限

三　尋找平衡的聯盟

制在江南地區，有力無處使。這就使同盟處於一種不平等、不和諧的危險狀態。第二，占領江陵的孫權勢力承擔了整個荊州方向的軍事壓力，而孫權在淮南、徐州方向也正在承擔著東部曹軍的軍事壓力。更糟糕的是，江東內部的山越民族尚未被孫權勢力征服。孫權勢力缺乏全面、獨立對抗曹軍的實力和決心。把江陵轉移給劉備就可以緩解自身承擔的部分壓力，同時將劉備的軍鋒指向曹操，「多操之敵而自為樹黨」。

江東內部以周瑜為首的強硬派反對退出江陵。強硬派更多地將劉備視為爭奪荊州的敵人，雖然他曾是赤壁之戰的盟友。強硬派還有一個以江陵為據點進攻巴蜀的宏偉計畫。周瑜就建議孫權趁此機會扣留劉備，以絕後患。但是，以孫權和魯肅為首的和平派抵制了強硬派的計畫。

孫劉同盟最後達成協議：孫權勢力退出江陵周邊地區，將該地區轉交給劉備。這就是演義小說和民間傳說中的劉備「借荊州」。荊州原本就不是孫權所擁有的，「借荊州」之說從何談起？而且劉備從孫權處得到的只有南郡南部的江陵周邊地區。「借江陵」之說更接近歷史原貌。

身為一國之主的劉備，親自去他國為本國的軍事政治利益展開外交冒險，這是自古至今少有的。劉備的決心和勇氣堪與十七世紀出遊西歐的彼得一世媲美。

劉備在京口期間還推動孫權進行了重大的策略調整。當時孫權暫時駐紮在京口，江東尚未確定自己的都城。都城的確立關係到一國的策略方向。劉備在京口就對孫權說：「吳郡距離長江有數百里遠，一旦出現危機，將軍率軍赴救很難。將軍您無意駐屯京口嗎？」孫權顯然已經考慮過建立新都的問題。他說：「秣陵有小江百餘里，可以游弋大船。我正在大力操練水軍，建造水軍基地，計劃移據到秣陵。」劉備說：「蕪湖離貴國的水軍要塞濡須（今安徽無為東南）很近，也是個不錯的選擇。」孫權說：「我國正想出兵徐州方向，秣陵在蕪湖東邊，更方便對徐州方向進軍。」

　　孫權之後在秣陵建造了城池，設置了建業郡。建業不僅成了東吳的首都，也成了古代中國的六朝古都。但是孫權對徐州方向用兵方略的調整，是對〈榻上策〉的調整（在沒有占據整個荊州的情況下用兵北方）。這樣的調整只是暫時的。孫權建都長江下游建業，客觀上將荊州事務的主導權轉移給了劉備。

　　年底，強硬派首領周瑜病死，程普代理南郡太守。魯肅接替周瑜負責荊州事務，奉行對劉備友好政策。程普從江陵退至江夏，魯肅退至陸口，將自公安以西的荊州長江沿岸，包括江陵至夷陵一線的防務移交給了劉備。

　　曹操在北方聽到孫權將江陵轉移給劉備的時候，正在寫書信，吃驚地落筆在地。

　　與其說曹操是懼怕劉備得勢，毋寧說是詫異孫權的策略遠見與決策魄力。孫權毅然放棄江陵，收縮兵力，既可以集中力量防守長江東段防線，取得策略先機，又極大鞏固了孫劉聯盟，取得了政治優勢。

　　後人總以為在「借江陵」事件中，劉備方面撿了個便宜。其實不然。諸多歷史研究證明：劉備在東吳期間與孫權達成了用交州換南郡的交易。在一定程度上，劉備的安然回歸，以及之後東吳步騭僅以四百人從劉備占領區進占交州都是佐證。

　　赤壁戰後，勢力版圖已定。東吳輕鬆擴張疆土的唯一選擇就是交州。當時，通往交州最順便的道路尚且是從湘江經靈渠進入珠江流域（福建、江西與廣東交界地區為山越族人控制，危險重重，且道路不通）。而這條通道，恰在劉備控制之下。東吳如想併吞交州，必須越過劉備。

　　劉備借得南郡後，主動為孫權南下交州讓出道路。次年（建安十五年），東吳分豫章郡新立鄱陽郡，任命步騭為太守。步騭赴任不久，即轉

三 尋找平衡的聯盟

為交州刺史。他帶領武射吏四百人（一說千餘人，總之兵力薄弱）從劉備占領的荊南地區進入交州北部。交州最北一郡為蒼梧郡，蒼梧亦是交州重心。劉表所置的蒼梧太守吳巨，本與劉備有舊交，赤壁戰後投靠了劉備。步騭應該是得到了劉備的幫助，從而取得了吳巨的支持。吳巨親自到零陵南界去迎接步騭。

步騭卻先發制人，誘殺吳巨及其部將區景，一舉占領交州北方。交州南部的士變兄弟開始向孫權稱臣。南海之濱從此成了孫權的穩固領土。步騭在交州任職十年，開發了以番禺（今廣州）為中心的珠江三角洲地區，並移州治於此。他離任時，率吏民上萬人北返。由此可見，交州得到了大發展。同時，士變兄弟招降了永昌郡（在今雲南西部）投向東吳。孫權以交州為包抄西南的據點，策略獲益巨大。孫劉兩家這筆交易，盈虧如何，難以明言。

從這個意思上來說，劉備「借江陵」的說法也不準確，「換江陵」的說法更為恰當。

劉備在江東的另一個收穫是娶了比自己小三十歲的孫權妹妹為妻，透過政治聯姻來鞏固同盟。在中外外交史中，聯姻是常見的政治手段。

在孫劉結盟的第一個階段裡，在曹操的巨大壓力下，同盟獲得了巨大的政治、軍事成功。劉備完成了與孫權的聯姻，從孫權手中換得江陵。劉備利益的獲得是孫權做出讓步的結果。「當時致力於鞏固聯盟的是孫權，而不是劉備。在外交上，孫權的謀劃要比劉備深遠得多。」

局勢穩定後，來自曹操方面的壓力不像以前那般嚴重了，孫劉聯盟進入了爭奪荊州的第二階段。

圍繞荊州的是非

　　早在劉備去京口的時候，負責荊州事務、駐紮在江陵的周瑜也去京口覲見了孫權。周瑜帶來了一個進攻益州的宏大計畫。孫權同意了這個計畫。周瑜堅定地反對將進攻益州的據點 —— 江陵轉交給劉備。劉備還在京口的時候，周瑜就返回江陵，準備整頓軍隊進攻益州，以實際行動阻礙劉備奪取江陵。但是周瑜還沒回到防區，就在途中的巴丘病逝了。孫權勢力進攻益州的第一次嘗試失敗了。

　　劉備換來江陵後，並沒有將主力指向荊州北部的曹軍，他開始按部就班地實現〈隆中對〉中占領益州的計畫來。

　　當時的益州牧是劉璋。劉焉、劉璋父子經營益州大部已經兩代人了；益州北部的漢中地區則由五斗米教的張魯占領。益州牧劉璋是個懦弱平庸的人，在他的治理下，巴蜀地區綱維頹弛，人心渙散，軍事薄弱，不能抵禦外敵進攻。然而益州地區可算是亂世中的桃源，富庶完整。史載：「蜀土富實，時俗奢侈，貨殖之家，侯服玉食，婚姻葬送，傾家竭產。」曹、劉、孫三方都覬覦此地。

　　甘寧、周瑜都先後勸孫權西取巴蜀。據說孫權還以此諮詢過劉備，並建議共同西進。東吳的使節對劉備說：「米賊張魯在巴漢之間稱王稱霸，成為曹操耳目，覬覦益州。劉璋軟弱無力，難以自守。如果曹操得到巴蜀，荊州就危險了。現在我想先攻取劉璋，再進討張魯，首尾相連，一統吳楚。等我們占領了全部南方，那就算有十個曹操，也不需要害怕了。」

　　劉備早已經下定決心自己進取巴蜀，但還是得將孫權聯合取蜀的建議放在陣營內部討論。有些人認為劉備可以表面贊同孫權的建議，因為

三　尋找平衡的聯盟

東吳終究不能越過荊州而擁有巴蜀，巴蜀遲早是劉備的。但是荊州主簿殷觀卻認為：「如果我們作為東吳的先驅，進未必能克蜀，敗退則為東吳所乘，到時候大勢就去了。我們可以贊同東吳伐蜀的建議，但要說明我們剛占領南方諸郡，未可興動。沒有我們的支持，東吳肯定不敢越過我軍地盤單獨去進攻巴蜀。如此進退之計，可以收吳、蜀之利。」劉備非常讚賞殷觀的觀點。

劉備於是回覆孫權說：「益州國富民強，地形險要。劉璋雖弱，但還足以自守。張魯是個虛偽小人，未必會盡忠於曹操。現在如果我們暴師在蜀漢，後勤轉運於萬里之間，即使是吳起和孫武再生，也不能保證一定能取得成功啊。曹操雖有無君之心，而有奉主之名，力量依舊。現在他三分天下已有其二，肯定會飲馬滄海，觀兵吳會，怎麼甘心於坐等老死呢？現在我們大軍出外攻伐，是為曹操創造機會，並非長遠之計。」

劉備拒絕孫權的理由主要是三點。首先，劉璋的勢力相當強大，孫劉聯軍並沒有必勝的把握。其次，曹操正在威脅著荊州和江東，聯軍大兵遠征，可能給曹軍可乘之機。最後，劉備說自己地盤剛占領，還不穩固，沒有能力與孫權聯軍向西。劉備的前兩點理由都是能夠成立的。貿然進攻益州的確存在巨大風險。劉備不像孫權，他在等待有利時機發動伐蜀之戰。

孫權沒有聽劉備的。建安十六年（西元二一一年），孫權派遣孫瑜率水軍進駐夏口，準備進軍益州。劉備不讓孫軍借道江陵。他對孫瑜說：「我劉備與劉璋同為宗室，都以匡扶漢朝為己任。如果劉璋有得罪東吳的地方，我不敢過問，但請原諒我的同宗。如果貴方堅持取蜀，我就披髮自我放逐，終老山林。」劉備不僅態度異常堅決，而且部署關羽屯江陵，張飛屯秭歸，諸葛亮駐紮南郡南部，劉備親自駐兵屝陵，擺出一副撕破臉相爭的態勢。

　　孫權知道盟友的態度異常堅決，不想撕破臉皮，同時仔細考慮了劉備的理由，也尚有道理，就召還了孫瑜。東吳進軍益州的第二次行動因為劉備的反對阻撓而自動放棄了。

　　當然，孫權方面並沒有放棄對巴蜀方面的野心。同年，吳將呂岱率領尹異等人，領兵兩千人向西引誘漢中的張魯到漢興城。這可以看作是東吳染指漢中的一次嘗試。張魯對東吳的這支奇兵不聞不問。孫權最後召還了呂岱。

　　孫權的幾次嘗試都失敗了，但不久，劉備卻等到了進軍益州的絕妙機遇。這個機遇其實是曹操為他創造的。退回北方的曹操大力經營關中和涼州地區，並計劃進軍漢中。益州大部受到嚴重威脅。已經成為內奸的張松、法正等人趁機勸劉璋向荊州劉備借兵助守，防衛曹軍。劉璋於是敞開大門迎進劉備，並給劉備供給兵力和糧草。劉備在益州多年，不僅沒有北上防衛，反而在四川地區收買人心，幾年後反向成都進軍。西元二一四年，劉備進入成都，自稱益州牧。短短六年間，劉備沒費多大勁就占據了荊州、益州各郡，成了足以與孫權相抗衡的勢力。

　　孫權聽到劉備征服益州後，大罵劉備：「猾虜乃敢挾詐！」

　　孫權的憤怒是因為他覺得劉備欺騙了自己。劉備之前信誓旦旦地大談自己和劉璋的同宗情誼，堅決反對盟友進攻巴蜀。現在劉備自己用詭計占領了同宗兄弟的地盤，把劉璋遷移到荊南的公安縣安置。這怎麼能不讓年輕的孫權憤怒呢？而更深層次的原因是，劉備原本是仰仗孫權的出力才占領了荊南和江陵這塊根據地，現在卻成了跨地千里的大軍閥。而在劉備擴軍拓地的時候，孫權卻在江北防線與曹軍激戰，替他承擔曹軍壓力。孫權一時適應不了這樣的實力對比變化。

　　孫權這時向正春風得意的劉備要求平分荊州，即要求劉備割讓長沙、零陵、桂陽三個郡給東吳。孫權沒有要求整個荊州，而是希望把劉

三 尋找平衡的聯盟

備的勢力限制在南郡南部和武陵郡，就是現在的湖北西南部和湖南西北部。這樣既可以讓劉備協同承擔曹軍的壓力，又可以將劉備勢力壓迫在荊州西部。孫權的要求有些過分。同盟初期的扶持幫助不是貸款，受助者並不需要支付利息。

東吳負責荊州事務的魯肅與蜀漢方面鎮守荊州的關羽會面。魯肅責備關羽說：「我國之前之所以將土地借給貴國，是因為看到你們從遠方大敗而來，沒有立足之地。現在你們已經占領了益州，還沒有歸還所借土地的意思。我們只要求三個郡，你們也不肯答應。這太不應該了！」蜀漢方面回答說：「道德高尚和力量強大的人應占領土地。土地又不是固定為某個人所有的。」蜀漢的回答讓東吳方面更加生氣了。

劉備自然不同意東吳的要求。南方三個郡的割讓不但會讓劉備失去大片土地和人口，而且也會對夾擊中原的第三步策略造成巨大損害。孫權向三郡任命了官吏，結果都被留守荊州的關羽趕跑了。西元二一五年，孫權派遣呂蒙率領東吳主力進取荊州，展開全面進攻部署。呂蒙招降了長沙和桂陽，並攻下了零陵郡。關羽也起兵相抗。劉備風塵僕僕地從成都率領得勝之師殺向荊州，駐紮在公安，與孫權針鋒相對地爭奪起三郡來。

大戰一觸即發，但沒真正打起來。

因為曹操看到孫劉僵持的機會，自己帶兵來攻了。建安十八年（西元二一三年）曹操征伐孫吳，進攻濡須塢。孫權也遣將進圍皖城。曹孫在江北戰線展開激烈。孫權勝少敗多，承受著巨大的壓力。

西元二一五年曹操乘孫劉交惡，率軍攻取了漢中。張魯逃入大巴山區，曹軍留夏侯淵、張郃屯守漢中。巴地七姓夷王樸胡等都向曹操歸附。曹操以皇帝的名義在巴地設置郡縣。司馬懿於是建議趁勝進攻益州南部，成都平原一日數驚，益州危急。

消息傳到荊州，劉備唯恐益州難保，要求與孫權講和。孫權也偵察到曹軍主力東移，合肥、濡須的壓力增大，也同意和談。在共同抵禦曹魏勢力的利益下，孫劉雙方完成協商。劉備做出讓步，雙方以湘水為界中分荊州：「長沙、江夏、桂陽以東屬權；南郡、零陵、武陵以西屬備。」孫權的要求大部分獲得了滿足。兩派於是罷軍，依然是好盟友。

這次圍繞荊州領土的妥協，孫劉雙方都不是贏家，雙方在荊州問題上的矛盾依然存在。相反，曹操卻充分利用了孫劉矛盾，左右布局，不僅緩解了左右支絀的窘迫局面，還攻占了漢中地區，建立了征戰南方的新據點。擔任過長沙太守的廖立事後曾說：「（在占領益州後）劉備不乘機進取漢中，卻移主力去和東吳爭荊南。最後南方兩個郡還是給了東吳，軍隊徒勞無功地回來了。相反漢中落入了北方手中，夏侯淵、張郃駐守漢中，並深入大巴山區和益州東部，幾乎使益州陷入了滅亡的危局。」劉備因為這一次荊州之爭，失去了占領益州後攻取漢中的最佳時機。之後，劉備集團傾全力才攻占了漢中，而且得到的只是一片空地，對整個國家的長遠發展造成了消極影響。這不能不說是孫劉第一次荊州之爭對劉備方面造成的最惡劣影響。

劉備回軍益州後緊鑼密鼓地開始了對漢中的征伐作戰。漢中是漢高祖奪取天下的根據地，也屬於〈隆中對〉規劃的範圍之內。法正評價漢中的重要性道：「占領漢中後，我們可以廣農積穀，觀釁伺隙。有了漢中這塊根據地後，上可以傾覆寇敵，尊獎王室；中可以蠶食雍涼地區，廣拓境土；最壞也可以固守要害，與北方相持。這是上天賜予我們的寶地啊。」

經過四年準備，劉備勢力在西元二一九年傾全力發動了漢中戰役。劉備陣營準備充分，用兵得當，當陣斬了守將夏侯淵。曹操不得不親自領兵與劉備相抗。在僵持了幾個月後，曹操發出了「漢中是雞肋」的感

三　尋找平衡的聯盟

嘆，放棄漢中撤軍了。劉備占據漢中後，抽調荊州宜都太守孟達領本部兵馬北上進攻房陵，派遣養子劉封自漢中順水東下，合攻「東三郡」地區（上庸、房陵、西城）。劉封受權統孟達軍。東三郡的降伏，使劉備疆域達到最大，勢力發展到達頂峰。不久，劉備稱漢中王。

遺憾的是，光芒中也存在黑點。孟達本部是駐守宜都、作為荊州軍事第二線的部隊。劉備調孟達北攻房陵，抽空了荊州後援。劉備又用人不專，令年輕的劉封統領孟達軍，埋下了隱患。而東三郡地區又是連接荊北和漢中的重地。更為重要的是，曹操在占領漢中後，就有計畫地將居民遷徙到關中地區。劉備得到的只是一塊空地，物資匱乏，失去了作為北伐根據地的基礎。漢中與巴蜀之間就像漢中與關中之間一樣，崇山峻嶺高聳，羊腸小道崎嶇難行。軍民物資多數需要漢中本地自籌。蜀漢因此不能在短時間內將漢中作為進攻北方的前沿基地。漢中的作用，一是守衛，一是攻擊。現在雖有了防守作用，但是失去了攻擊的作用。日後諸葛亮的北伐常常糧餉不繼，透過屯田漢中進行籌集，不僅費時，而且成本很高。如果劉備在占領益州後趁勝奪取漢中，獲得漢中民眾和張魯積蓄的物資，形勢就不同了。

與漢中戰役相配合，孫權在東線發動了合肥戰役。這一時期，東吳在客觀上配合了蜀漢的軍事行動，多次出兵吸引曹操主力。劉備進攻益州期間，孫權在東部向淮南地區發動了持續進攻，迫使曹操將注意力集中在東方。劉備集團在經營荊州和益州的十餘年時間裡，完全沒有受到曹操直接的軍事威脅。東吳獨立迎戰曹軍，使劉備能順利地展開自己的策略。

除了孫劉第一次荊州之爭外，孫權一直將主力集中在淮南地區。孫權經營的長江防線對北方構成了威脅。西元二一三年正月，曹操親率十萬大軍進攻孫權，爆發了濡須口戰役。曹操先是攻破孫權軍江西營寨，

俘虜都督公孫陽。孫權也統領約十萬主力抗禦曹操。曹操遙望孫權的軍隊陣容威嚴，布防嚴密，猛將如雲，不敢輕易冒進。這時，曹操肯定發覺自己五年前主動從赤壁撤退的決策是錯誤的了。如果曹操當時咬咬牙，在荊州地區再堅持幾年，孫劉雙方就沒有穩定發展的時間，也不會發展到擁有與曹操一對一單挑的實力了。不久，長江春汛到了。孫權寫信勸曹操撤兵，曹操審時度勢，主動撤軍而回。曹孫雙方在淮南地區展開了半個多世紀的膠著戰。

從西元二○八年赤壁大戰到二一九年的漢中與合肥戰役，孫劉十年同盟。曹操始終來回招架，主力東奔西跑。赤壁戰後初期，天下政治力量對比的優勢在北方，在曹操手裡。但是由於曹操在赤壁敗後主動撤退，養虎為患；再加上北方的不穩牽制了曹軍的動作，以及孫劉同盟的良性運作，使北方的優勢在西元二一九年的時候已經消失了。當漢中和合肥的烽火燃起之時，沒有人能判定天下大勢的走向。曹操的北方和孫劉的南方對峙的局面正式形成。奇怪的是，在此後的三百多年中，這樣的南北對峙似乎成了歷史的常態。

西元二一九年夏天，曹軍大部隊都調到淮南防備吳軍。鎮守荊州的關羽抓住戰機，率主力北攻襄樊，意圖河南。這是〈隆中對〉籌劃的第三步策略中的右路軍的行動。但是關羽跳過了諸葛亮設計的第二步，過早地發動了戰爭。這麼大的軍事行動，肯定是得到劉備准許的。也許，劉備和關羽只是想借漢中戰役的餘威，占領荊州北部，與東三郡和漢中連成一線，改善對峙態勢而已。劉備方面盡起荊州精兵，只留南郡太守麋芳守江陵、將軍傅士仁守公安。

不想，關羽的出兵成了劉備勢力的巔峰絕響。

關羽大軍從南郡出發，一路取得勝利。當時北方鎮守荊州的是行征南將軍曹仁，駐屯樊城。當時曹仁正忙於鎮壓南陽郡的叛亂。南陽郡守

三　尋找平衡的聯盟

將侯音造反了，劫持了南陽太守，占據宛城，聚眾數千人在曹操勢力的核心地區和曹仁的後方劫掠州縣。曹仁不顧關羽的北伐，集中軍力攻破侯音，升任征南將軍。曹仁再回師樊城，不想被關羽一戰擊敗，僅剩數千敗兵退守城池。關羽將曹仁團團圍在城中動彈不得。

秋天，曹操抽調七支部隊，由左將軍于禁統率，南下替曹仁解圍。這年秋天，荊州連日暴雨，貫穿荊州北部的漢水泛濫成災。關羽利用地形優勢，水淹于禁七軍，再聯合水師水陸夾擊，援軍全軍覆沒。于禁投降，曹軍步騎三萬多人被俘虜。關羽得勝後，又引水圍困樊城，加緊進攻，並包圍了襄陽。鎮守襄陽的是曹軍將領呂常。史載當時關羽乘船圍繞著樊城督戰。樊城被重重圍困，外內斷絕，糧食將盡，危在旦夕。

關羽在荊北的巨大勝利，震動了中原大地。力量的天平似乎向著劉備方向傾斜了。曹操統治地區隨即出現了政治動盪的痕跡。「梁、郟、陸渾群盜或遙受羽印號，為之支黨。羽威震華夏。」這裡所謂的「梁、郟、陸渾群盜」，有的是郡縣反抗兵役的百姓，有的是來自正規軍的散兵游勇，有的可能是職業強盜，也不排除部分關羽派遣北上的「間諜」。他們人數在幾百到幾千之間遊蕩在曹魏境內，一旦關羽攻破樊城揮師北上，這些武裝就是前驅嚮導和強有力的盟友。

曹操統治區散布著不少柴草硫黃。只等關羽在樊城的引信一點燃，中原地區就會陷入烈火之中。北方最嚴重的一次動亂是魏諷之亂，發生在河北重鎮鄴城。魏諷是沛人，很有口才，能鼓動群眾，名聲傾動鄴城。相國鍾繇征辟他當自己的西曹掾。劉備在漢中、孫權在淮南的進展，尤其是關羽在荊北的勝利消息傳到河北後，魏諷暗地裡聯絡徒黨，與長樂衛尉陳禕陰謀襲取鄴城叛亂。眼看就要發動了，但是陳禕突然感到害怕，向鎮守鄴城的魏國太子曹丕告密。曹丕迅速誅殺魏諷，連坐數十人。鍾繇也因此被免職。

晚年的曹操已經喪失了銳氣。他認為名義上的國家首都許都離荊州太近，處於關羽軍鋒的威脅之下，於是計劃將漢獻帝和漢朝政府遷徙到河北去。正在千鈞一髮之際，司馬懿勸諫曹操說：「于禁大軍是被洪水淹沒的，並非防守失敗，況且並沒有損害國家根基啊。現在因為暫時的失敗而遷都既是示敵以弱，又會使淮河流域和河南的郡縣陷入不安之中。那樣才會真的撼動國家的根基啊。」司馬懿敏銳地注意到：孫權和劉備，外親內疏。關羽的勝利和得意並不是孫權願意看到的。曹操可以聯絡孫權偷襲關羽後方，那麼荊北的困局就自然解決了。

年老的曹操在年輕的司馬懿勸說下，決定抽調軍隊與關羽再次決戰。曹操派遣徐晃率領第二批援軍，南下為曹仁解圍。當援軍到達宛的時候，曹操知道自己勝券在握了。因為他收到了孫權送來的歸順書信。

史載：「孫權遣使上書，以討關羽自效。」

昨日在淮南混戰不休的敵人，突然在自己陷入困境的時候歸順了，同時還請求討伐盟友表達歸順之心。這真是天大的好事啊！問題是，它是怎麼發生的呢？

孫權對關羽進行釜底抽薪式的偷襲並非突發奇想。在孫劉表面和好的同盟底下，東吳一直壓抑著偷襲荊州的意圖。關羽的北伐以及取得的迅速成功為東吳提供了偷襲的良機。

荊州實在是太重要了。曹操、孫權、劉備都有統一天下之志，所以他們各自的策略方針都有一個共同點，就是都把奪取荊州列為首要的策略目標。三國形成時期的軍事、外交爭鬥，可以說是曹孫劉三方對荊州的爭奪。三方策略正是由於有爭奪荊州這一共同點而互不相容。荊州對三方的意義在前文都已涉及。現在我們再著重看看荊州對東吳的巨大意義。如同漢中是巴蜀的北方門戶一樣，荊州是東吳的西方屏障、上游門戶。只有全據荊州，東吳才算掌握了整個長江天塹，進可攻，退可守。

三　尋找平衡的聯盟

現在，荊州西部的南郡、武陵和零陵三個郡在劉備手中。這使得東吳對蜀漢老有心理劣勢，老覺得自己的安全受到威脅。關羽在荊州北部的不斷成功可能加強了東吳的這種不安全感。

唐朝劉禹錫的《西塞山懷古》詩可以為中游的荊州對下游江東的重要意義作註釋：

王濬樓船下益州，金陵王氣黯然收。
千尋鐵鎖沉江底，一片降幡出石頭。
人世幾回傷往事，山形依舊枕寒流。
從今四海為家日，故壘蕭蕭蘆荻秋。

攻略荊州一直是東吳的國家策略，沒有全據荊州一直是東吳的一塊心病。而劉備方面的一些外交失誤促使東吳將攻略行動付諸實施。劉備阻撓孫權進軍益州，而自己卻用不光彩手段占領益州，就是一個最大的外交失誤。劉備在這件事情上欺騙了盟友。

關羽這個人是不錯的武將，但不是合格的政治家。荊州駐軍新得數萬兵將，糧食匱乏。關羽為解燃眉之急，竟強占東吳儲藏在湘關的糧食。搶糧事件代表關羽根本就沒有將東吳看作是平等的外交夥伴。也許在關羽心中，蜀漢是漢朝正統、天下希望，而東吳至多是一個地方軍閥。

而孫權本來是想與關羽修復關係的。他曾經主動提議與關羽聯姻，希望迎娶關羽的女兒做自己的兒媳婦。關羽不願意，講了句很傷人的話：「虎女怎麼能配犬子呢！」然後把江東使節趕跑了，連最起碼的外交禮儀都不懂。劉備方粗糙、驕傲的外交，讓東吳覺得「劉備君臣，以狡詐和霸力為驕傲，反覆無常。這樣的人是不可以推心置腹相待的。

演義小說和民間傳說中還有關於劉備方面與東吳訂立過諾言的資

料。說當初劉備和諸葛亮平分荊州的時候，答應過東吳在占領整個益州後會將荊州完全移交給江東。因此江東在劉備進軍益州的問題上採取了支持態度，並在東方展開軍事行動牽制曹操。《三國志》中確切記載的是，劉備得到益州後，孫權派諸葛瑾去索取荊州諸郡。劉備不答應，承諾說：「我正在圖取涼州，等涼州平定後就會把整個荊州都交給東吳。」孫權當時就很生氣：「劉備虛假承諾而不會交付荊州，只是想用虛辭拖延時間罷了。」如果傳說的承諾屬實的話，劉備勢力不僅嚴重違反了盟約，而且是在透支盟友的外交信任。

西元二一九年，劉備這邊的形勢一片大好，比在淮南勝少敗多的孫權的境況要好多了。孫劉同盟原本是孫強劉弱，現在已經轉換成了劉強孫弱。劉備進位為漢中王，地域廣闊，軍隊士氣高漲。孫權在心理上對同盟內部實力對比的快速變化適應不了。

東吳內部的人事也發生了變化。對劉備親善、主持荊州事務的魯肅英年早逝。出身行伍的呂蒙接替了魯肅的位置。正是這個呂蒙促成了東吳的軍事矛頭從淮南至徐州轉移到了荊州。孫權在呂蒙的勸說下，下定決心進攻荊州。

呂蒙在濡須口戰役後密陳孫權說：「如果東吳占領南郡、白帝、襄陽，再有水軍萬人遊弋在長江之上，循江上下，應敵所在，那麼我們還怕什麼曹操，還依賴什麼關羽啊？」孫權認為呂蒙的話很有道理，但在取徐州和取荊州之間還有猶豫。呂蒙說：「徐州地勢平坦，交通發達，無險可守，是騎兵作戰的主戰場。您今日得到了徐州，曹操馬上就來爭奪。我們即使以七八萬人守徐州，也還是令人擔憂的。倒不如取荊州，全據長江，緩和東吳形勢。」就這樣，孫權與呂蒙就攻取荊州達成了共識。

孫權終於失去了對蜀漢的耐心，放棄了同盟政策。

流向同盟的鮮血

呂蒙是個偽裝高手。

呂蒙心裡一直以關羽為假想敵。但當他接任魯肅的職務後，卻將真實意圖深深隱藏起來。呂蒙履新後，表面上比魯肅更加寬厚，與荊州更加友好。呂蒙還極力結好關羽。呂蒙將自己裝扮成標準的盟友，儘管心裡根本就沒把關羽當作盟友。

在關羽北伐荊北之初，呂蒙就意識到機遇來了。他上書孫權說：「關羽北伐後在荊州還留有許多防備部隊。這是在防範我們偷襲他的後方。我經常生病，主公可以以治病為名，讓我帶領部分軍隊回到建業。關羽聽說了，肯定會抽調後備部隊趕赴襄陽前線。到時候，我們大軍浮江而上，晝伏夜出，偷襲關羽空虛的後方。這樣肯定能奪取南郡，擒拿關羽。」

上書後，呂蒙就聲稱自己病重。孫權於是公開下達文書，召他回建業。關羽聞訊果然放鬆警惕，逐漸把守備兵力調往樊城。呂蒙奉召返回建業的途中經過蕪湖。定威校尉陸遜前來拜見他，提出了趁關羽北伐，出其不意占領荊州的方案。呂蒙感嘆英雄所見略同，回到建業後建議孫權假意提拔陸遜代替自己，參與偷襲計畫。

陸遜平地一聲雷地被提拔為方面大員。他到了陸口後，以自己資歷淺能力低為由，向關羽寫了一封謙卑請教的見面信。關羽聽說東吳任命了名不見經傳的陸遜作自己的對手，又看了陸遜的來信後，愈發大意。

陸遜將情報都傳遞到了建業，東吳認為時機已經成熟。十一月，孫權便任命呂蒙為大都督，率軍隱蔽前出，進至潯陽。在這裡，呂蒙將精銳士卒埋伏在偽裝的商船中，令將士身穿白衣，化裝成商人，募百姓搖

櫓划槳，溯江而上，直向江陵進襲。蜀漢江防士兵原本就兵力不足，現在猝不及防，一經接觸就潰散投降。呂蒙招降了駐守公安的傅士仁，傅士仁又引吳軍迫降守江陵的南郡太守麋芳。呂蒙迅速接收了原屬劉備的荊州各郡縣。

呂蒙在荊州整軍守紀，對關羽家屬厚加撫慰。關羽軍隊得到消息後，軍心渙散。在徐晃援軍和曹仁守軍的聯合進攻下，關羽大敗。

陸遜也參加了偷襲行動。但他沒有進入江陵城，而是徑直率領本部兵馬向西進軍，進攻宜都。蜀漢宜都太守樊友棄城而逃。荊州西部諸城長史和本地的蠻夷君長都向陸遜投降。陸遜迅速招降了宜都地區，這就截斷了關羽西逃和巴蜀軍隊東援的要道。關羽向駐紮在上庸的劉封和孟達求援，遭到拒絕。關羽進退失據，腹背受敵，最後敗走麥城，被擒獲斬首。

這是孫劉第二次荊州之爭。結果是孫權占領了整個荊州，同盟破裂。

孫權勝在蓄謀已久，關羽敗在內政不修、舉止失措。關羽個性的問題導致了內部官員離心離德，再加上蜀漢原先累積的矛盾，最終失去了荊州。關羽爭強好勝，個性不適，卻被寄託方面重任，劉備不能不為此承擔責任。

在劉備的整體策略中，荊州是很重要的一環。〈隆中對〉說：「天下有變，則命一上將將荊州之軍以向宛、洛。」荊州的丟失不僅意味著劉備集團在經濟上大受損失，而且讓〈隆中對〉裡提出的鉗形攻勢也化為泡影。正因為如此，劉備集團要想統一天下，必須奪回荊州。

荊州是劉備集團騰飛的起點，劉備集團中諸多重要人物都來自荊州。荊州派是蜀漢陣營的主要派系，他們支持發起重新奪回荊州的戰爭。而攻打荊州則意味著徹底將孫劉同盟推向毀滅的深淵。這計畫中的第三次荊州之爭必定會進一步削弱孫劉兩派的實力，使曹操有機可乘。

三　尋找平衡的聯盟

劉備陷入了一個兩難的抉擇。

這裡存在一個外交學理論上的重大難題。利益互惠是合作基礎。但當兩國利益存在根本性衝突的時候，同盟或者合作是否還可能存在？對於已經建立的同盟來說，對於必需的同盟來說，當國家利益出現衝突的時候，應該怎麼辦？孫劉的荊州問題為外交學理論在該課題上的研究提供了絕好的案例。

蜀漢集團丟失荊州所受的損失固然嚴重，但還保存有大部分實力。是反攻孫權還是承認孫權占據荊州呢？劉備很快就做出了反攻荊州的決策，主要原因有三：東吳偷襲的成功，為正志得意滿的劉備以心理上的巨大打擊；荊州地區對統一天下事業的客觀重要性；再加上情同手足的愛將關羽被梟首的慘劇刺激了劉備的情緒，使劉備在個人感情上對東吳增加了憎恨之情。當然了，上文提到的陣營內部來自荊州的派系力量的強烈要求也是反攻決策的推動因素。

西元二二一年，劉備登基稱帝，繼承漢朝國祚，建立蜀漢政權，定年號為章武。同年，劉備盡起全國兵馬，御駕親征東吳，發動了第三次荊州之爭。

這時呂蒙已經逝世，陸遜正式接替了呂蒙的職位。面對氣勢洶洶、志在必得的蜀漢大軍，東吳的首要選擇是和談，希望能夠與劉備停戰講和。東吳送還了殺害張飛的兇手；孫權還親自卑辭請和。這樣的選擇對東吳來說是最優選擇，但對蜀漢來說卻是自打嘴巴的選擇。結果，孫權遣使求和，遭到了劉備的拒絕。

和談大門關閉後，戰爭不可避免。劉備的進軍非常順利，順流而下，突破了東吳的幾道防線，前進至湖北宜昌地區（這也恰恰證明了上游對下游的軍事優勢）。東吳的荊西主將孫恆被緊緊圍困在夷道城。大軍壓境，孫權再次提陸遜為大將，也盡起全國之兵督軍應戰。

　　雙方都傾全力角逐，這為三國中的最強者曹魏提供了坐收漁人之利的有利時機。劉備在東征前任命魏延全權負責漢中防務，再加上蜀漢有崇山峻嶺的天險，易守難攻，相對不用擔心曹魏的進攻。而對孫權來說，東吳的主力現在都集中在荊州地區，漫長的魏吳邊界上就出現了多處軟肋。曹魏對東吳的軍事威脅直接而巨大。為了避免兩面受敵，東吳迫切需要處理與曹魏的關係。

　　東吳再次主動與曹魏修好。孫權派使者向曹丕稱臣歸順，請求曹丕出兵進攻蜀漢。西元二一九年，東吳的主動修好為吳魏關係打下了一定的基礎。但曹操當時對孫權完全是能利用則利用的態度，隨手就將孫權拍馬屁的信投射到了關羽的營壘中。到了西元二二一年，我們沒理由相信曹操那小心眼的兒子曹丕就能與東吳和平相處，配合東吳的荊州戰役。

　　曹丕雖然沒有出兵配合孫權，但同意了東吳的修好。曹丕在孫劉第三次荊州之爭期間紋絲不動，沒能乘劉備討伐東吳的時候，南下直搗吳國江東心臟地區。這是他一生最大的外交失策。曹丕「僅滿足於孫權稱臣納貢的表面勝利，致使孫權安然渡過受蜀、魏夾攻的危機。後來曹丕兩次興兵伐吳，均徒勞而返」。

　　劉曄就反對曹丕的決策：「孫權無故求降，肯定內部有急事。他先前襲殺關羽，奪取荊州四郡，劉備現在興師伐罪了。東吳現在是外有強寇，內部人心不安。孫權怕我們承釁討伐他，所以委屈求降。目的有二：一是退卻中原大軍，防止我們進攻；二是假借中原的援手，為自己壯膽並使蜀漢軍隊猶疑。現在天下三分，我們擁有十分之八。吳、蜀各保有一州，阻山依水。對他們這兩個小國來說，必須有急相救，相互支援。現在他們兩相互攻伐，正是天亡孫劉。」劉曄的建議是：「我們應該興師伐吳，直接渡江襲擊東吳內部。蜀漢攻其外，我們襲其內，東吳的滅亡指日可待。東吳滅亡後，蜀漢就孤立無援了，不會久存。」

三　尋找平衡的聯盟

曹丕書生意氣，說：「人家稱臣歸降，我們卻興師討伐。這樣就傷了天下有心歸降人的心，就不會再有人來了。這個方法絕對不行！我們何不先暫且接受東吳歸降，再襲擊蜀國後方呢？」

劉曄回答說：「蜀遠吳近，一聽到我們出兵巴蜀，劉備就會馬上還軍。我們是占不到便宜的。現在劉備已經發怒了，所以興兵伐吳。如果劉備知道我們也一起討伐東吳，就會知道東吳必亡，肯定會與我們一起爭割吳地，不會改變主意抑制憤怒情緒搭救東吳的。這是必然之勢。」劉曄的建議極有道理。如果按照他的建議執行，中國再次統一的曙光就若隱若現了。

曹丕不聽，還是接受了孫權的投降，拜孫權為吳王。曹丕興致勃勃地看著孫劉混戰，不斷向東吳要求進貢玳瑁、大象、孔雀和珍珠瑪瑙等奇珍寶物，滿足於孫權的恭順態度和進獻的貢品。曹丕也不是傻子，一再要求孫權送兒子到洛陽來作為人質。孫權則拖延派遣質子，先是說自己的兒子年紀都太小，怕服侍不了聖上；後來又以不斷滿足北方的要求來拖延。西元二一九年到二二二年（第二次和第三次荊州之爭）的三年間，孫權始終沒有讓兒子去當人質，曹丕也沒有用兵東吳。孫權假意事魏，避免了兩線作戰，得以全力對付劉備。

陸遜見蜀軍勢盛、求勝心切，決定主動撤退，相機尋找戰機。吳軍退至夷陵、猇亭一帶，屯守有利地形。西元二二二年二月，劉備大軍在夷陵、夷道的山區連營數百里。馬良受命聯結武陵蠻等土著部落，參加對東吳作戰。儘管蜀軍頻繁挑戰，陸遜就是嚴令堅守不出。兩軍一直相持到盛夏。這時，蜀軍疲憊、鬥志鬆懈，為了避暑移入密林結營。陸遜迅速利用火攻，火燒連營，並封鎖江面，扼守夷陵道，全線出擊，克營四十餘。蜀軍「舟船、器械，水、步軍資，一時略盡，屍骸塞江而下」，敗得一塌糊塗。劉備對東吳的攻勢在夷陵就被遏止了。

　　劉備狼狽逃至白帝城，一病不起，最後死在了那裡，為第三次荊州之爭付出了生命的代價；蜀漢的代價是正規軍全軍覆沒，文臣武將或死或降，人才凋敝。內部的漢嘉太守黃元趁亂發起叛亂，南中各郡民族矛盾也激化了，整個益州政局開始動盪。

　　孫劉三次荊州之爭的結果是糧秣毀於戰火、鮮血盈於江水，造成了惡劣的後果。孫劉雙方為此失去了多次機會，付出了沉重的物資和軍事代價。在西元二一九年之前，孫劉同盟間較良好的互動遏制了曹操的優勢，確立了南北對峙的局面。形勢一度甚至朝著有利於南方的方向發展。夷陵血戰後，力量的天平不僅恢復了平衡，而且歷史似乎又重新開始青睞北方了。

　　為了追求成功的同盟，同盟者必須平衡好前文所說的三大關係。孫權和劉備就沒有處理好這三大關係，荊州問題只是其中的矛盾爆發點。荊州地區攸關蜀吳雙方的策略利益和發展方向，這是與結盟利益不同的其他國家利益。同時孫權方念念不忘自己在同盟早期對劉備方的幫助和對同盟的付出，還對劉備勢力的迅速崛起耿耿於懷。而劉備勢力粗糙、不講策略的外交舉措也導致了同盟朝著消極的方向發展。我們不能批評雙方的「自私」，那是理想主義者的字眼；我們也不能批評孫權和劉備的「幼稚」，畢竟每一個人的一生中至多只能遇到一兩次參與外交同盟的機會。外交經驗本身就是在磕磕絆絆中累積的。我們可惜的是，孫劉同盟從出現裂縫到瓦解再到澈底崩潰，成了一場學費高昂的學習過程。

　　經歷了鮮血的洗禮後，蜀漢和東吳兩國都加深了對同盟的認知。更為重要的是，戰爭終究導致了一個相對較好的結果。那就是東吳憑實力占領了荊州，蜀漢無力再爭荊州了，阻礙孫劉恢復同盟的核心問題在戰火中得到了解決。這些都是有助於同盟恢復的利好消息。

　　北方對南方的壓力依然存在。在一強兩弱的形勢下，兩弱聯盟共抗

三　尋找平衡的聯盟

一強是必然的選擇。戰後不久，東吳和蜀漢都開始嘗試恢復同盟。

西元二二二年九月，曹丕遲遲見不到東吳的質子，孫權的態度也不再謙恭。曹丕轉而希望趁東吳大戰後精疲力竭之機伐吳，就命令曹休、張遼、臧霸出洞口，曹仁出濡須，曹真、夏侯尚、張郃、徐晃圍南郡。孫權派遣呂範等督率水軍抗拒曹休等人，諸葛瑾等救南郡，朱桓駐守濡須口抵抗曹仁。東吳的臨江拒守雖然成功，但經受了巨大的壓力。

第二年，劉備病逝，為蜀漢和東吳兩國關係的修復提供了機會。先是孫權派遣一名中級官員 —— 立信都尉馮熙帶著禮物趕往蜀漢，為劉備弔喪。執掌蜀漢大權的諸葛亮對馮熙的到來非常重視。蜀漢當時的局勢比東吳要困難得多，更迫切需要恢復結盟。於是中郎將（級別要比馮熙高得多）鄧芝回聘東吳。蜀漢帶去了馬二百匹、錦千端和其他方物。東吳也回贈了江東方物。從此，長江上下游的聘使在江面上穿梭往來，習以為常。

東吳和蜀漢的同盟在破裂了一年之後，重新恢復了。

四　國富兵強者勝出

　　有個陰影一直縈繞在曹魏的上空，那就是北方肯定治理不好，遲早會出現變亂。蜀漢和東吳說：那時候我們就一起北伐，平分天下吧！曹魏的破解之道是「富國強兵」。結果這擔憂始終沒有應驗。北方最後憑藉強大的綜合國力統一了天下，只是這時天下變了顏色，不姓曹，改姓司馬了。

根深蒂固治天下

有個預言一直縈繞在曹魏的上空。

那就是魯肅在〈榻上策〉中指出的「北方誠多務也」，諸葛亮在〈隆中對〉裡也說，一旦「天下有變」，南方就可以兵分多路，北伐曹魏。到時候，曹魏被內部事務所困擾，南方一定能夠取得戰爭的最後勝利。東吳和蜀漢對天下形勢的估計大致相同，期待著北方曹魏出現內亂，便利南方進攻。

「北方遲早有變」，這成了當時各方的共同認識。

諸葛亮和東吳是根據東漢末期的亂象做出的判斷。中國歷史之河流淌到三國初期的時候，天下大亂都起於北方。北方是天下矛盾累積和衝突爆發的舞臺，是國家亂局的發源地。而蜀漢所在的西南和東吳所在的江南則是世外的桃源。歷史發展證明了這一點。

曹魏剛剛立國的時候，北方荒涼混亂的景象也讓人們有理由相信，這塊地區是不會得到長治久安的。

《晉書·地理志》記載漢桓帝永壽三年（西元一五七年）漢朝的戶口數目是：一千零六十七萬七千九百六十戶，五千六百四十八萬六千八百五十六人。這是文獻記載的東漢戶籍人口的頂點。此後災荒頻仍、疾疫流行，加上黃巾之亂、軍閥混戰，導致人口銳減。尤其是東漢末年的殘殺，致使兩漢的人口中心黃河流域出現了「名都空而不居，百里絕而無民者，不可勝數」的慘景。三國初期的編戶數量減少到漢唐間最低點。僥倖生存下來的中原百姓也要繼續與民族仇殺、遍地飢饉和賦稅徭役艱苦地爭鬥，盡力避免被殺死、餓死、渴死，甚至是被其他人吃掉的命運。

曹魏因為人口稀少、經濟衰退、民心慌亂，會引發政治恐慌非常正常，因為在還處於冷兵器時代的三國，人口是國家實力的基礎要素。沒有人口就沒有賦稅、徭役和軍隊的來源，土地再廣也沒用。當時三國征戰的一項重要內容就是掠奪人口。早期有曹操將漢中的人口遷徙到關中，去填充因為關中十幾年戰亂所荒蕪的土地。諸葛亮第一次出祁山的時候，又遷徙西縣上千戶人家去充實漢中地區。東吳屢次出兵也都以擄掠人口為重要目標，孫權甚至派船隊去東北地區掠奪人口。司馬懿平定遼東後，「中國人欲還舊鄉恣聽之」，鼓勵原來逃難到遼東的中原人口回遷；滅蜀後，曹魏也「勸募蜀人能內移者，給廩二年，復除二十歲」，公開招募巴蜀人口去中原地區；司馬炎滅吳後，「將吏渡江復十年，百姓及百工復二十年」，形成一場罕見的人口大回遷的浪潮。因此可以說，曹魏雖然占領了一半的國土，但是極其稀少的人口和遭受嚴重破壞的經濟並沒有使它在最初的政治對峙中占據優勢。

曹魏立國之初的形勢是嚴峻的。首先，曹魏是以疲敝之地、消極之民來抵抗相對完整、士氣高昂的蜀漢和東吳。蜀漢和東吳是「國險民附」，結成聯盟，躍躍欲試要瓜分曹魏。曹魏則面臨老百姓吃飯的問題、社會治安惡化的問題、人口不足的問題、政府沒錢的問題和國防形勢緊張的問題。曹魏就像是艘粗大笨重、鏽跡斑斑的舊船；敵人則是兩條短小精悍、輕裝上陣的快艦。

其次，三國初期的攻防態勢利於蜀、吳，而不利於曹魏。我們且不說蜀漢和東吳聯盟後，對曹魏發動的東西配合進攻，陷曹魏於兩線作戰的困境，就說蜀漢和東吳搶在曹魏前面占領了得天獨厚的策略要地和軍事重鎮。蜀漢占領的是易守難攻的巴蜀和漢中地區。綿延在西南崇山峻嶺中的羊腸小路和棧道，真的是「一夫當關，萬夫莫開」。東吳則全據長江所極，在強大的水師配合下，經營長江南北各要點，形成難以撼動的

四　國富兵強者勝出

堅固防線。蜀、吳盡得天下之險要，置曹魏於幾乎無險可守的開闊平原地區。曹魏無力對南方發動真正的進攻，只能防守。地勢對比，決定了曹魏的防守必定是成本高昂的防守。

起於四戰之地的曹魏政權一開始就思考到如何經營中原、稱霸天下的問題。為了避免成為漫漫黃沙之上的浮草，曹魏政權十分注意深植根基。對於任何政權來說，根深才能葉茂。處境不妙的曹魏政權更是如此。

立政之初，毛玠就對曹操說：「現在天下分崩離析，皇帝遷移不定，百姓們荒廢了產業，飢饉流亡。官府連一年的物資儲蓄都沒有，百姓們無安邦固業的決心。建立在這樣基礎上的任何政權都是難以持久的。出師要有名，防守需要物資，我們應該奉天子以令不臣，修耕植，畜軍資，這樣才能成就霸王之業。」在這裡，毛玠提出了影響曹魏立國幾十年的重大國策：奉天子以令不臣；修耕植以蓄軍資。前者是指在意識形態上，應該尊奉朝廷正統來提升陣營的聲望，其最直接的表現是曹操出兵迎接漢獻帝，形成了「挾天子以令諸侯」的局面。後者是指內政建設上，應該發展經濟，儲備軍事物資，其最直接的反映是曹魏開始大規模屯田及內政建設。

毛玠在意識形態上的政策因為曹丕、劉備、孫權紛紛登基稱帝，而自動消亡。但修耕植以蓄軍資的政策一直被國家延續下去，發展成了曹魏「富國強兵」的基本國策。曹魏的興起、發展和鞏固就是因為經濟發展、資源豐富，才得以根深葉茂。

富國強兵的政策逐漸被曹魏統治階層放在了首要位置。內政的安定和國家經濟的恢復發展被放在了統一天下的前面，成了官員們的首要選擇。比如建安十九年（西元二一四年）秋七月，曹操籌劃東征孫權。參軍傅幹勸諫說：「治理天下有兩大武器，文武兩道。用武力需要先有威，用文化需要先有德，威德相濟才是王道。之前天下大亂，上下失序，主

公您以武力襄助天子，平定了天下的十分之九。違背王命的只有東吳和蜀漢了。東吳有長江之險，蜀漢有崇山之阻，都是武力難以威服的，但容易用道德感化。我認為可以暫時按甲寢兵，息軍養士，分土定封，論功行賞，這樣內外大臣和百姓的心就可以安定下來了，有功勞者得到了報酬，天下也有制度可以遵循了。然後再興辦學校，使百姓具有善良的性情和愛國重義的特質。主公的神武已經威震四海，如果修文濟之，那麼全天下就沒有人不服從您了。」正是對安定內政、累積國力的優先考慮，傅幹才反對曹操以十萬之眾，遠涉長江之濱，認為即使可以取得戰爭的勝利，東吳也不一定能夠歸附。但曹操沒有聽從，堅持出兵，結果無功而返。

富國強兵的思路一直貫穿於整個曹魏政治之中。鄧艾是曹魏後期的重臣。他對國家策略的觀點是這樣的：「國之所急，只有農業和軍事兩項。國富則兵強，兵強則能戰勝。農，是勝利的根本。孔子曰：『足食足兵。』吃飯問題在軍事問題前面。」因此鄧艾政治生涯的前半期都在大興屯田，為國家積蓄財力。他將「積粟富民」作為考核官員的主要標準，對交遊浮華的人和行為深惡痛絕。

富國強兵策略的主要表現是曹魏大興屯田，恢復並發展農業經濟。

從建安元年（西元一九六年）開始，曹操採納棗祗、韓浩等人的建議，在許縣一帶招募流民進行屯田。「建安元年……用棗祗、韓浩等議，始興屯田。」這是曹魏日後大規模屯田的開始。當年許縣收穫糧穀達到百萬斛，初步緩解了曹軍連年征戰但一直餓著肚子打仗的軍事危機。

《魏書》記載：「自遭荒亂，率乏糧穀。諸軍並起，無終歲之計，飢則寇略，飽則棄餘，瓦解流離，無敵自破者不可勝數。」東漢末年，「民人相食，州裡蕭條」。很多人參與天下爭霸，拉起幾千人就參與軍閥混戰了。他們中的許多人不是因為在軍事上被打敗了，而是因為缺乏糧食，

四　國富兵強者勝出

聚攏不了部隊而失敗。當時袁紹在河北，部隊主要吃桑葚。袁術在江、淮，靠蒲嬴補給。而曹操屯田數年累積的糧食，不僅屯滿了倉庫，還源源不斷地供給曹軍糧草，為曹操長期南征北戰提供了物質基礎。

曹操認為：「定國之術在於強兵足食。秦國因為重視農業最後兼併天下，漢武帝因為屯田平定了西域，這些都是歷史上的正面例子啊。」於是他在州郡設置專門的屯田官，負責農業生產和物資積蓄。曹操任命任峻為典農中郎將，這是三國屯田官制的正式起源。中郎將是高於都尉、校尉的軍銜。曹魏一開始就給地區屯田官員高位，顯示了對屯田事業的高度重視。之後，屯田官制逐漸完善，與地方官制逐漸平行。如，每個郡設典農中郎將，與郡太守同級。獨立的屯田體系為曹魏征伐四方免除了糧草憂患。史載曹魏「遂兼滅群賊，克平天下」。

曹魏初期實行的是招募流民開墾荒地的「民屯」，後來又發展出了「軍屯」。所謂的軍屯就是組織士兵進行屯墾。軍屯最著名的是鄧艾所建立的淮河兩岸的屯田。曹魏想積蓄攻滅南方的物資，就派遣鄧艾到陳、項以東至壽春一帶考察。鄧艾看到淮河沿岸地區良田多而水少，農業沒有用好地利，就建議朝廷開河渠，引水澆溉，擴大軍糧積蓄；又疏濬運漕河道。

當時曹魏和東吳的淮南戰事正酣。每次曹魏大軍徵調與出發，幾乎都牽涉全國一半的軍隊，耗費巨大。鄧艾建議朝廷利用陳、蔡之間的良田，節省許縣左右的稻田，在淮北屯田兩萬軍隊，淮南屯田三萬軍隊，保持四萬人的常備屯田兵，邊屯田邊防守。鄧艾認為淮水資源豐富，屯田可以獲得三倍於淮河以西地區的糧食。扣除掉屯田成本，每年可以獲得五百萬斛糧食補充軍資；六七年就可以在淮河地區積蓄三千萬斛糧食，相當於十萬軍隊五年的糧食供給。這筆寶貴的財富剛好可以用作攻吳的軍備。司馬懿非常贊同鄧艾的意見，開始推行淮河軍屯。鄧艾主持

的淮河屯田有屯田兵五萬人，墾地多達兩三萬頃，不僅開闢了荒野，而且實現了軍民的共贏。

曹魏還開通了廣漕渠。每次東南發生戰事，曹魏大軍就泛舟順流而下，很快到達江淮地區，利用當地儲備的軍資糧食，從容自如。

屯田為曹魏造就了大批有作為的軍政人才。精心挑選的屯田官比地方官更關心農墾。先後參與屯田的棗祗、任峻、國淵、梁習、劉馥、倉慈、司馬孚、鄧艾、石苞、胡質等人都是魏國的卓越人才。早先，屯田官制雖然獨立，但被傳統官制所輕視排斥，屯田系統官員升遷不易。裴潛擔任魏郡、潁川兩地典農中郎將的時候，上奏要求使屯田系統也可以像地方一樣進行人事選拔，屯田官與地方官員一樣升遷調轉。此後，屯田系統官員的仕途也廣了起來。這可以作為曹魏屯田日益成熟和重要的佐證。

曹魏末期，因為國有土地的縮小和屯田系統的僵化，屯田的利潤銳減，困難重重。何晏等人專權的時候，私自分割洛陽野王地區屯田的桑田數百頃，將其占為己有。官僚侵占屯田土地進一步加速了屯田制度的解體。魏亡前一年，朝廷正式罷屯田官，各典農中郎將轉任太守，屯田都尉轉任縣長。曹魏屯出止式結束。

伴隨屯田經濟發展的是曹魏自耕農經濟的迅速恢復與發展。

這裡說個小故事。西元二五〇年前後，皇甫隆（安定人）擔任敦煌太守。當時敦煌百姓還不知道如何耕種。他們常常用蓄水灌溉土地，等土地有點溼潤了，再進行耕種；耕種時既不會使用耬犁，對用水、勞作等內容也不甚了解。這樣既浪費人力和畜力，而且收穫的穀物也少。皇甫隆到任後，教百姓製作耬犁，又教大家灌溉耕種。歲末統計，百姓們可以節約一半的勞力，也增加了五成的穀物收成。

這是曹魏以先進的耕作技術與農具推廣於落後地區，從而提高了工

四　國富兵強者勝出

作效率和單位面積產量的典型例子。

再說個小故事。衛覬出使益州時，因為道路不通，到了長安就前進不了，只能留在關中地區等待。當時的關中剛剛遭受了西涼集團拉鋸戰的蹂躪，很多之前逃避戰亂流浪他鄉的百姓紛紛返回平定後的家園。關中的豪強、將領們則招引吸納這些百姓，發展自己的部隊。衛覬看到這種情況，寫書信給荀彧說：「關中是天下的膏腴之地。之前因為戰亂而荒蕪，流入荊州的人口就超過十萬戶。現在人們聽說家鄉開始安寧了，都希望返回老家。但是回來的人又得不到政府的幫助，無以為業。關中的各派軍隊紛紛招納這些百姓，作為兵員，擴充實力。郡縣官府貧弱無力，不能制止這樣的行為，導致關中出現了許多強大的豪強勢力。一旦出現變動，他們將會成為國家的憂患。同時，鹽是國家的重要物資。天下大亂以後，食鹽的生產和買賣都沒人管理了。我建議朝廷應該像以前那樣設置使者監賣食鹽，用食鹽的利潤來購買犁和耕牛。如果有逃亡的百姓回來，官府就供給他們這些農具和耕牛。百姓們勤勞耕種，累積糧食，關中就會開始富足。遠方的人們聽到關中復興的消息，肯定會爭相前來。朝廷再派司隸校尉留治關中，作為主官。那樣關中的各派豪強勢力就會日益削弱，官府和百姓則會日益強盛。這是強本弱敵的好方法啊。」

荀彧將意見轉給曹操。曹操遵照實施，開始派遣謁者僕射作為關中監鹽官，又重新設置司隸校尉，駐紮在弘農郡。關中地區果然如衛覬所言，逐漸改變了荒蕪的景象，社會秩序開始安定。儘管曹魏沒有直接軍事占領關中，但是在長期戰爭中，尤其是在官渡和赤壁兩次關鍵戰役中，關中都沒有發生騷亂。

這個故事也顯示曹魏在草創時期就注意扶持百姓，恢復和發展自耕農經濟。與關中地區一樣，在政府的鼓勵和扶持下，曹魏各地的經濟都

得到恢復，並取得不同的發展。

重視手工業的發展也是曹魏富國強兵政策的重要內容。手工業之前為統治階層所輕視。但是曹魏卻重視手工業的發展，尤其重視研製武器，以求戰鬥時克敵制勝。北方的手工業在曹魏時期得到發展，推動了農業和軍事的進步。

以冶金業為例子。韓暨擔任負責冶金的監冶謁者。當時北方的冶金馬排（估計是以馬匹作為動力的排風裝置）鼓風吹炭助燃。單位熟石冶煉需要上百馬匹。如果換作人力排風，又太費人員。韓暨製造了以水為動力的水排，使冶金鼓風的效率提高了三倍。

曹操還曾經親自參加鍛造刀具。他鼓勵官職素來為人輕視的司金中郎將，留下了一段佳話。王修擔任司金中郎將長達七年，他上奏說：「荊棘灌木沒有頂梁柱的質地；涓涓細流，沒有波濤的氣勢。七年來，我的忠心和功業都不為外人知曉。但我卻常常寢食難安。為什麼？因為我為自己的力量小、任務重而深感憂慮，怕完成不了任務。」曹操知道後，回了封信給王修：「國家設立司金中郎將，不是要委屈你，而是除了你之外就沒有合適的人選了。桑弘羊不就是從類似的崗位上被提拔為三公的嗎？朝廷上每當有顯要的官職需要補缺，你常常都是第一人選。但是我認為司金中郎將的職責太重要了，所以沒有調用你。先賢們都認為鹽鐵的利潤足可以補給軍國用度。你掌管的就是國家的鹽鐵、工藝啊，建功立業並不亞於軍師。」不久，王修就被調任顯要的魏郡太守。

在富國強兵策略的主導下，曹魏的國力迅速提升。《通典·食貨七·歷代盛衰戶口》記載西元二六三年三國的人口情況。其中魏國有六十六萬三千四百二十三戶，計四百四十三萬兩千八百八十一人；吳國有五十三萬戶，約兩百三十萬人；蜀漢只有二十八萬戶，大約九十四萬人。曹魏在人口上遠遠超過了南方兩國的總和。在西至敦煌、東到大

四　國富兵強者勝出

海、北起長城、南達長江的龐大帝國內，曹魏建立了牢固的統治。那個「北方大亂」的預言始終沒有應驗。而且隨著時間的推移、國力的積蓄，吳國和蜀漢在與曹魏的綜合國力競爭中被遠遠甩在了後面，差距日益拉大。

北方統一南方的歷史趨勢再次出現。

孫權之後主政的諸葛恪顯然看到了這樣的趨勢。他之所以不顧朝野上下的反對，傾全國之力北伐，一個很重要的原因就是畏懼曹魏國力的快速恢復。

諸葛恪在出兵前發表文章表達自己的觀點：「從古到今，沒有不熱衷於兼併天下的王者。戰國的時候，六國諸侯以為互為救援就可以傳世保存了。在無所作為的相持中，西邊的秦國迅速強大，兼併了天下。近裡看荊州的劉表。他有部眾十萬，財穀如山，在曹操力量微弱的時候不與曹操競爭，坐觀敵人強大。北方平定後，曹操率三十萬軍隊進攻荊州，劉表的兒子投降，成為囚虜。敵我矛盾是相互仇恨、吞併的矛盾。等到敵人強大了，他就要禍害後人。我們不能沒有遠慮。現在曹魏擁有九州之地，但尚未恢復元氣，力量並不強大，正是我們早滅後患的時候啊！」

諸葛恪的北伐遭到了慘敗。他出發前的話是很有道理的，但是他忽視了一點：那就是在他北伐之前，曹魏經過四五十年富國強兵的耕耘，實力已經超過了東吳。

攻吳伐蜀誰優先

　　曹魏面對的下一個問題，就是先攻吳還是先伐蜀。

　　在國力強大後，曹魏到底要把拳頭打在哪一個敵人身上呢？曹魏起初的策略是西守東攻、先吳後蜀。西元二二一年夷陵之戰時，劉曄向曹丕建議聯合蜀漢併力消滅吳國，明確提出了曹魏先吳後蜀的策略步驟。

　　曹丕就統一的策略問題曾問計於賈詡。賈詡回答說：「吳蜀雖然是蕞爾小國，但擁有山水的險要。劉備有雄才大略，諸葛亮善於治國；孫權明白虛實陸遜精通兵勢，他們不是據守山林，就是陳舟江湖，都難以短期攻滅。陛下貿然以天威臨之，也沒有勝利的把握。臣以為當今應該先文後武，修文德以服遠人。」在這裡，賈詡沒有正面回答誰先誰後，只是主張先文後武，恢復經濟，與吳蜀相持，等待形勢的轉化。但是從曹丕堅持發動的攻吳戰役來看，仍是貫徹先吳後蜀的策略。

　　為什麼曹魏確立先討伐東吳的策略呢？

　　我們在上一章的分析中得知，在吳、蜀第一次同盟期間，東吳是抗擊曹魏軍隊的主力。東吳不斷在東部戰線發動進攻，吸引了曹魏的主要精力。蜀漢對曹魏的威脅也許還有漢中山林的阻隔，但東吳對曹魏構成的威脅是直接的、面對面的。曹軍軍鋒首先指向東吳是很自然的。事實上，除了進軍邊關、關中、漢中的少數幾年時間裡，曹軍的主力一直停留在中原中南部和東部，很自然地將東吳作為了首要敵人。赤壁之戰後曹軍收縮至襄陽、樊城一線，並經營大別山區的江夏郡北部和合肥地區，採取「東置合肥，南守襄陽，西固祁山」的先吳後蜀策略。

　　如果先進攻蜀漢，曹魏怕陷入一場曠日持久的消耗戰。曹魏擔心自己的主力身陷巴蜀的崇山峻嶺和羊腸小道之中，難以脫身。這樣就可能

四　國富兵強者勝出

耗費太多，動搖曹魏在東方的江北防線。畢竟在西元二二○年前後，曹魏的實力還沒有強大到可以同時應付東西兩場主力決戰。

夷陵之戰後，東吳強而蜀漢弱。東吳是同盟內戰的勝利方，實力超越了蜀漢。曹魏面臨的策略選擇就好像是一位獵人看到兩虎相爭後一隻老虎重傷、一隻老虎輕傷，你是先去打那隻輕傷的老虎呢，還是先打那隻重傷的老虎呢？後一種選擇可以置重傷的老虎於死地，但是之後你要面對那隻已經休整恢復的輕傷老虎。因此，在蜀漢暫且不足慮的情況下，曹魏先考慮東吳這隻輕傷的老虎。

先吳後蜀策略的表現是曹魏把軍隊主力集中在東線，營造江北防線，與東吳頻繁拉鋸。在西線，曹魏只在關中保留不多的部隊，隴右也零散布置著一些部隊，處於策略防禦態勢。劉備死後，曹魏的西部戰線好幾年寂然無聲。因為這邊一直沒出什麼事情，所以曹魏也就沒有增加軍隊、加強駐防。這些情報自然都流入了漢中。它可能導致了魏延提出直取長安的冒險計畫。最後諸葛亮出隴右，攻曹魏不備，涼州三郡很快就納土歸降。曹魏朝野震驚。最後還是皇帝御駕親征，西部防線才不至於潰敗。

曹魏先伐東吳的政策在東部並沒有取得進展。曹魏與東吳在淮南荊北地區形成了膠著對峙的形勢。面對東吳堅固的防線，曹魏也轉入了防禦，構建江北防線，實行以靜制動、伺機進攻的策略。

曹魏在與敵人鄰接的前沿地區和中原南部構築縱深防線，點、線、面相結合，軍事攻防和經濟恢復相結合。江北防線第一道是防線六鎮，東起廣陵、合肥到襄陽。其中襄陽、合肥為前沿重鎮，與孫吳的江陵、皖城相對峙。第二道是防線三鎮，南陽、安城、壽春。中原後方的軍鎮是第三道防線。曹魏在重鎮囤積了大量糧草和軍隊，派駐重要將領指揮。重鎮周圍，曹魏還進行屯田，作為長久之計。因為江北中部大別山

和桐柏山橫亙其間，曹魏的整個防線劃分為荊州和揚州兩大戰區，分別由駐紮在襄陽的荊州牧和駐紮在合肥的揚州牧指揮。

司馬昭上臺後，曹魏的軍事策略扭轉為先伐蜀後攻吳。

東部戰線的形勢變化是策略轉變的首要原因。曹魏在東吳那彷彿固若金湯的長江防線面前沒有得到太大的便宜。相反，曹魏後期鎮守揚州的連續三任藩鎮都發生叛亂。司馬師和司馬昭兩兄弟率大軍親自鎮壓，耗費了大量軍力、物力、財力才收復了揚州。揚州每次叛亂獲罪者都數以萬計，內戰動搖了江北防線。儘管戰後東吳無力北伐，但曹魏也無力越過江北防線發動南征了。

蜀漢實力的衰落也使其自身進入了曹魏的進攻視野。蜀漢在諸葛亮後期就已經消耗巨大。諸葛亮的接班人無力再發動大規模的軍事行動，只能以部分兵力騷擾隴右。而蜀漢內部的宦官干政、派系之爭和意見分歧都使本來就發展不順的國家雪上加霜。蜀漢在後期甚至不能保持漢中北部與關中連接地區的全面防禦，收縮兵力到秦嶺南麓的各重要據點。這樣就使得曹魏消滅蜀漢的成本大大降低，勝利的希望大大提高了。

司馬家族自身的發家過程也是重要原因。司馬懿開始掌握兵權就是與曹真一起負責曹魏的西部戰線，與諸葛亮鬥智鬥勇。曹真被諸葛亮鬥死了，司馬懿活了下來，而且始終掌握著曹魏在西部的軍隊。西線的不斷征戰使得朝廷重視司馬懿，司馬懿得以加官晉爵，要兵給兵，要糧給糧。可以說，西部戰線是司馬家族真正累積軍事和政治資本、起家攬政的基地。司馬家族熟悉對蜀漢作戰，對西部戰線有感情。

這些因素的累積，使得蜀漢取代東吳成為曹魏的首攻方向。

為他人作嫁衣裳

　　曹丕時期是曹魏政治平穩發展的時期。曹丕本人文采出眾，落筆成章，也執行了一些利國利民的政策。比如在他剛繼承曹操爵位的時候，下令說：「關卡渡口是用來通商旅的，池塘林苑是用來抵禦災荒的。在這些地方設立禁令，課以重稅不符合便民的原則。因此要解除池苑的禁令，減輕關卡渡口的稅率，全部恢復為什一稅率（百分之十）。」同時他還派遣使者視察各郡國，懲罰那些違法和暴虐的人。

　　針對漢末的歷史教訓，曹丕還下詔說：「婦人干政是國家動亂的根本。從今以後，大臣不能向太后奏事。太后和皇后家族的人不能擔任輔政的職位，也不能接受裂土分封的爵位。這個制度要流傳後世。如果日後有人違背，天下共誅之。」曹魏照章執行，也的確沒有出現後宮和外戚干政的情況。

　　但是曹丕為人輕浮、做事不夠穩重。他想建立自己的武功，就調集主力要發動對東吳的討伐。大臣們紛紛勸他。其中鮑勛力諫道：「王師屢次征討南方都沒有攻克。這是因為吳蜀兩國唇齒相依，他們憑藉山水險要難以拔除。現在又勞兵遠征，每日消耗千金，會導致中原白白損耗國力。」曹丕聽不進去，開始了巡遊般的南征，沿途犒賞軍民。來到長江邊上，曹丕觀看江對岸陣仗嚴整，說了句：「嗯，東吳看起來果然是難以輕易拔除了。我們退軍吧。」倒顯得有幾分可愛。

　　總體來說，曹丕還是位不錯的君主。他既是君王，也是文人。文人氣質讓曹丕做了些輕浮躁動的事情，好聲色享受，但尚能自抑，沒有帶來大壞處。曹魏在曹丕時期獲得了穩定發展。曹丕死後，曹叡即位，史稱魏明帝。

　　曹叡脾氣稟性與曹丕相差不遠。他也做了一些好事。比如曹叡常說：

「刑獄攸關天下性命」，每次朝廷斷大獄，曹叡經常親臨旁聽。曹叡還寫過雄心勃勃的《堂上行》：

> 武夫懷勇毅，勒馬於中原。
> 干戈森若林，長劍奮無前。

曹叡在對蜀漢作戰中委重任於司馬懿，自己也時刻關注，並多有傑作。諸葛亮第一次出祁山的時候，有人以為蜀軍缺乏輜重，糧草必然接濟不上，蜀漢必然不擊自破，朝廷不需要犒勞軍隊；還有人想收割上邽一帶的生麥，以免被諸葛亮收割了。曹叡都不聽從，前後多次派兵增加司馬懿的軍力，又派人保護上邽一帶的生麥。司馬懿後來與諸葛亮在上邽周邊相持，最後還是仰仗那些小麥作為軍糧。可見曹叡在軍事籌畫方面還是非常有眼光的。

諸葛亮最後一次駐屯渭南與司馬懿相持。曹叡命令司馬懿：「我軍只要堅壁拒守，挫折蜀軍的兵鋒即可。諸葛亮進軍不得，求退又不行，時間一長糧食就耗盡了，又不能就地得到補給，肯定會敗退的。我軍再以逸待勞全力追擊，一定能取得全勝。」果然，前線的形勢完全在遠在洛陽的曹叡的預料之中。

但是曹叡也有明顯的缺點，那就是濫用民力，大興土木，追求享受。曹叡在洛陽大修宮殿，建造了昭陽、太極等巍峨壯觀的宮室。曹叡還在芳林園中造陂池，楫棹越歌；又在後宮建立八坊，在其中儲備美女才人，品秩待遇和百官一樣。曹叡還挑選知書識字的女子擔任女性尚書，處理朝廷的奏摺。後宮美女歌伎，多達數千人。曹叡就在這個安樂鄉中遊戲飲宴，讓博士官馬均製作司南車，製造水轉百戲供後宮娛樂。

百姓為了滿足曹叡的興致，誤農時，重徭役。楊阜、高堂隆等大臣

四　國富兵強者勝出

多次向曹叡進諫。曹叡對付勸諫者有自己的辦法，就是耐心聽完，優待進諫的人，但就是不改正自己的缺點。太子舍人張茂認為在吳蜀邊界戰事不斷、將領們不斷征戰的情況下大興宮室、熱衷於玩飾、賞賜無度會導致府庫空虛；又上書勸諫不可搶奪民女充斥後宮。曹叡讀完張茂的奏章，誇獎了幾句，提升張茂擔任散騎常侍的虛職了事。

曹叡為了在芳林園中造土山，讓公卿大臣背土造山，種植松竹雜木香草，還捕捉山禽雜獸放在山上。大臣董尋上書勸諫。曹叡這回是真生氣了，說：「董尋難道不怕死嗎！」相關官員忙奏請逮捕董尋。曹叡下詔說算了，將董尋外調為貝丘縣令，眼不見心不煩。

曹叡沒有兒子，便收養了曹芳為兒子，由養子繼位。曹叡遺命司馬懿為太尉，與宗室大臣曹爽共同輔政。

司馬懿是河內郡溫縣著名的士族。這個溫縣現在還叫溫縣，屬於河南省焦作市。據說溫縣現在對外的宣傳口號就是「司馬故里，太極故鄉」。可見司馬懿的家鄉父老還是很以他為榮耀的。

曹操起用了司馬懿，但不太喜歡這個小後輩，沒有重用。曹丕和司馬懿卻很合得來。司馬懿在曹丕時代地位逐漸顯要。魏明帝時，司馬懿成為負責對蜀漢作戰的主將。西元二三八年，他又率兵平定了割據遼東的公孫淵，成為魏國聲望甚高的三朝元老。

曹爽是曹真的兒子，為了奪權，表面上推舉司馬懿為太傅，其實行架空之實。司馬懿於是稱病，不干預朝政，消除了曹爽集團的戒心。西元二四九年，曹爽陪同曹芳出洛陽城拜謁魏明帝陵墓。司馬懿迅速收集舊部，封城發動政變，誅殺曹爽集團，奪取了朝中大權。

西元二五一年，司馬懿病死，長子司馬師繼續掌權。曹芳日益不滿司馬家族專權。西元二五四年，司馬師廢黜曹芳，立東海王曹霖的兒子——高貴鄉公曹髦為帝。

司馬家族篡逆之心，天下已明。忠於曹魏王朝的力量發動了多次反對司馬懿父子的叛亂。先是都督揚州諸軍事的王凌發動反對司馬懿的叛亂，兵敗自殺身亡。鎮東將軍毋丘儉、揚州刺史文欽再次起兵，聯合東吳。司馬師正病重，忍痛親征，斬殺毋丘儉，傳首洛陽；文欽逃奔東吳。幾年後繼任的揚州主將諸葛誕又起兵反對司馬家族，殺了揚州刺史樂，再次占據淮南一帶。司馬昭親征，攻陷壽春城，斬殺諸葛誕。客觀說，三國後期內政都不清淨，內鬥不息。但司馬家族透過三次揚州戰役，血洗反對派，止住了內爭。曹魏的內亂起得急，也消得快，並沒有對國家造成太大的消極影響。

相反，司馬父子的執政改變了前兩代大興土木、濫用民力和府庫積蓄的弊政，繼續大力推行富國強兵的策略。可以說，曹魏逐漸易幟，但國力並未受到影響，反倒是繼續成長了。

西元二六○年，不甘心做傀儡的曹髦高喊「司馬昭之心，路人皆知」，率數百宮人僕從向司馬昭進攻，途中被殺，年僅二十歲。司馬昭另立曹奐為帝，曹魏政權完全為司馬氏所控制。

三年後，司馬昭派鍾會、鄧艾、諸葛緒率大軍分三路攻蜀。姜維當時正避禍隴上沓中，忙晃過諸葛緒之軍，率軍退回劍閣抵抗鍾會軍。在東部兩路沒有進展的情況下，西路的鄧艾從隴上輕裝出陰平道，冒險越過七百里無人之地，突發奇兵攻下江油、涪城、綿竹等城池，進逼成都。蜀漢後主劉禪出降，蜀亡。

西元二六五年，司馬昭的兒子司馬炎廢曹奐自立為帝，國號「晉」，定都洛陽，史稱西晉。司馬家族最後成了中原的主人。曹魏的富國強兵策略最終使中原地區在三國競爭中勝出，但是江山換了主人。曹魏為西晉做了嫁衣。

五　巴蜀慷慨北伐行

　　魏延說，我們直搗長安吧！諸葛亮說，這太冒險了，「國防部」不會同意的。於是諸葛亮將目光集中在了隴右。諸葛亮的北伐策略沒有取得成功，但卻成功地在蜀漢建立了統一的思想、統一的戰爭體制和一人專權的權威統治。這也是小國圖存圖強的現實選擇之一。

權相與戰爭體制

歷史上，建國巴蜀的割據政權都是安於自守，唯有蜀漢對中原始終保有濃厚的政治野心。

蜀漢能以一州之力連年征戰以爭天下，是因為它建立了以北伐為目標的戰爭體制。

戰爭體制的萌芽出現在永安託孤之時。分散在《三國志》各卷中的隻言片語向我們展示了這一重要事件的全貌。《後主傳》說：「先主病篤，託孤於丞相亮，尚書令李嚴為副。夏四月癸巳，先主殂於永安宮，時年六十三。」

《諸葛亮傳》說：「章武三年春，先主於永安病篤，召亮於成都，屬以後事謂亮曰：『君才十倍曹丕，必能安國，終定大事。若嗣子可輔，輔之；如其不才，君可自取。』亮涕泣曰：『臣敢竭股肱之力，效忠貞之節，繼之以死！』先主又為詔敕後主曰：『汝與丞相從事，事之如父。』」臨終時，「呼魯王與語：『吾亡之後，汝兄弟父事丞相，令卿與丞相共事而已。』」

後人對劉備託孤事件的認識就是以這兩段記載為基礎的。它告訴我們劉備把軍政大權和兒子都託付給了諸葛亮，諸葛亮也立下了鞠躬盡瘁的誓言。然而，這樣簡單的描述絕對不足以說明白劉備託孤事件對日後蜀漢政權的影響。我們需要從這兩段記載出發，仔細品味文字背後的寶貴訊息。

第一個問題是：劉備為什麼選擇諸葛亮作為政治委託人？

劉備政治生涯的前半期顛沛流離，沒有固定的據點。難得的是有一群忠實的人才始終聚集在他的周圍。這群人就包括關羽、張飛、簡雍、

麋竺、麋芳、趙雲等人。他們來自北方各地，組成了蜀漢政權的原從派系。但是這一派系人數有限，掌握的軍隊和政權也非常有限。夷陵大敗後，趙雲成了原從派系中碩果僅存的「大佬」，他率領的江州軍也是原從派系掌握的主力軍隊。

西元兩百年，劉備得到新野，不僅獲得了發展的據點，也獲得了與荊州世族增進關係的機會。荊州大的世族勢力有蒯家、蔡家、龐家、黃家、馬家、習家等。劉備最終取得了多數本地世族的支持，龐德公、龐統、馬良、馬謖、黃忠、伊籍、諸葛亮、張南、馮習等人都投入了劉備陣營。這些人人多勢眾，組成了荊州派系，是蜀漢政權的支柱。荊州派系支持劉備進取四川，在關羽失荊州後則支持劉備攻吳。在劉備執政後，位於四川的多數世族也都轉而支持蜀漢政權。法正、張松、孟達、黃權、劉巴、李嚴、吳懿等人組成了四川派系。四川派系居荊州派系之下，二者與原從派系構成了蜀漢政權內部的「三分天下」。

劉備託孤之時必須取得控制軍隊和政權的荊州派系的支持。諸葛亮是荊州派系的核心人物之一，滿足了這個最重要的要求。諸葛亮的叔父諸葛玄是劉表的舊友；沔南名士黃承彥是諸葛亮的岳父；原在荊州主掌行政的蒯家是諸葛亮大姐的婆家，掌握軍權的蔡瑁是他的妻舅；龐家是諸葛二姐的婆家。透過這些直接關係的轉折，諸葛亮又和馬家、習家等牽連上了關係。諸葛亮絕不是什麼「躬耕南陽的布衣」，他是荊州派系關係網中牽一髮而動全身的人物。

其次，諸葛亮是戰後人才凋敝的蜀漢政權中聲望、功績最高者。劉備東征之前，龐統、法正、關羽、張飛、黃忠已經先後亡故。東征失敗，張南、馮習戰死，馬良遇害，黃權被迫投降魏國。戰後聲望和資歷甚高的司徒許靖、尚書令劉巴，以及驃騎將軍涼州牧馬超和劉備的妻舅安漢將軍麋竺相繼去世。蜀國已經沒有人可以在功勞和名望上與時任丞

五　巴蜀慷慨北伐行

相的諸葛亮相匹敵了。

　　所以劉備面臨的不是挑選誰為「輔命大臣」的問題，而是如何讓這個人盡心輔助幼兒、延續政權。正史的說法是劉備以情動人。他一方面告誡兒子對諸葛亮要「以父事之」，要像對父親一樣尊重諸葛亮，聽從諸葛亮的安排；另一方面，他又當眾大大誇了諸葛亮一番（順便貶低了老對手曹操的兒子），推心置腹地對他說：如果劉禪可以輔佐，你就輔佐他；如果劉禪實在不成器，你就取而代之吧。「君才十倍曹丕，必能安國，終定大事。若嗣子可輔，輔之；如其不才，君可自取。」諸葛亮感激涕零，當場表示要忠心事主。

　　不管劉備是真心還是假意，白帝託孤都是以退為進的成功策略。日後的政治發展證明了劉備對劉禪的判斷、對未來的把握是正確的。劉備「誠心誠意，舉國相托」；諸葛亮「忠心為國，鞠躬盡瘁」，樹立了千古明君忠臣的典範。

　　接下來的問題便是，承諾畢竟是蒼白無力的，怎麼約束權臣的行為呢？劉備臨終前設計了複雜的權力結構，希望對諸葛亮進行實質性的限制。他將身後的權力三分給了三個派系。

　　劉備召見諸葛亮的同時也召見了尚書令李嚴。在任命諸葛亮為「輔命大臣」的同時也讓李嚴「同為顧命」。李嚴，是個相當陌生的名字，卻是劉備寄予厚望的股肱之臣。

　　李嚴，南陽人，先後在荊州、四川任郡吏、縣令、護軍。辦事幹練，在各處勢力任職都受到器重。建安十三年（西元二〇八年），曹操攻打荊州，時任秭歸縣令的李嚴並沒有投曹或投劉，而是棄官入蜀投奔劉璋，任成都縣令，成為四川勢力的代表之一。建安十八年（西元二一三年），劉備伐蜀，時任護軍的李嚴受命駐守錦竹抵禦劉備。但李嚴率部隊投降了劉備，轉為劉備陣營的重要人物。

在蜀漢政權中，李嚴歷任裨將軍、犍為太守、興業將軍、輔漢將軍。在地方官任上，李嚴的表現極其出色，屢次以少數兵力平定大規模的叛亂；又鑿通天社山，修築沿江大道，大興土木，短短兩年就將郡城整修一新，「吏民悅之」，「觀樓壯麗，為一州勝宇」；是歷任犍為太守中成績最好的一位。

李嚴的政績和官職都與諸葛亮不相上下。章武二年（西元二二二年）秋，劉備伐吳敗回，徵召李嚴到永安宮，由太守提拔為尚書令。李嚴帶領蜀漢政權不多的主力之一（川內地方軍隊）來到川東，實際負責劉備行營的大小事務，顯示出強勁的「接班」架勢。

劉備最終還是選擇了諸葛亮作為頭號輔命大臣，讓李嚴「同為輔命大臣」，「中都護、統內外軍事」，留鎮永安。這樣的權力結構正好讓諸葛亮和李嚴互相制衡，防範的對象是照行丞相事的諸葛亮。在短短一年多時間裡，劉備多次籠絡提拔李嚴，並借由其政治地位的上升以及原有的基礎，取代去世的老人，為諸葛亮樹立了一個強大的對立面。

劉備選擇李嚴與諸葛亮保持制衡，也因為李嚴本身與諸葛亮是同鄉，在荊州和四川兩大派系中都有關係。這就為雙方的利益協調與合作奠定了基礎，以免劉備死後蜀漢政權內訌激烈，難以控制。

劉備最後召見的是原從派系的代表 —— 趙雲。劉備的事業因原從派系而起。趙雲是反對劉備伐吳的，因此沒有參與東征，率領本部兵馬駐紮在江州（在今重慶），聚攏著原從派系的最後血脈。戰敗後，蜀漢政權還全賴這支生力軍在川東穩住陣腳。「先主失利於秭歸，雲進兵至永安，吳軍已退。」

各方都非常清楚，隨著征伐無常、後繼乏人，原從派系的衰落是難以避免的。作為三派中最弱的一支，原從派系非常適合扮演「關鍵少數」的角色。趙雲的威望和控制的軍隊就是這一角色最好的砝碼。

五 巴蜀慷慨北伐行

　　劉備在生命之火即將熄滅的時候，動情地回憶了早年經歷的幽州起兵河北烽火、中原逃難，感激趙雲近四十年的忠心追隨。臨了，劉備深情地囑託趙雲繼續照看劉禪，關心朝政。這段囑託給了趙雲非正式的「輔命大臣」地位。儘管之後趙雲依然低調，從來沒有利用這一法寶，但他及其派系始終是隱藏在花叢後的大砲。

　　筆者不厭其煩地分析託孤事件，是想表示劉備在生命之火即將熄滅的時候，其實相當冷靜務實。他既沒有念念不忘興復漢室，高呼「北伐！北伐！」也沒有勸告後人積蓄力量，以待時機，爭奪天下。相反，他只希望自己辛苦半生建立的事業能夠在後人的手裡保守住，希望不出現權臣當國、危害兒孫地位的事情。《諸葛亮集》所載劉備遺詔充滿了對兒子劉禪的諄諄教誨，湧現出了「勿以惡小而為之，勿以善小而不為」、「唯賢唯德，能服於人」等名句。

　　劉禪即位之初，時值蜀漢新敗，國力空虛，不可不謂是存亡之秋。當時西北有少數民族作亂，南有以孟獲為代表的各族人民造反；中原的魏國在陝南虎視眈眈；而江南東吳作壁上觀，敵友不明。政權內部的明爭暗鬥使得形勢更加險惡。

　　很快，成都「政事無鉅細，咸決於亮」。諸葛亮以首席輔政大臣的身分全權處理軍政大事。如此一來，蜀漢軍政大權開始逐漸委於個人。實踐中，諸葛亮北和羌胡，平南蠻族，聯合東吳，北上伐魏，大展英才。這些事雖然平息了蜀漢內部的黨派之爭，是客觀選擇，卻使諸葛亮成了前所未有的權相。

　　《諸葛亮傳》載：「亮以丞相錄尚書事，假節。張飛卒後，領司隸校尉。章武三年春，先主於永安病篤，召亮於成都，屬以後事……建興元年，封亮武鄉侯，開府治事。頃之，又領益州牧。」李嚴在同時也獲「封都鄉侯，假節，加光祿勳」但在與諸葛亮集團的爭鬥中逐漸處於劣勢。

　　建興三年（西元二二五年），諸葛亮率眾南征，幾乎發動了各派所有力量。這可以看作是諸葛亮對個人權勢的檢驗。可能是因為平定南方戰亂是國之大事，李嚴集團沒有對這個安排表示反對。因此到了第二年，諸葛亮集團就繼續採取行動。「以諸葛亮欲出軍漢中，嚴當知後事，移屯江州，留護軍陳到駐永安。」江州屬於內地，策略地位不如永安。儘管李嚴的軍銜升為前將軍，且表面上依然節制陳到，東部事務「皆統屬嚴」，但李嚴的實際地位下降了。同時需要注意的是，諸葛亮以出軍漢中為理由，開始以軍事行動的優先性來安排政治和人事。

　　既然如此，李嚴只好降低姿態，轉而全力經營江州，修築巴郡，希望建立一個能夠與成都匹敵的根據地。在此期間，李嚴採取了兩大行動。根據《諸葛亮集》的記載，第一個行動是李嚴曾「勸亮宜受九錫，進爵稱王」。漢制，非劉姓不得封王。這完全是李嚴對諸葛亮的一次不懷好意的笨拙試探。諸葛亮馬上次信拒絕說：「吾與足下相知久矣，可不復相解！足下方誨以光國，戒之以勿拘之道，是以未得默已。吾本東方下士，誤用於先帝，位極人臣，祿賜百億，今討賊未效，知己未答，而方寵齊、晉，坐自貴大，非其義也。若滅魏斬叡，帝還故居，與諸子並升，雖十命可受，況於九邪！」在回信中，諸葛亮明確說自己對李嚴這個老朋友的來信深感不解。一方面，諸葛亮許諾滅魏之後當「與諸子並升」意思是說統一北方後我們倆共享富貴，給了李嚴一張空頭支票；另一方面，諸葛亮又說「雖十命可受，況於九邪」，暗示李嚴自己才是頭號託孤重臣，提醒李嚴不得妄動。

　　李嚴的第二個行動就是要求在川東自己的勢力範圍內設立「五郡巴州」，自為巴州刺史。蜀漢政權真正控制的只有益州一州，由諸葛亮擔任州牧。這樣諸葛亮就控制了蜀漢唯一的地方政權。現在李嚴要求將四川一分為二，自己領有一州，對抗成都諸葛亮的意圖非常明顯。諸葛亮控

五　巴蜀慷慨北伐行

制的朝廷自然斷然拒絕。在後來彈劾李嚴罪名的奏摺中，諸葛亮將李嚴的這一主張看作是「窮難縱橫」。

應該說，李嚴集團的這兩招都是「臭棋」。李嚴這個人「腹中有鱗甲」、「性自矜高」、桀驁不馴，還「逞蘇張詭靡之說」、「有蘇張之事出於不意」。李嚴缺乏沉穩敏銳的性格，注定了失敗的命運。這些都堅定了諸葛亮肅清李嚴的決心，奈何條件尚未完全成熟而已。

建興八年（西元二三〇年），李嚴以資歷再升為驃騎將軍。同年，蜀魏在漢中戰事激烈。諸葛亮率大軍坐鎮漢中，以此為契機解決李嚴問題。諸葛亮採取了調虎離山的策略，要求李嚴率兵兩萬離開根據地江州到大本營漢中抗魏。這既使李嚴失去了根基，也減少了江州發生動亂的可能性。大敵當前，李嚴更是沒理由抗命。深知利害關係的李嚴提出要求，提名自己的兒子李豐擔任江州都督，繼續掌握川東軍隊和根據地。這一次，諸葛亮非常爽快，「表嚴子豐為江州都督督軍，典嚴後事」。李嚴只得率軍北上，他忘記了樹倒猢猻散的道理。只要打倒了李嚴，他的殘餘集團注定要灰飛煙滅。一年後，諸葛亮彈劾李嚴的奏摺是這樣評價這次調動的：「去年臣欲西征，欲令平主督漢中，平說司馬懿等開府辟召。臣知平鄙情，欲因行之際逼臣取利也，是以表平子豐督主江州，隆崇其遇，以取一時之務。」意思是說李嚴藉機要挾，而自己是忍辱負重。

建興九年（西元二三一年）春，諸葛亮進軍祁山，讓李嚴催督糧食運輸。

祁山戰役持續了半年。到了夏秋交際的時候，「天霖雨，運糧不繼」。《三國志》記載，因為連降大雨導致轉運糧草困難（漢中入陝南的山路至今崎嶇難行），李嚴派狐忠、成箸兩個人通知正在祁山一帶與魏軍相持不下的諸葛亮撤軍。諸葛亮如約撤軍。

李嚴在諸葛亮回軍後採取了兩面手法，一方面驚訝地說：「軍糧還很

充足，為何就撤軍呢？」以此來推卸自己沒有督運好糧草的責任，同時說明諸葛亮是自己無力推進而撤軍；另一方面，李嚴又向劉禪上表說是：「大軍假裝後退，以引誘敵人追擊再給予打擊。」這就給諸葛亮出了一個大大的難題。

諸葛亮的對策非常簡單。「亮具出其前後手筆書疏本末，平違錯章灼。平辭窮情竭，首謝罪負。」他只是出示了李嚴前後親筆手書信函，李嚴面對鐵證，只好認罪受罰。結果，李嚴澈底出局，「廢平為民，徙梓潼郡」，澈底退出了政治舞臺。他的兒子江州都督李豐在父親被罷官後，被諸葛亮調到漢中繼承李嚴的工作 —— 督運糧草。李豐最後做官做到了朱提太守。朱提是蜀漢政權在少數民族地區新設立的郡，治所在今雲南昭通。

經過層層政治較量，諸葛亮消滅了最大的政治對手，沉重打擊了四川本土勢力，確立了自己對全國的權威統治。在此之後，諸葛亮就在北伐的大旗下賞罰自專，以「興復漢室，還於舊都」來統一上下思想。

這方面突出的例子就是廖立的被廢黜。

廖立這個人在前文已經出現過了，就是劉備在荊州時期的長沙太守。擔任長沙太守時，廖立不到三十歲，可謂前途無量。廖立的罪過是當著李邵、蔣琬等諸葛亮親信的面批評劉備不取漢中而與孫吳爭荊州的策略錯誤。根據「尋找平衡的聯盟」一章的分析，廖立作為荊州問題專家做出的判斷是正確的，在政府同僚面前談論政事也沒有什麼不妥的地方。廖立緊接著批評關羽「怙恃勇名，作軍無法」，前後數喪師眾，又批評諸葛亮親信向朗、文恭、郭攸之、王連等人都是平庸之輩，都是從人，不足與之謀大事。朝廷重用這些人使百姓疲敝。李邵、蔣琬自然將廖立正確的評論和不恰當的評論都一併報告給了諸葛亮。諸葛亮以「誹謗先帝，疵毀眾臣」的罪名將廖立廢為平民，發配到偏遠的西北汶山郡。

五　巴蜀慷慨北伐行

　　汶山在蜀郡以西高寒地區，氣候異常，冬天不適合居住。廖立在發配地親自帶著妻子孩子耕地拓殖。很多年後，姜維率軍經過汶山的時候，專門去拜訪了這位老前輩、荊州問題專家。姜維見到的廖立還是意氣風發、侃侃而談、高論不斷的形象。廖立最後死在了發配地。

　　蜀漢的戰爭體制至此建成，它主要體現在三個方面。第一方面，在意識形態上，全國的思想高度統一於「興復漢室，還於舊都」的目標。蜀漢以漢朝正統自居，一切政府言論和政治宣傳都以北伐復國為基調。第二方面，在國家建設方面，蜀漢的主要精力放在北伐中原上。國力的累積是在為戰爭做準備，外交的目標是為戰爭創造有利的環境。人口不滿百萬的蜀國竟然保持了一支將近十萬人的常備軍隊，這不能不說是一個奇怪的現象。戰爭體制的第三方面是在全國建立了高度集權體制。諸葛亮在戰爭目標下，確立了對全國的實際掌控。

　　整個戰爭體制的淵源可以追溯到劉備集團在中原大地上的顛沛流離。整個集團處於一種高度不穩定、不斷受到威脅的遷移過程中，戰爭幾乎成了集團的常態。人們極少進行經濟建設，相反倒是適應了三月一小戰、五月一大戰的生活。獲得了荊州南部的四個郡後，劉備集團相對安定了下來，但是流動和戰爭的基因畢竟植根在血液裡，並在之後進攻益州和漢中的戰役中得到了延續。

　　如果說戰爭基因的產生是集團生存的要求，那麼諸葛亮成為託孤大臣後，就將這種基因鞏固並且發展了，使之流淌在國家血脈中。特定的形勢與諸葛亮個人的能力相配合，就建立了戰爭體制。

　　戰爭體制和諸葛亮的權威統治建立並鞏固。曹叡評論蜀漢政局說：「亮外慕立孤之名，而內貪專擅之實。」指出了蜀漢的權威政治現實。不管「興復漢室，還於舊都」的意識形態說教是否切實可行，戰爭體制對蜀漢政權來說是必需的。作為弱國，建立高度統一、目標明確的體制

有利於集中國家力量，統一合理調配資源，在亂世中圖存圖強。就像曹魏透過推廣屯田、務實內政來為戰爭積蓄力量一樣，蜀漢是透過內部的集權來集中力量。與曹魏相比，在客觀上，蜀漢人口稀少，生產力水平低，透過屯田耕殖提升國力的空間有限。戰爭和災荒導致蜀吳兩國人口稀疏，兩國都將招攬人口作為行政重點。蜀漢北伐，常常遷徙占領區百姓入漢中；東吳征討山越，抓捕越人從軍，甚至派船隊探訪夷洲、亶洲，主要目的也是擄掠人口。先進的生產技術並沒有從兩國的北部向南部少數民族地區傳導，而是政權從南方少數民族中抽調人口填補北方。兩國走的是有別曹魏的發展路徑，客觀使然。其中又以蜀漢為甚。諸葛亮幾乎是以巴渝盆地狹小空間的國力與數十倍數量的敵人對抗。

如果沒有諸葛亮的鐵腕統治，如果沒有蜀漢以北伐為目標的戰爭體制，蜀漢在歷史上就不會有這麼耀眼的作為，就不會有不錯的外部環境，甚至會提早滅亡。如若不消滅內部派系，很可能導致黨爭，致使內部令出多家，政令不通；如若允許廖立等人有礙團結的言論存在，將導致蜀漢內部人心不齊，在蔓延的猜疑謾罵中消耗力量。

諸葛亮的舉動將一切可能性都消滅在萌芽狀態。在國家發展策略上，他並沒有錯；他的失誤在於為政苛刻。

結盟的恢復和成熟

「東和孫吳」是諸葛亮〈隆中對〉設計的基本政策之一。夷陵之戰後，諸葛亮就致力於修復蜀漢與東吳的外交關係，重建聯盟。雙方在聯盟問題上的恩怨仇殺也使大家在同盟問題上累積了寶貴的經驗。

首先邁出實質性步伐的是東吳。黃武元年（西元二二二年）十二月，剛剛獲勝的孫權派遣太中大夫鄭泉去白帝城見劉備，東吳和蜀漢的外交連繫得以恢復。

《江表傳》記載，孫權首先收到了劉備的書信。在信中，劉備深深認識到自己的錯誤，希望恢復同盟，還說自己先前之所以立國號為蜀，是因為漢朝皇帝還存在的緣故，現在漢朝已經被廢，自己要更名為漢中王。鄭泉出使蜀漢，劉備問他：「吳王為什麼不回覆我的書信？難道認為我的正名不適宜嗎？」鄭泉回答說：「曹操父子陵轢漢室，最終篡奪了皇位。殿下既為漢朝宗室，有維護國祚之責。您不荷戈執殳討伐叛逆，為海內率先榜樣，卻忙於自己的名號，未合天下之議。所以我家君主沒有回覆您的書信。」劉備聽完，感到非常慚愧。

裴松之的註解引用了許多《江表傳》、《吳書》、《魏略》和《漢晉春秋》等典籍的內容，並不表示這些史實的準確性，也不表示註釋者對這些材料和觀點的贊同，而是為後人提供了一種可能性和新的說法而已。像此處引用的《江表傳》、《吳書》的內容就不一定準確。當時劉備早已經稱帝，不存在改名漢中王的問題。但是它透露出兩點訊息：一是在外交恢復過程中，劉備可能先發信示好，而孫權抓住機會主動派遣了正式使節；二是在雙方的外交交談過程中，氣氛並不太和諧。

鄭泉使蜀的意義在於大戰之後雙方外交連繫的恢復，至於具體交涉

內容，史實缺載。我們估計在那樣的情況下，雙方也不可能有什麼重大的實質性交涉。當時的孫權還在與魏文帝曹丕保持往來，一面應付曹魏在邊界的軍事壓力，一面應付曹丕不斷提出的交納人質和貢品的要求。

第二年（西元二二三年），劉備死在了白帝城。《吳書》說孫權派遣立信都尉馮熙使蜀，為劉備弔喪。同年十一月，蜀漢派遣中郎將鄧芝回使東吳。

當時蜀漢幼君新立，局勢並不穩定。鄧芝去拜訪諸葛亮說：「現在皇上幼弱，新即位，應該派遣大使向東吳示好，穩定東方局勢。」諸葛亮說：「我有這個意思已經很久了，但苦於得不到合適的人選，今天終於讓我得到了。」鄧芝傻乎乎地問這個人是誰，諸葛亮說：「就是鄧使君你啊。」於是，鄧芝就帶著二百匹馬、千端蜀錦和其他方物去東吳了。

中郎將是相當高級別的官員了，而且鄧芝帶著蜀漢最高當局的意圖前來修好，是非常鄭重和重要的外交接觸。孫權對要不要真正和蜀漢修好、重塑同盟還在狐疑，避而不見鄧芝。鄧芝等了一段時間後，主動寫了一封表，求見孫權：「臣此行不僅僅是為了蜀國，也是為了吳國而來的。」孫權於是正式接見了鄧芝。

孫權開誠布公地對鄧芝說：「我是願意與蜀漢親近的。但是怕你們的國君幼弱，國小勢逼，為魏所乘，不自保全。因此我還在猶豫要不要與你們這樣的小國結盟。」鄧芝回答說：「吳、蜀二國擁有四州的土地。大王您是蓋世的英雄，諸葛亮也是一時的豪傑。我們蜀國有重險之固，你們吳國有三江之阻。只要我們合併各自的長處，共為唇齒，進可以兼併天下，退可以鼎足而立。這是非常自然的道理。現在，大王您如果向曹魏獻出人質，魏國必然要徵召大王您入朝，要求您的太子作為魏皇的內侍。如果您不聽從曹魏的命令，北方就可以奉辭伐叛。到時候我們蜀漢也必然順流而下，東進伐吳。如果出現這樣的情況，江南之地還會是

大王您所有嗎？」孫權默然良久，才說：「鄧使君的話是對的。」孫權向鄧芝解釋了東吳與曹魏的外交交流：「我國山民作亂，軍隊主力集中在江邊守衛。我們怕曹丕乘空攻戰，所以與北方求和。內部也認為東吳內務應付不暇，與曹魏和好與我方有利。我怕蜀漢不明白我的心意，導致有嫌隙。」

東吳這才下定決心與曹魏斷絕外交關係，重新與蜀國結盟對抗北方。從此之後，東西方聘使往來習以為常。在國內外形勢壓力下，兩國重新結盟是綜合考慮各方面利益的結果。共同抗擊北方依然是結盟的主要目標。但是不像上一次同盟那樣有荊州這個核心問題的羈絆破壞，這一次的吳蜀聯盟一直持續到蜀漢滅亡為止，是三國時期時間最長的一次聯盟。

黃武三年（西元二二四年）夏，孫權派遣與鄧芝同級別的輔義中郎將張溫出使蜀漢。張溫也帶著許多吳國的方物土特產。蜀漢再次派遣鄧芝回訪，進一步鞏固了東西方的聯盟。孫權對鄧芝說：「如果天下太平，東西二主分治，不亦樂乎！」鄧芝回答說：「天無二日，土無二王。如果我們雙方吞滅曹魏之後，大王您還沒有深識天命，我們雙方只能『君各茂其德，臣各盡其忠』，軍隊整肅，戰鼓聲聲，新的戰爭才剛開始啊！」鄧芝的話非常明白地表示出蜀漢與東吳的結盟只是階段性策略。最終為了統一天下，蜀漢與東吳還是要兵戎相見的。聽到鄧芝的回答後，在場的雙方外交人員都很緊張。但孫權豁達地大笑，說：「使君的坦率真誠竟然到了這樣的地步啊！和合我們東吳和蜀漢二國，看來唯有鄧芝了。」

諸葛亮南征回來後，為了進一步鞏固與東吳的聯盟以便發起北伐，派遣了昭信校尉費禕使吳。孫權當時還年輕，言語滑稽，隨性而動，喜歡在宴席上處理政務，常常灌得大臣們東倒西歪。孫權也以好酒來招待費禕，思索著費禕已經醉了，再問他天下形勢和國家政策，其中不乏尖

銳刁難的問題。費禕先以自己已經醉了來推脫，實在不行就根據孫權提問的事情，條分縷析地回答，無所遺失。諸葛恪、羊衜等東吳大臣才博果辯，也常常與費禕辯駁。費禕辭順義篤，據理以答，讓對方占不到一點便宜。

孫權非常器重費禕的才幹，對費禕說：「你是天下淑德，日後肯定成為蜀漢的股肱重臣。等你回去，恐怕就沒有時間多來東吳了啊。」孫權將自己手中經常執帶的寶刀贈送給費禕。費禕辭謝說：「我無才無能，怎麼配得上這樣的寶刀呢？刀是用來討伐叛亂、震懾暴動的，希望大王一起建功立業，有助於漢室。我即使再懦弱又不明事理，也不會忘記與東吳和好的。」費禕回國不久升遷為侍中，因為出色地完成了出使任務，以後頻繁往來於蜀吳之間。孫權的預言沒有錯，費禕後來成了蔣琬之後的蜀漢主政者，與諸葛亮等人並稱為「四相」。

西元二二九年，孫權正式登基稱帝。這對以天下正統自居的蜀漢來說，是在意識形態領域的重大打擊。當時蜀漢有人提議要斷絕與東吳的外交同盟，討伐孫權這個篡位者。諸葛亮力排眾議，不僅堅持與東吳的聯盟，而且希望以此為契機，深化雙方同盟。具體而言，就是希望雙方訂立正式的中分天下的盟約，加強對曹魏的軍事打擊。

六月，蜀漢派遣以衛尉陳震為首的使團，慶祝孫權登基稱帝。這是三國時期級別最高的外交使團之一。在中國歷史上，一位皇帝向另一位登基的新皇帝派遣慶祝使團，這也是頭一回。

蜀漢非常重視陳震使團的使命，諸葛亮向在東吳任職、正駐守荊州西陵的親哥哥諸葛瑾寫了一封信，誇獎陳震說：「陳孝起忠純之性，老而益篤。讓他去贊述東西，歡樂和合我們兩國，是非常合適的人選。」請求作為東吳重臣的親哥哥對使團多加關照。

陳震一進入吳國後，就發表了書面言論，稱「東吳與蜀漢兩國，驛

五 巴蜀慷慨北伐行

使往來，冠蓋相望，盟約剛締結，關係與日俱進，貴國的國君保有國祚，焚柴以祭告天帝，天下響應，各有所歸。現在只要我們兩國同心討賊，什麼樣的寇賊不被消滅呢？我們蜀漢君臣，正在焦急相待。陳震不才，這次作為下使前來奉聘敘好，踴躍而來，進入東吳就像回到本國一樣親切。希望東吳各郡縣往來相告，旅途和睦。也希望我們兩國各自約誓，共滅曹魏。」

東吳方面給予了積極的回應。陳震到武昌後，孫權與陳震升壇歃盟，訂立了平分天下的盟約。雙方約定：兩國共同出兵消滅曹魏，日後以徐、豫、幽、青四州土地屬吳國；并、涼、冀、兗四州土地屬蜀國；司隸校尉部所管轄的土地，以函谷關為界，東方屬吳，西邊入蜀。這樣的土地劃分是完全平均的，真正稱得上是平分天下。

蜀漢與東吳的盟約先回顧了東漢末年以來的形勢，認為「天降喪亂，皇綱失敘，逆臣乘釁，劫奪國柄」，動盪開始於董卓，終於曹丕這個桀逆遺醜、偷取天位的人。現在曹丕傳位於曹叡。要想消滅曹叡及其徒黨，除了蜀漢與東吳，還能是誰呢？在討伐曹魏之前，蜀吳兩國認為應該先訂好盟約，平分北方土地，使天下士民心中知道各自的歸屬。蜀漢和東吳結盟以後，要戮力一心，同討魏賊。

雙方除了平分北方土地外，還有下列義務：其一，救危恤患，分災共慶，好惡齊之，無或攜貳。也就是說雙方要共同行動，不能與曹魏單獨媾和。其二，雙方負有相互支援的義務。如果曹魏發動對蜀漢的進攻，東吳要護兵討伐曹魏；如果曹魏出兵東吳，蜀漢也要發動北伐。其三，各守分土，無相侵犯。其四，本條約蜀漢和東吳雙方世世代代遵守。如果有哪一方違背了盟約，明神上帝和山川百神都會懲罰它。

蜀漢方面對這樣的盟約非常滿意。陳震回國後因功被封為城陽亭侯。同年，蜀漢調整了自己的行政區劃。因為交州在盟約中明確屬於東

吳，蜀漢解除了李恢的交州刺史官職，廢除了交州區劃。第二年，劉禪徙封弟弟魯王劉永為甘陵王，弟弟梁王劉理為安平王。因為魯（青州）、梁（豫州）兩地都位於盟約規定的日後東吳的領土內部。

諸葛亮死後，東吳擔心曹魏可能會趁蜀漢內衰進攻蜀國，於是向邊界的巴丘增加守軍一萬人。東吳的目的一是可以在必要的時候對蜀漢進行救援，協助抗魏；二來是希望萬一蜀漢不行的時候，可以進軍巴蜀瓜分一片土地。蜀漢聽說東吳增兵的消息後，也增加了與巴丘相對的永安的守衛部隊，防範非常事件的發生。這樣蜀漢和東吳之間似乎就陷入了「安全困境」。因為缺乏溝通、信任和軍事透明，雙方都透過增加軍隊來保證安全。這極易使雙方陷入軍備競賽，進而破壞外交同盟。

好在蜀漢與東吳的同盟是成熟的外交同盟。蜀漢派宗預適時出使東吳。孫權問宗預說：「我們東西兩家，譬猶一家。現在我聽說貴方增加了白帝城的軍隊，這是什麼道理啊？」宗預巧妙地回答說：「臣以為東吳增加巴丘的衛戍部隊和我們增加白帝城的守衛，都是形勢使然。這是件不足以相互詢問的小事。」孫權大笑，對宗預的率直機警非常讚賞，像對待鄧芝、費禕一樣器重宗預。

東吳赤烏七年（西元二四四年）的時候，兩國的聯盟又出現了一場波折，但還是被雙方誠實穩重地克服了。當年，東吳步騭、朱然等人分別上疏孫權，提到東吳從蜀漢回來的人說蜀漢內部出現了背盟、與曹魏聯合的聲音（那時候通信不像現代這麼發達，民間傳聞是外交決策的重要訊息來源）。蜀漢丞相蔣琬長期鎮守漢中。當時司馬懿南向東吳，蔣琬不出兵支援東吳，反而離開漢中回到成都內地，多作舟船，繕治城郭。步騭、朱然等人認為事情已經很明顯了，不需要多懷疑，他們建議東吳要防備蜀漢。

孫權對同盟的堅定信念拯救了同盟。他不相信下面人的報告，認為：

「我待蜀漢並不薄，並沒有辜負蜀漢的地方，怎麼會出現這樣的情況呢？上次司馬懿領兵到長江北岸的舒縣來，十幾天就退兵了。蜀國在萬里之外，不可能在這麼短的時間裡就知道情報、做出決策、出兵支援。以前曹魏計劃進攻漢川，東吳也沒來得及行動就聽到曹魏回兵了，所以停止了配合行動。再說人家蜀漢治國，舟船城郭，怎麼可能不修護呢？難道我們會回到整軍防備蜀漢的老路上去嗎？」孫權最後說了一句狠話：「人言不可信，我以全家為大家擔保，蜀漢是不會背盟的。」皇帝都這麼說了，東吳朝野對蜀漢的懷疑之聲戛然而止。事實證明，蜀漢的確沒有背盟與曹魏進行外交。

　　蜀漢和東吳雙方對同盟的成熟操作和相互信任使同盟進入了親密無間、人情味濃郁的階段。《襄陽記》記載董恢以宣信中郎身分作為費禕副使出使東吳的時候，孫權曾經大醉著對費禕說：「你們蜀國的楊儀、魏延都是小人，互相有仇隙。他們都曾經有過功績，現在也具有相當的地位。等到諸葛亮一死，這兩個人肯定會起爭鬥，成為禍亂。你們幾個人都不知道怎麼防慮他們，難道想貽害子孫嗎？」費禕當時地位在楊儀、魏延之下，對孫權的提問毫無準備，愕然四顧，愣在那裡不知道怎麼回答。董恢對費禕說：「您可以說，楊儀、魏延的矛盾是因為私忿而起的，尚沒有黥布、韓信那樣的不臣之心，也不是不能抵禦的。現在我們正要掃除強賊，統一中原，正是用人之才的時候。如果就因為可能出現的後患捨才不任，就像害怕海上可能出現風浪而不敢使用舟船一樣，並非長遠之計。」孫權聽費禕說完這話，覺得很有道理，樂得哈哈大笑。

　　延熙十四年（西元二五一年），蜀漢校尉樊建出使東吳。當時孫權已經病重，不能接見樊建了。諸葛恪接待了樊建。事後，孫權很關切地問諸葛恪：「這個樊建比起宗預來，怎麼樣啊？」諸葛恪回答說：「樊建才識比不上宗預，但雅性過之。」東吳君臣在私下裡品論蜀漢來使的個性，

可見君臣對吳蜀同盟的滿意和習以為常。孫權享國五十二年，在近半個世紀的時間裡主導了對蜀漢的同盟。可以說，同盟幾乎是孫權外交生涯中最主要的政務。

孫權死後，東吳政局開始動盪。掌權者更換頻繁。但是堅持對蜀漢的同盟一直是東吳的堅定國策。孫綝掌權時，宗室孫憲與將軍王惇圖謀廢殺孫綝。事發後，孫綝殺了王惇，逼迫孫憲自殺。東吳在第一時間就派遣五官中郎將刁玄將這次政變報告了蜀漢，以避免不必要的猜想。

吳蜀第二次同盟取得了成功，成為古代歷史上聯盟的典範。客觀上，第二次聯盟的時機不亞於第一次孫劉聯盟，而利益關係優越於第一次孫劉聯盟；主觀上，吳蜀雙方都吸取了第一次聯盟失敗的教訓，在處理聯盟的三大關係上成熟而穩重。結果，長江水道成了繁忙的外交、經濟往來道路，為上下游之間、東西方之間帶來了互惠互利的外交果實。

巴蜀慷慨北伐行

　　吳蜀聯盟的鞏固成了蜀漢政權的一大基礎，也是諸葛亮全心北伐的一大前提。諸葛亮北伐的另一大前提是安撫國內少數民族。「西和諸戎，南撫夷越」原本就是〈隆中對〉的題中之意。諸葛亮掌權後，這一步驟的主要內容就是安撫南中地區。

　　三國時期的南中密布著南蠻，也就是歷史所稱的西南夷。兩漢開拓西南地區，建立了一系列郡縣，但統治並不穩固。西元二二三年劉備死後，益州南部諸郡相繼舉兵造反。其中的主力就是南蠻各部。諸葛亮在劉禪登基的第三年春，就率眾南征，一直到秋天才平定南中地區的叛亂。之後，南中地區雖然還曾出現小規模的叛亂和騷動，但在蜀漢時期還算整體穩定。

　　諸葛亮對南中的政策是以夷制夷，不直接駐兵，而是推行相當程度的民族自治。蜀漢在這一地區徵收賦稅，廣發兵役，「軍資所出，國以富饒」。蜀漢在南中的歷任官員李恢、呂凱、馬忠、王伉、張嶷等人都是能臣幹吏。如李恢不僅主持平定了昆明地區的叛亂，還將少數民族的豪帥遷移到成都，征發叟、濮等民族的耕牛、戰馬、金銀、犀革以補充軍資，時時都有供應。南中越巂郡的定莋、臺登、卑水三縣離郡城三百餘里遠，出產鹽、鐵和漆，也不斷供給益州北部地區。蜀漢的政府軍中還有一支專門的山地部隊，就是由南中山野中的少數民族組成的。

　　在建立了穩定的集權統治、鞏固了與東吳的聯盟、安撫了南中少數民族後，諸葛亮開始了連年的北伐戰爭。

　　建興五年（西元二二七年），諸葛亮覺得準備已全，於當年三月向後主劉禪上了《出師表》作為北伐的前奏曲。

《出師表》的第一句就點出：「先帝創業未半而中道崩殂，今天下三分，益州疲弊，此誠危急存亡之秋也。」蜀漢進行的是哀兵之戰。與〈隆中對〉的第三步不同的是，蜀漢已經沒有了發自荊州的二路軍，只能憑藉出漢中的一路軍對曹魏作戰。通篇表章中，諸葛亮都沒有詳細說明進軍的計畫和經略中原的步驟，而是充滿情感地勸諫智商不太高的劉禪要親賢臣、遠小人，以及回顧自己受到的知遇之恩。後人不知道諸葛亮寫表章是何等的悲壯與雄心。到最後，作者是涕淚交加，不知所云了。

當年，蜀軍由成都出發，集結在漢中陽平關附近，等待進攻的時機。四十六歲的諸葛亮離開了成都，從此長年征戰在外，極少回到首都，最後身亡五丈原，安葬於今陝西勉縣。

當時曹魏鎮守關中的是駐屯長安的駙馬、安西將軍夏侯楙。諸葛亮在南鄭與屬下們籌劃進軍方案。鎮守漢中的魏延說：「聽說夏侯楙年少，憑藉是曹操的女婿才得以鎮守一方。他為人怯而無謀。現在如果派給我魏延精兵五千人，負糧民壯五千人，直接從褒中出兵，循著秦嶺東進，出子午不過十天就能到達北邊的長安。夏侯楙知道我軍到了，肯定會乘船逃走。長安中就只有御史、京兆太守等人了，可以一戰平定。關中地區的糧倉和百姓累積的糧食足可以供給我軍的糧草。等曹魏在東方的部隊集合起來西進大概需要二十天，那時候諸葛公完全可以從斜谷率大軍來到長安與我會合。如此，我方可以一舉占領咸陽以西地區。」

諸葛亮認為這個計畫太冒險了，不如從平坦大道西取隴右，平穩無虞。所以諸葛亮在世時都不用魏延的計謀，一直堅持從祁山出隴右，經營隴右。

《魏延傳》說魏延每次隨諸葛亮出兵，都堅持自己東進直取長安定關中的計畫。他希望能夠領兵萬人，與諸葛亮從不同的道路會師於潼關，就像當年韓信和劉邦分兵取天下的先例。諸葛亮每次都不同意。據說魏

五　巴蜀慷慨北伐行

延認為這是諸葛亮膽怯，感嘆自己的才能得不到充分的發揮。

在這裡，我們需要詳細比較諸葛亮和魏延的計畫，因為這不是戰術的問題，而是策略的問題。簡單地說，諸葛亮計劃先奪取隴右，仔細經營，再伺機而動；魏延的計畫是直取長安，先奪取關中，直接「還於舊都」再與曹魏的東方主體相抗。

從歷史上看，關中地區長期是古代中國的政治中心、經濟中心。秦、漢兩朝就是以關中地區為根據地，連接巴蜀，再東進統一天下的。而且長安是漢朝的舊都，攻占長安具有巨大的象徵意義和政治意義。隴右是典型的邊疆地區，華夷雜處，在人口、經濟基礎、對中原的意義上均無法與關中地區相比。它之前都在有志中原的政治家的目光之外。攻占隴右給人的感覺是，這可以增加巴蜀地區割據的籌碼，但也只是距離中原近了一丁點而已。對於一心宣稱「光復漢室，還於舊都」的蜀漢來說，魏延的計畫積極主動，對曹魏構成直接而巨大的打擊；諸葛亮的計畫顯得偏題了。因此從歷史上看，魏延的計畫優於諸葛亮的計畫。

從戰術分析魏延的計畫：魏延計畫的關鍵兩點是迅速占領長安和扼守潼關。魏延占領長安和潼關後，可以憑藉潼關的關隘，以少量軍隊抵抗關東曹魏軍隊進入關中。魏延的前鋒可以保證堅守重要的長安和險要的潼關、武關、蒲坂等地，從「點」上占領關中。諸葛亮的主力適時趕到，進入關中各地，從「面」上占領關中地區。魏延計畫的有利因素有三點：一、曹魏關東軍隊集合西進需要二十天時間，完全可以為諸葛亮主力創造從大路進入關中的時間。二、曹魏在隴右和河西走廊地區兵力零散，完全可以被諸葛亮北伐軍各個擊破。三、關中的良好經濟基礎可以解決北伐軍的糧草供給問題。魏延的計畫可以解決蜀漢軍隊兵力有限、糧草供給不濟的兩大先天缺陷。

但是魏延的計畫有三大缺陷：一、魏延前鋒穿梭在崇山峻嶺的小道

上，極容易遭受事先知道計畫的曹魏軍隊的伏擊。二、長安是曹魏在關中地區的首府，是經濟基礎和軍事中心。夏侯楙雖然無能，但是率領數萬軍隊堅守城牆高大寬厚、糧草充足無虞的長安，在五千蜀漢前鋒的進攻下不至於一觸即潰。一旦魏延前鋒困於堅城之下，就只有面臨被曹魏主力合圍的命運了。三、最大的問題是，曹魏軍隊的動員和集合時間真的需要二十天嗎？曹魏首都洛陽離潼關只有一天的路程，萬一洛陽的禁軍親自西進，魏延前鋒即使占領了長安也沒有時間接收潼關。

從戰術上分析諸葛亮的計畫。諸葛亮計畫的優點有二：一、沿途都是大道，便利大軍行動，也便利糧草輸送。二、隴右魏軍誠如魏延所說，兵力既少又分散，容易取得成功。北伐初戰的成功不僅可以鼓舞士氣，而且可以拓展人口和領土。但是諸葛亮的計畫也有明顯的缺陷：一、道路遙遠，時間較長，得知消息的魏軍有充分的時間向戰區派出援軍；二、隴右一馬平川，防禦不易。蜀漢軍隊占領隴右就要在這片大地上與蜂擁而來的曹魏軍隊陷入長期作戰。這對人數上處於劣勢、糧草不濟的蜀漢北伐軍來說，絕不是戰術上的好選擇。

事實證明，蜀漢每次北伐隴右，都沒有抓住隴右兵力分散的暫時優勢。魏軍主力都及時出現在蜀漢北伐軍面前。從戰術上看，諸葛亮的計畫和魏延的計畫都有重大缺陷，難分優劣。但是，如果魏延冒險成功，「光復漢室，還於舊都」的計畫就完成了一半。

諸葛亮的計畫不僅穩重，而且是綜合考慮了天下大勢和蜀漢實力後的選擇。魏延的計畫太冒險了，不管成功與否，都將蜀漢和魏國的主力決戰提前了。這是處於實力對比劣勢地位的弱國所不希望看到的。尤其是蜀漢的國力實在太弱小了，即使占領了關中，諸葛亮也沒有信心取得與曹魏主力決戰的勝利。

諸葛亮一再經略隴右是希望拓展蜀漢領土，推遲蜀漢和曹魏的決

五　巴蜀慷慨北伐行

戰，在此過程中增加蜀漢的籌碼。隴右地區擁有四大優勢：一、該地區位於今青藏高原、內蒙古高原和黃土高原的接合部，半農半牧經濟顯著。它可以為蜀漢提供人口和領土。二、隴右地區是絲綢之路的必經之地，是中西文化交流碰撞的橋梁。占領隴右還可以為蜀漢提供商貿利益。三、隴右民風好勇尚武。西戎、氐、羌等民族以遊牧射獵和強健勇猛見長，隴右的漢人也粗獷悍厲、果敢勇猛、輕死重義。隴右地區可以為蜀漢提供勇敢的戰士。四、隴右地區地勢高於關中，更高於關東，可以在策略上俯視東方。以強壯凶悍的騎兵配合訓練有素的步兵，居高臨下向東進攻遠比以步兵出秦嶺，勝算要高得多。

東漢末年的歷史證明，西涼兵團之所以能夠縱橫關中乃至中原多年，很重要的原因就是士兵戰鬥力強，素養優於東方。而且蜀漢軍隊收降了馬超家族的殘餘軍隊，馬超家族在隴右素有威名，這些都是諸葛亮進軍隴右的有利條件。

諸葛亮經略隴右的目的是控制河西和涼州，依靠西南和西部的力量，一改〈隆中對〉中的荊州、益州兩路北伐，為涼州和益州兩路居高臨下的進攻。這是諸葛亮在蜀漢局限於益州一地、聯盟東吳的現實情況下做出的決策。荊州不可復得，益州不足吞天下，因此選擇地域廣袤、扼守東西、民風剽悍的涼州來代替荊州是個不錯的選擇。

從建興六年到建興十二年的七年間，諸葛亮每年都在實踐自己進軍隴右的計畫。

建興六年（西元二二八年）春，諸葛亮派趙雲、鄧芝率偏師作為疑兵，前據漢中的箕谷，揚言由斜谷進攻郿，以吸引和箝制關中魏軍，自己率主力出漢中西北，進攻祁山、西縣，以奪取隴右。夏侯楙果然丟了岳父曹操的臉，一戰即被擊敗。南安、天水、安定三郡叛魏歸蜀，關中震動。魏明帝親自西鎮長安，命張郃為前鋒率主力迎敵。諸葛亮派馬謖

督諸軍為前鋒與張郃戰於街亭。馬謖違反了諸葛亮的作戰方針，在街亭大敗。街亭失利後，佯攻部隊趙雲、鄧芝疏於戒備，在箕谷與魏將曹真對壘時以優勢兵力失利，燒毀棧道退卻。諸葛亮不得不放棄三郡，遷移西縣百姓千餘戶退回漢中（這也表示蜀漢國力之弱，極需要人口）。回到漢中，諸葛亮「揮淚斬馬謖」，同時請求自貶為右將軍，行丞相事，以表示承擔戰敗責任。

得到諸葛亮北伐消息的同盟國東吳在東線發動的夏季攻勢卻取得了勝利。張郃率主力東下進攻東吳，關中空虛。諸葛亮聞訊，上《後出師表》，於冬十二月越散關圍陳倉。但這回蜀漢事起倉促，陳倉守將郝昭防守得當，諸葛亮包圍陳倉近一個月沒有攻下。魏國救軍將至，蜀軍糧草不濟，諸葛亮不得不再次撤退。

建興七年春，諸葛亮派陳式攻取武都、陰平二郡。為了牽制魏雍州刺史郭淮，諸葛亮率軍迎戰，郭淮退軍，蜀軍攻占二郡。這是諸葛亮連年北伐最實在的成果。諸葛亮因功恢復丞相職務。

建興八年春，魏國發動攻勢，司馬懿由西城沿漢水，張郃由子午谷，曹真由斜谷，分三路進攻漢中。諸葛亮在城固、赤坂迎戰。因連續下大雨，道路不通，魏國中途退兵。

建興九年二月，諸葛亮親自率軍再度進攻祁山圖隴右。曹魏令費曜等守上邽，其餘救祁山。諸葛亮部署一部分兵力圍攻祁山，自率主力到上邽迎戰。魏帥司馬懿據險不戰，諸葛亮求戰不得，引軍退回祁山，魏軍尾隨。五月，雙方交戰，諸葛亮大破魏軍，司馬懿回軍保營。六月，諸葛亮糧盡退軍，射殺追擊的張郃。

建興十年，諸葛亮在漢中休養生息，獎勵農業，貯備軍糧，並製作木牛流馬等運輸工具，訓練士兵作遠征的準備。第二年冬天，諸葛亮囤積軍糧於斜谷口，整修驛站。第三年（西元二三四年）二月，諸葛亮率

五 巴蜀慷慨北伐行

十萬大軍由斜谷出擊，並約吳同時出兵攻魏。四月，蜀軍沿褒斜道出斜谷。諸葛亮駐軍五丈原，屯田於渭水南岸，與司馬懿對峙，以備持久戰。司馬懿採取以逸待勞的方針，堅壁不出。五月東吳分三路出兵，進攻曹魏，以配合蜀軍在西線的攻勢。曹魏面對蜀吳的協同進攻，採取「西守東攻」的策略。東吳初期判斷蜀軍在西線的進攻會吸引魏軍主力。當探知魏軍東下時，東吳不戰而退。諸葛亮與司馬懿對峙百餘天，積勞成疾，八月病死軍中，時年五十四歲。蜀軍遵照其遺令祕不發喪，整軍而出，退兵回漢中。司馬懿聞訊追擊，蜀軍反旗擊鼓，佯裝反擊。司馬懿收軍，不敢進逼。因此有「死諸葛嚇退活仲達」的說法。

諸葛亮主持的北伐勝少敗多，付出多、收穫少。曹魏駐西部戰線的司馬懿的策略基本是避其鋒芒，堅守不出。而蜀漢國力有限，諸葛亮始終不敢冒險，用兵謹慎。「亮每患糧不繼，使己志不申。」國力不足是束縛諸葛亮施展拳腳的主要原因。蜀漢與曹魏真正主力決戰的機會並不多。但是蜀漢作為主動出擊的一方，成本付出更大。連年的征戰消耗了蜀漢大量的國力，不僅有兵員上的，也有物資上的，更有人才上的。除了最後一次北伐外（這是休養了兩年的結果），諸葛亮發動的戰爭規模一次都不比上一次。到諸葛亮死時，蜀漢再也沒有實力發起先前的攻勢了。

如果蜀漢依險要，據地形，內斂自守又當如何呢？蜀漢在防守的基礎上休養生息，可能比積極進攻更能積蓄實力，但是政治態勢將會惡化。諸葛亮的連年北伐，使曹魏在數十年中處於消極被動防守的態勢。蜀漢以土狹民寡的一州之地迫使擁有九州之地的曹魏被迫採取策略防守數十年，蜀軍在與強大的曹魏軍隊對峙中保持主動權，這不能不說是諸葛亮連年征戰的積極結果。如果消極防守，曹魏必定憑藉自身強大的國力，對蜀漢北部構成越來越大的軍事壓力。蜀漢依然需要增兵設將，以重兵在邊界與曹魏對峙。這依然會消耗蜀漢大量的實力。

　　不能忽視的第三點是，蜀漢的國家體制使得積極進攻態勢難以停止。戰時體制不改變，進攻態勢就不會變。

　　諸葛亮死後，益州籍的官員李邈曾經跳出來，反對戰爭體制。當時蜀漢高規格操辦諸葛亮的喪事，後主劉禪親自素服發哀三日。李邈上疏將諸葛亮和呂祿、霍光等前朝權臣相提並論，諷喻當時的蜀漢「臣懼其（諸葛亮）逼，主畏其威」，直指諸葛亮「身仗強兵，狼顧虎視」。因此，李邈對諸葛亮的死報歡呼態度，「今亮殞沒，蓋宗族得全，西戎靜息，大小為慶」。李邈表面是反對諸葛亮，實質上是反對蜀漢的高度集權、戰爭體制。結果，劉禪大怒，把李邈下獄誅殺了。這件治喪期間的小事透露出，蜀漢內部對以諸葛亮為首的實權派系不滿，反對頻繁北伐的戰爭體制。這些人以益州籍為多。但是掌權的是荊州籍的官員，他們支持諸葛亮的既定策略，維護既得權勢。劉禪在既得體制的巨大慣性裡，也為了規避矛盾衝突，犧牲掉了李邈。

　　雖然延續了諸葛亮的既定策略，但諸葛亮的繼承人們很少發動大規模軍事進攻了。小規模軍事騷擾和進攻倒是一直沒有停止。這是因為蜀漢的國力不斷削弱。而且諸葛亮之後，蜀漢再也找不出諸葛亮這樣的強權人物來維持權威統治了。戰爭體制正在慢慢改變。

　　蔣琬、費禕和姜維是諸葛亮的三大繼承人，主持了蜀漢後期的政治與軍事。

　　督農楊敏曾批評蔣琬說：「作事憒憒，誠非及前人。」有人向蔣琬打楊敏的小報告，有人就要求將楊敏治罪。蔣琬憨厚地說：「我真的是比不上前人啊，這有什麼可以怪罪的？」

　　蔣琬就是這樣的主政者。他曾上疏說：「臣長年領兵在外，卻規方無成，因此日夜寢食難安。現在魏國跨帶九州，根蒂滋蔓，已經很難消滅了。如果蜀漢能夠和東吳東西併力，首尾犄角，雖然不能迅速實現滅

五　巴蜀慷慨北伐行

魏的目標，但可以分裂蠶食魏國。但是東吳也是勝少敗多，自身也有困難。我和費禕等人商議，認為涼州是胡塞要地，進退有資；而且羌、胡等民族人心思漢。以前我國偏軍進入羌地，已經有些基礎了，建議以姜維為涼州刺史再圖隴右。如果姜維能在黃河右岸有所進展，臣當率軍配合姜維。如果東北有事，就可能有所突破了。」

蔣琬對南北對峙的局勢判斷是客觀而相對悲觀的，常常為自己主政後的蜀漢局勢難以有所突破而寢食難安。他對攻取天下的設計基本上是「老生常談」：一是繼續與東吳聯盟，希望能夠東西協同，併力滅魏；二是繼承了諸葛亮的經略隴右的策略主張，建議派遣姜維加強對隴右的工作。如果這兩項事情處理好了，等待虛無縹緲的「東北有事」情況出現，蔣琬認為可能局勢就有所突破了。

姜維則繼承了諸葛亮的北伐積極性和圖謀隴右的思想。他熟悉西北風俗，對自己的才能和武力非常自信，所以計劃招誘羌、胡諸部落作為羽翼，截斷曹魏的右翼。但是姜維每次想大規模興軍的時候，續起主政的費禕常制約他的計畫。最明顯的表現就是費禕每次授予他的軍隊都只有一萬人左右。費禕對姜維說：「我們的才能遠遠比不上諸葛丞相；丞相他尚不能平定中原，何況是我們啊！我們不如保國治民，敬守社稷，如其功業，不能希冀僥倖而將國家成敗決定於一場冒險啊。如果主力決戰失敗，那時候大家就悔之不及了。」費禕的主政思路在蔣琬的基礎上又向著穩重保守的方向走了一步。他們倆都是老成持重的治世之人。

姜維以少量兵力在隴右地區取得了一些戰術成功，卻離撼動曹魏的西部局勢還很遠。而且姜維的連年興兵在客觀上加劇了蜀漢的國力衰弱。這是諸葛亮之後的主政者希望盡力避免的情況。

隨著權威統治和高度集權體制的消退，蜀漢內部的派系之爭和不同政論開始出現。首先是宦官開始掌權，很有重蹈東漢末期覆轍的架勢。

劉禪輕信宦官黃皓。繼承費禕的董允在世時，每次見到黃皓都嚴厲訓斥他，壓制他的官職，防止宦官干政。所以黃皓早期不能有所作為。董允之後，戰爭體制進一步瓦解。部分朝臣和將領開始與黃皓相勾結，宦官干政局面終於出現。其次，姜維仿效前人，常年領兵在外。他也想除去黃皓，但遭到劉禪的反對。黃皓因此忌恨姜維，在部分將領的鼓動下思索著奪去姜維的兵權，廢黜姜維。姜維知道自己為朝廷所忌，更是堅持常年領兵在外了。最後，蜀漢內部的堅守論調、投降觀點紛紛湧現，在外交策略、軍事策略上再也形成不了諸葛亮時期的統一觀點了。

西元二六三年，魏軍三路攻蜀，姜維在劍閣抗拒魏鍾會大軍，而魏鄧艾則輕軍出陰平（今甘肅文縣西）險道南下，於這年冬包圍成都。鄧艾偷渡陰平關是刺向蜀漢的一把尖刀，但是當時成都城池堅固，軍隊數萬，完全可以與軍力不滿一萬的鄧艾一戰。蜀漢朝廷戰、降、逃決策不定。最終，在譙周等投降派的勸說下，劉禪納印出降，蜀漢滅亡。

六　割據南國第一朝

　　東吳是割據南方地區的第一個朝代。它為之後南方諸多割據王朝除了一遍雷區，留下了許多經驗教訓。東吳朝野深知，僅僅依靠長江天塹，終究不能長久偏安。於是南征山越，北爭淮漢，西和蜀漢，東聯遼東，忙得不亦樂乎。

據長江所極而守

東吳早期的策略決策者都很短命，孫策、周瑜、魯肅、呂蒙等人都是英年早逝。策略本身就是一個長期的政策方針，立足長遠，需要得到長期的貫徹執行。因此孫策等人的策略意圖並沒有得到後人的忠實貫徹執行。周瑜、魯肅、呂蒙三人先後主持東吳的荊州事務，但政策差別極大，可見個體對策略的重要影響。

吳國真正的外交策略制定者是孫權。孫權活過了古稀之年，充分吸收了前人的思想和經驗，主持東吳大政超過半個世紀。

東漢末年，天下紛擾，群雄並起。孫堅、孫策父子乘勢而起，割據江東孫策遇刺後，在臨終前，囑咐孫權說：「弟弟，舉賢任能，各盡其心，以保有江東而言，我不如你。」當時孫策剛占領江東各郡，「保有江東」是孫策為東吳確定的立國之策。同時，正如前文分析的，缺乏荊州的江東就像不戴盔甲上陣的戰士。如果敵人掌握荊州，對江東造成君臨之勢，那江東就會極為被動。東吳要盡力避免出現這樣的情況，就要進占荊州。因此，「保有江東」只是爭霸天下的基礎。

孫權始終以天下為念，上臺後積極外拓。魯肅初見孫權就在〈榻上策〉中向孫權建議「剿除黃祖，進伐劉表，竟長江所極，據而有之」，最後建號帝王，統一天下。占領長江全線，盡有大江所及，一開始就是東吳追逐霸業最重要而迫切的步驟。孫權在站穩腳跟後，就發動了對江夏黃祖的征伐，既為了報父仇，也是為了盡有長江所極，改善自己的政治軍事形勢。孫權將哥哥的「保有江東」發展成了「據守長江」。

夷陵之戰以戰爭形式解決了荊州的歸屬問題。戰後，東吳實現了盡有長江的策略目的。這也是吳蜀重塑結盟和長期協同友好的重要基礎。荊州地

區雖然依然重要，但已經不是三國爭奪的焦點。除了東吳末期外，東吳始終牢固鎮守著荊州。南北對峙時期，南北之間的戰爭主要集中在祁山、淮南等地區。孫權接下去思考的問題是：東吳的土地東西間隙萬里，同時長江和大海也都需要防守。曹魏觀釁而動。這些都對東吳的防守提出了挑戰。

孫權開始駐在武昌的時候，想還都建業（今南京）。但是孫權考慮到境內的長江水道溯流兩千里，如果駐守東端的建業，長江沿線某點一旦出現警報，會趕不及救援。因此他對定都建業還心存疑慮。

孫權在夏口塢中召開百官大會，討論這個重大問題。孫權說：「各位文武大臣不要拘束於權位。只要有想法，大家都要為國知無不言。」文武百官議論紛紛，有的說應該加強中部重鎮夏口的防守，有的建議在長江水道中設置重重鐵鎖加強防守。孫權覺得都不是好方法。

當時張梁是個默默無聞的小軍官，站在角落裡。這時他越席到前面，建議說：「小臣聽說『香餌引泉魚，重幣購勇士』。我認為現在首先應該加強賞罰，言必行，行必果，鼓舞士氣。其次是派遣兵將進入荊州北部，主動騷擾進攻，與敵人爭利。如果有所收穫，北方對長江沿線的壓力會大大降低。再次，在武昌駐紮精兵萬人，任命智略出眾的人為統帥，嚴整軍備，一旦有事可以左右支持。最後，建築甘水城，儲備小型船隻數千艘，作為預備力量。我們東吳這樣開門迎敵，敵人反而不敢來了。」這個計畫消除了孫權定都建業的疑慮，所以孫權非常贊同張梁的計畫，當即越級提拔張梁，不久又任命張梁為進軍荊北的沔中督軍。

張梁的計畫是建立積極主動、多線立體、點面結合的長江防禦體系。東吳的長江體系就是按照這一思路建立的。一言以蔽之，東吳的國防策略就是「守江而爭淮」。

先說守江。有人會覺得奇怪：東吳為什麼一開始就將自己設定為防守方？

六　割據南國第一朝

　　那是因為，首先，從夏、商、周到東漢的幾千年時間裡，中國的經濟政治和軍事中心都在北方，長江以南都是偏遠蠻荒的地區。即便南方在戰亂中保存較好，中原地區依然對江南保持明顯的優勢。其次，東吳政權的建立依賴江東大族的支持。江東的吳會是孫氏的起家之地，是江東大族的根基，是東吳經濟與軍事實力的主要來源。這就好像黃淮流域的汝、潁、譙、沛等地是曹魏發家的基礎和政權的支柱一樣。因此東吳首先要保持江東地區的安全和穩定。長江與吳會唇齒相依，是必守之地，也利於就近支持吳會。這也可以解釋孫權為什麼下定決心將首都確定在東端的建業。

　　東吳的長江防守是全線防守。「凡邊要之地皆置督。」赤壁之戰後，東吳沿江建立了一系列的軍鎮，之後成為規定的制度。東吳先後設置了二十幾個軍鎮，設督統帥。在軍鎮的基礎上，東吳將長江防線分為三個區，從西到東依次為江陵防區、（總兵力約五萬人）武昌防區、建業防區（總兵力約十三萬人）。

　　江陵防區主要在荊州西部，其中重要的軍鎮有建平、西陵、夷道、樂鄉江陵、公安、巴丘等，以江陵為核心。東吳的重要將領朱然朱績父子、步氏家族、諸葛瑾諸葛恪父子就是江陵防區的主要將領。防區後期則主要依賴陸抗的勉力維持。

　　武昌是孫權在西元二二一年新建的郡。《孫權傳》記載當年，「權自公安都鄂，改名武昌，以武昌、下雉、尋陽、陽新、柴桑、沙羨六縣為武昌郡」。此後武昌長期作為留都，名將陸遜長期駐守此地。以武昌為核心，夏口、陸口、柴桑等為要塞，構建了長江中段防區。

　　建業防區從皖口到大海，保衛的是東吳政權的核心地區。吳、京口、建業等中心城市都在這一防區，因此東吳對建業防區極其重視。孫權後半生親自坐鎮建業防區，頻繁抽調重要將領駐守建業，並征伐山越

人充實軍隊。賀齊、呂範等人既是征伐山越的佼佼者，也是該防區的主要將領。水陸重要基地濡須塢就在建業防區管轄內。《孫權傳》載：「（建安）十六年，權徙治秣陵。明年，城石頭，改秣陵為建業。聞曹公將來侵，作濡須塢。」可見西元二一一年前後是建業防區開始籌建的重要時期。

這裡的濡須塢是利用長江地形建立的軍事基地。東吳江防設施因地制宜，充分利用了長江上的江心洲，擴展江防內容，提高防禦實力。濡須塢、江陵中洲等重要軍事要塞其實都是建設在江心洲之上的。這些要塞方圓十幾里或者數十里，既可以駐紮水陸大軍，又是軍隊家屬和供給所在地，同時也是水軍的船塢，發揮了重要的作用。吳魏徵戰，多次是圍繞江心洲展開的。東吳一直成功地掌握著長江一線的江心洲工事。

濡須塢是整個長江防線上最為重要的要塞。濡須既是孫吳進攻合肥的主要信道，又是防禦魏軍南下的堡壘。濡須對面就是首都建業。一旦有失，曹魏大軍可以順江東下，朝發而夕至建業。濡須被譽為「吳之亡國之險」。早在建安十七年（西元二一二年），孫權即命呂蒙在此夾水築塢，同時在濡須設軍鎮駐守。西元二三〇年，孫權又增築了東興堤以遏巢湖水勢，在巢湖內多置船艦。諸葛恪主政時期依然加強濡須的防務建設。「恪以建興元年（西元二五二年）會眾於東興，更作大堤，左右結山俠築兩城，各留千人，使全端、留略守之。」

透過對濡須督軍人選的分析，我們可以窺見東吳軍鎮軍事的情況。建安十八年（西元二一三年）曹操親自來攻濡須，周泰隨軍反擊，曹操退走。周泰留任濡須督。這是濡須設置督軍的開始。後來朱桓接替周泰為濡須督，之後還有張承、鍾離牧等人。在周泰任內，蔣欽曾暫督濡須；在朱桓任內，駱統曾暫督濡須。

孫權讓周泰留任濡須督軍的時候，升他作平虜將軍。當時朱然、徐

六　割據南國第一朝

盛等名將都在周泰部下，並不服周泰。孫權特地趕到濡須塢，召集諸將，大擺宴席。酒酣之後，孫權親自到周泰面前敬酒。孫權命令周泰解衣，用手指著周泰身上的傷痕，問每道傷痕的來由。周泰把以前的戰鬥經歷一一細數。君臣歡宴達旦。孫權這一回親自出馬，樹立了周泰的威信。

代替周泰做濡須督軍的朱桓上任時官職是裨將軍，同時封新城亭侯。駱統上任時的官職是偏將軍，同時封新陽亭侯。鍾離牧在赴任濡須前擔任過江陵防區的公安督軍、揚武將軍，加封都鄉侯後調任濡須督。濡須督軍的官爵越來越高，表示東吳政權對這一重鎮越來越重視。

濡須和西陵、武昌、建業等軍事重鎮各扼孫吳長江防線的險要之地，作為樞紐，在整個長江防線上下策應。東吳還多置水師船艦游弋於長江上下，以備不虞。

長江防線的東部沿海和綿長的江面防守高度依賴東吳強大的航海能力和水軍力量。東吳水軍成功制止了北方越過長江和東海偷襲後方的企圖。東吳先進的造船業為水軍和長江防線提供了扎實的基礎。臨海、侯官、番禺都是當時著名的造船基地。

東吳所造的船隻體積大、數量多，並且有艨艟鬥艦、樓船、飛雲、蓋海、赤龍、馳馬、長安、大舶、青龍戰艦、晨鳧等眾多名號。東吳使臣曾用單艘船載馬八十匹回國，依然覺得是小船。東吳被西晉滅亡的時候，西晉接收的政府所有的船隻，就有五千餘艘。其中各種類型和用途的船隻都有，可見東吳水軍的實力。

東吳所造的船隻品質上乘，裝備優良。東吳重要將領賀齊鍾愛軍事裝備，他的兵甲器械都極為精美。賀齊所乘的船隻「雕刻丹鏤，青蓋絳櫓，干櫓戈矛，葩瓜文畫，弓弩矢箭，咸取上材，艨艟鬥艦之屬，望之若山」。可見東吳船隻不僅外貌美觀，而且裝備齊全，高大威猛。曹魏的

曹休等人看到小山一樣的東吳船隻，都不敢與之交戰。

說完守江，再說爭淮。東吳爭奪江淮其實就是利用江淮。原本富庶的江淮地區在東漢末年幾乎成了一片空白之地。「徐、泗、江、淮之地，不居者各數百里」，一片渺無人煙的景象。曹魏曾經想遷移沿江郡縣的人口到北方，避免為東吳所用。結果江北居民反而紛紛渡江逃往江南，瀕江幾個郡幾乎成為空虛地帶。

在戰術上，東吳不在乎一城一地的得失，更多的是想發揮江淮地區的緩衝區作用。東吳多次主動出擊江淮地區，與曹魏軍隊反覆攻守。東吳以攻為守，希望以江淮的軍事行動保衛長江防線。事實上，東吳的主動也大大減輕了長江防線的軍事壓力。曹魏在長江以北是以重鎮防守來支撐整個防線，東吳就有針對性地將進攻目標指向合肥、江夏和襄陽等重鎮，大有擒賊先擒王之勢。

東吳在長江沿線各駐軍之地廣行屯田，以為長久之計。在長江上游及中游，重要的屯田地有西陵、江陵、潯陽等地。長江沿線的屯田配合各軍鎮的重兵駐守，有糧有兵。相比曹魏的遠離長江沿岸，東吳顯得進退自如。屯田成為孫吳長江防線的一個重要組成部分。

儘管江淮戰火頻繁，兵來將往，但「爭淮」始終是「據守長江」策略的次要部分，是輔助「守江」的。兩相配合，東吳屢次成功抵抗住了北方曹魏的南征。「權之不能越江，猶魏賊之不能渡漢。」結果是孫權沒辦法進攻中原，曹魏也沒辦法渡過漢江和長江。南北雙方在東部的防線固定在漢江和長江下游北部地區。東吳的長江防線是成功的。

長江防線的存在使東吳政權得以長期維持割據。沿線的軍鎮逐漸發展成了沿江城市，客觀上促進了長江沿線經濟和社會的發展。現在長江沿岸的許多大中城市都可以從東吳時期找到身影。

但是長江防線也隱含著兩大缺陷。一旦蜀漢敗亡，東吳內政不穩，

這兩大缺陷就會放大，直接威脅到東吳的政權。

東吳的長江防線集中兵力在西陵到京口之間。長江入海口以東的海面有東吳強大的水軍支撐，防線東端一直沒有被北方突破。但是長江防線的西端卻缺乏牢固的依託點。長江防線西端很大程度上依賴於吳蜀聯盟的牢固。儘管東吳堅守西陵，蜀漢卻依然在地勢和心理上對東吳構成壓制的態勢。

東吳君臣一定思考過萬一蜀漢被消滅了，長江防線的西端該怎麼辦的問題。在諸葛亮死後，東吳擔心曹魏可能趁蜀漢的內衰進攻蜀國，於是就向邊界的巴丘增加守軍一萬人，以加強西端的防備。東吳集團最擔憂的莫過於敵軍揮師順江東下，突破其上游防線，水陸俱進。這樣長江之險就「敵人與我共之」了。也就是說，一旦蜀漢被曹魏占領，長江防線就暴露在敵軍的軍事打擊之下了。因此，地處長江防線西端的西陵就成了數千里長江防線上的第一個軍事重鎮。

曹魏攻滅蜀漢的時候，並沒有馬上占領巴蜀全境。東吳曾經派鎮軍將軍陸抗、撫軍將軍步協、征西將軍留平、建平太守盛曼率大軍圍攻蜀漢的巴東守將羅憲。東吳計劃將益州東部收入境內，以益州東部的險要山地來增強荊西防禦，改善長江防線西端的處境。曹魏對此非常重視，派遣將軍胡烈率領步騎兩萬「圍魏救趙」，直取西陵逼東吳回軍。陸抗等人怕後方有失，果然引軍退卻。

蜀漢被曹魏吞併後，與蜀漢接界的武陵郡五溪蠻，人心開始浮動。東吳擔心五溪蠻叛亂會動搖整條長江防線，就任命鍾離牧為平魏將軍，領武陵太守，領兵彈壓可能出現的叛亂。曹魏也派遣漢葭縣長郭純代理武陵太守，試圖對長江防線西部施加壓力。郭純駐紮在赤沙，引誘各個少數民族和堡壘的君長起兵反吳。有的人真的起兵響應郭純。郭純又嘗試著進攻荊州的酉陽縣，荊州震動。東吳派遣大軍，才將曹魏伸出來的

這個「觸角」郭純給打回去。但是曹魏只用一個郭純就造成了震動荊州西境、調動東吳主力的目的，這也暴露了東吳的荊州西線是如何的脆弱。

日後，西晉發動滅吳戰役的時候，就採取了佯攻建業，實際重兵取西陵，進而順流而下的策略。晉軍如劈竹節一樣，進軍越來越順。東吳的崩潰最終還是從長江防線西端開始的。

長江防線的第二大缺陷是重兵雲集狹長的長江沿線，造成後方空虛。

東吳長江防線的固若金湯是以南方各地統治的削弱為代價的。東吳長江以南地區軍事力量極端薄弱。孫皓為帝時期的苛捐雜稅導致民怨沸騰。長江防線後方各地反抗不斷。嶺南地區的反抗尤其激烈，其中兩次大的叛亂對東吳的統治構成了極大威脅。東吳不得不緊急抽調前線的軍隊南下鎮壓。這正暴露了東吳重江防、輕內地的弊端。

孫皓剛即位的元興元年（西元二六四年），交州發生叛亂，亂軍向曹魏靠攏。曹魏設置交趾太守，派遣官吏到郡任職。西元二六六年，東吳派遣劉俊（交州刺史）、修則（前部督）等率領江防部隊南下進攻交趾，結果被晉將毛炅等打敗。劉俊和修則兩個人陣亡，散兵游勇逃回到合浦。建衡元年（西元二六九年）年底，東吳朝廷再次派遣虞汜（監軍）、薛珝（威南將軍）、陶璜（蒼梧太守）率領主力出兵荊州，派遣李勗（監軍）、徐存（督軍）從建安率領水軍走海道，在合浦會師後聯合進攻交趾。西元二七一年，千里迢迢而來的東吳主力才攻占交趾，擒殺西晉所設置的守將等官員。九真、日南等郡都重新歸屬東吳。孫皓這才去了一塊心病，宣布大赦天下，並從交趾郡分出新昌郡。

西元二七九年夏，郭馬的叛亂差點直接顛覆了東吳在交州的統治。郭馬原本是合浦太守修允的部曲。修允轉任桂林太守的途中，患了疾病暫住廣州。他就派郭馬帶領五百兵丁先到桂林郡安撫民眾和少數民族。修允最後死了。

六　割據南國第一朝

　　按照規定，修允的部將和部隊需要重新分配。郭馬等人都是世兵出身，世世代代為兵，極不願意離鄉背井、被安置在他鄉。孫皓當時又在嚴查廣州的戶口。之前東吳讖語說：「吳國的滅亡，兵起於南方，亡吳的人是公孫氏。」孫皓聽說了，就將文武官員乃至行伍中有姓公孫的人都遷徙到廣州去。郭馬與部下何典、王族、吳述、殷興等軍官藉機煽動兵民，在廣州會聚成亂軍，攻殺了廣州督軍虞授。

　　郭馬自稱都督、安南將軍，任命殷興為廣州刺史，任命吳述為南海太守，派遣何典進攻蒼梧，王族進攻始興。孫皓聽到郭馬反叛的消息，大驚說：「這難道是天意？」八月，孫皓提升滕循為司空。滕循還沒就任，就被轉任鎮南將軍，假節，領廣州牧，率領上萬人從東邊討伐郭馬。結果這一路軍隊在始興遭到王族的阻擊，停滯不前。這時郭馬繼續攻殺南海太守劉略，放逐了廣州刺史徐旗。孫皓加派陶浚（徐陵督軍）率領七千人從西邊支持滕循，又命令陶璜（交州牧）率領下屬軍隊和合浦、鬱林等地的地方軍隊，與東西兩軍進剿軍隊會師進攻郭馬。東吳這次傾全國之力，才撲滅了嶺南的叛亂。這再一次暴露了長江防線的缺陷。

　　東吳的長江防線是中國歷史上最早的長江防線。中國歷史上對長江防線的需求還是很大的。東吳的許多做法為後來立朝南國的朝代所效仿。

長江之險可偷安

有人批評東吳的據守長江策略是「懷偷安之計，以為長江之險可以傳世」。

東吳最高統治階層自然知道長江之險不可偷安。他們也沒有將國家所有的希望都放在長江一線上，而是展開了靈活的運作。

東吳的海洋航運相當發達。除了造船業，東吳還開闢了多條近海和遠洋航線。其中就有從建業出長江口，傍東海、黃海到沓津（今旅順附近）的通往遼東和朝鮮的航線。孫權時期，東吳船隊密集往來於這條航線上。對遼東的經略是孫權主政時期的重要外交內容。

遼東政權的第四位君主公孫淵在向曹魏的上表中說：「臣父康，昔殺權使，結為讎隙。」可見在第二位遼東君主公孫康時期，孫權就對遼東展開了外交攻勢。但是公孫康沒有接受孫權送上門的好意，繼續奉行靠攏曹魏的政策，殺了孫權使者表忠心，這才有了公孫淵當政時用這件事來向曹魏邀功。

但也正是在公孫淵當政時期，遼東大力推行親東吳、在魏吳之間牟利的外交。《吳書》記載公孫淵上吳王孫權表文有說：「前後有裴校尉、葛都尉等到遼東，向我宣讀聖旨。我派遣下人恭送上使回國。」這表示在西元二二九年孫權稱帝之前，東吳和遼東之間就有了正式的外交連繫。這一次公孫淵接受了孫權的好意，並且派出了回使。只是史料缺乏，我們難以想見當時的詳細情形。

孫祥偉的研究認為，公孫淵表中的「裴校尉似乎就是後來的校尉裴潛」。裴潛先後隨同周賀、張彌多次出使遼東，熟悉遼東情況。最後裴潛隨太常張彌被公孫淵殺害。

　　孫祥偉的研究還透露出另一個重要內容，就是在公孫康死後，他的兒子公孫晃和公孫淵都還很小，所以弟弟公孫恭接替為遼東太守。公孫恭病弱無能，難以治國。當時魏國「聽幽州刺史、東萊太守誑誤之言，猥興州兵，圖害臣郡」。在危難時刻，公孫淵政變奪取了叔叔的位置。據說孫權的使節當時正在遼東。東吳使團在公孫恭那裡得不到任何外交成果，於是挑撥公孫淵篡奪取叔叔的位置，以便吳遼聯合。公孫淵兩次和東吳使節接洽，還共同籌劃了政變事宜。公孫淵最後在西元二二八年將叔叔公孫恭關押，取而代之。因為幕後的這一層關係，公孫淵即位後就遣使與東吳通好。

　　孫權剛稱帝的黃龍元年（西元二二九年）五月，派遣張剛、管篤出使遼東。當時東吳已經完全鞏固了與蜀漢的聯盟，共立條約，平分天下。染指遼東是東吳爭奪天下的表現。

　　嘉禾元年（西元二三二年）三月，孫權又派遣周賀、裴潛出使遼東。九月，魏將田豫在中途截擊東吳使團。東吳船隊遭受重大損失，周賀在成山被殺。同年十月，公孫淵派遣宿舒（校尉）、孫綜（郎中令）回訪東吳，向孫權稱藩，並獻上貂馬等方物供品。儘管使團遭受重創，孫權還是非常高興，給公孫淵加官晉爵。

　　公孫淵的主動稱藩讓孫權得意揚揚，決定大封公孫淵為燕王，引以為北方藩屬，共擊曹魏。第二年（西元二三三元）三月，孫權派遣太常張彌為正使，協同許晏、賀達等人出使遼東。西元二三三年的東吳船隊規模最為龐大，人數過萬，旗幟蓋海。船隊攜帶了大量封賞遼東君臣、與遼東展開貿易的財寶和商品。這一次孫權估計是搬動了國庫，寄予了極大希望。

　　孫權的決定遭到了朝臣的普遍反對。得知東吳組織大型船隊去遼東封賞貿易的消息後，當時被貶到交州的虞翻認為「遼東異常遙遠，聽說

遼東使團來到東吳，自求屬國，這些都尚不足取信。現在我們動用大批人力財力去求購馬匹，既不能為國家獲利，而且可能毫無所獲」。結果，東吳使團的遭遇比虞翻的預言還要糟糕。公孫淵並不想完全向東吳靠攏，反而向送上門來的東吳使團舉起了屠刀。他將張彌、許晏等人的首級傳送洛陽，取走東吳兵資珍寶。

但也正是因為此事，東吳使團意外地打開了對朝鮮半島的外交。當時吳國中使秦旦、張群、杜德、黃強四人從被囚禁地逃亡，到達高句麗。四人假稱是東吳來結好高句麗的使節，受到了高句麗國王的信任和接待，並被禮送回東吳。孫權在遼東遭受外交失敗後，將對東北的外交重點轉移到了朝鮮半島。

嘉禾四年（西元二三五年），孫權派遣使者謝宏、陳恂（中書）出使高句麗，封高句麗國王為單于，賞賜衣物珍寶。謝宏使團到安平渡口（今鴨綠江入海口）的時候，先派遣校尉陳奉前去見高句麗國王。當時的高句麗國王名叫宮，正收到曹魏幽州刺史魏諷的命令，要求他逮捕東吳使臣以表達忠心。陳奉事先偵知此消息，連忙中途退回安平渡口。宮畢竟不敢得罪魏、吳兩方中的任何一方，就派遣主簿笮咨、帶固等人去安平，與謝宏使團相見。謝宏將高句麗來訪的三十餘人當場扣留，作為人質，逼高句麗表態。宮於是向東吳使團謝罪，並獻上數百馬匹。謝宏將詔書和賞賜物品托笮咨、帶固帶給宮。但是因為謝宏使團的船隻很小，只裝載了八十匹馬就回東吳了。

吳國同高句麗的外交交通，對遼東和曹魏都構成了策略威脅。

第二年，孫權再派遣胡衛出使高句麗。七月，高句麗國王在曹魏的壓力下，還是斬了胡衛等人的腦袋送到幽州。胡衛的死使吳國和高句麗維持了四年的邦交宣告終結。至此，孫權對東北的外交全部遭到了失敗。

景初元年（西元二三七年），曹魏終於與公孫淵攤牌。遼東和曹魏

開戰。公孫淵在巨大的壓力下希望與東吳重修舊好，求得吳國援兵。孫權舊恨未了，本不想施以援手。但大臣羊騷勸諫道：「不可。我們不如厚待遼東，派遣奇兵出擊曹魏。如果魏國討伐失敗，而我軍遠赴，義蓋萬里，有恩於遼東；如果遼東失敗，而曹魏也遭受了我們的首尾夾擊。這對我們來說，都是出小力收大成的好事。」孫權聞言，也想在曹魏和遼東之間扮演第三者角色，於是就給遼東使者開了張空頭支票，答應出兵支援，讓遼東堅守抗魏，孫權遙相增援一二。遼東最終還是被曹魏吞滅。

　　赤烏二年（西元二三九年）三月，孫權派遣使者羊衛、鄭胄和將軍孫怡去遼東。這次東吳的目的完全是衝著掠奪人口物資去的。東吳使團擊敗了曹魏的守將張持、高慮等人，虜得多名男女回東吳。鄭胄曾經參與過兩年前東吳對公孫淵的救援行動，但遼東未等援軍到達已經被曹魏打敗了。鄭胄最後升遷到了執金吾的職務。

　　東吳對遼東和朝鮮半島地區的外交行動，是在策略上牽制曹魏的一個重要步驟。東吳希望引遼東為盟友，但沒有成功。當吳、遼關係破裂時，東吳轉而聯絡高句麗來牽制遼、魏。儘管其中有反覆，但還是取得了一些成效。曹魏是相當在意東吳在自己背後搞的這些小動作的，對東吳與遼東關係的進展感到不滿與不安，因此屢次興兵攔截，消耗了相當的實力。

　　孫權與遼東和朝鮮半島的交流還有一個重要的目的，就是進行貿易。遼東和朝鮮半島經濟發展程度低，對相當發達的江南多有需求。東吳之所以看重與東北方向的貿易，是因為遼東盛產良馬，東吳缺乏馬匹，而馬匹是重要的策略物資。東吳曾經向中南半島方向籌集馬匹。曹魏曾派使節用馬匹向東吳求購南方珠璣、翡翠、玳瑁等珍寶。東吳大臣紛紛認為曹魏傲慢，且珍寶貴重，不應答應。孫權卻說：「那些珍寶都是我用不著的。用它們可以得到馬匹，何苦不和曹魏交易呢？」東北雖

遠，但只要能夠獲得馬匹，東吳也願意前往。東吳外交的確帶有貿易目的，而江南與遼東的經貿往來多少會促進東吳的經濟和社會發展。

必須承認的是，東吳的遼東外交付出了沉重的外交成本，不僅損兵折將，而且損耗物資。結果遼東外交還是失敗了。如果以「投入到產出」來計算的話，東吳從遼東運回的馬匹簡直都是黃金馬了。

東吳通遼東正如東吳交通東南亞、夷洲一樣，是東吳繼承帝國外交遺產、以天下之主自居、努力營造傳統的「華夷體系」的重要表現。儘管臣下普遍反對，但他們都難以理解九五之尊經略天下的視野和決心。

說個小故事證明一下。孫權相當禮遇魯肅，他曾經持鞍下馬迎接魯肅。孫權對魯肅說：「這樣是不是足以使你顯貴了啊？」魯肅說：「還沒有。」眾人聽到這句話，都愕然不安。魯肅再慢慢說道：「我希望至尊能夠威德加於四海，統一天下，完成帝王之業。到時候再讓我坐在安車上，並用蒲葉包著車輪隆重地徵召我魯肅，那樣才能展示我們做臣子的顯貴啊。」孫權聽完，拍掌哈哈大笑。魯肅可謂了解天子雄視天下的決心和情緒。

除了靈活外交，東吳還著重於內政建設。外交競爭歸根結底還是國家實力的競爭。東吳要以穩定國內局勢、加強國力累積來推動外交和軍事競爭。

孫吳內政中的頭等大事是山越問題。山越人密布在江東各郡和荊州東部各地山區，既占據了以山地為主的東吳領土的大部分，又與漢人並不太友好。同時，山越人占東吳全國人口的半數。史載山越人「皆仗兵野逸，白首於林莽。逋亡宿惡，咸共逃竄。山出銅鐵，自鑄甲兵。俗好武習戰，高尚氣力，其升山負險，抵突荊棘，若魚之走淵，猱之藤木也」。可見山越人習武好戰，而且製造武器（山越地區有銅鐵、木材，山越人自鑄兵器盔甲），結為軍伍，在山林中穿梭自如，威脅著漢人的安

全。同時，山越民族會與曹魏相呼應，在東吳內部發動叛亂響應北方。

　　山越人到底有多厲害呢？舉個例子。東吳名將賀齊，年少時擔任郡吏，後來擔任了剡縣縣長。縣裡有個官吏叫斯從，此人為奸作歹。賀齊要治他的罪，但是縣裡的主簿勸賀齊說：「斯從是縣裡的大族。山越都依附聽從於他。如果今天治了斯從的罪，明天山越寇賊就要圍攻縣城了。」賀齊大怒，命令逮捕斯從，立即斬首。斯從的族黨果然糾合山越，聚集了上千人舉兵圍攻縣城。賀齊率領官吏和百姓，主動開城門突擊，大破山越。後來太末、豐浦縣山越反叛時，東吳因為賀齊對山越強硬，將他調任為太末縣長，平定山越叛亂。

　　山越問題到底嚴重到了什麼程度呢？從西元二〇〇到西元二〇七年，我們難以在天下大勢縱橫中看到東吳的身影。似乎在這八年中，孫權什麼事情都沒幹。其實不然，孫權是花了八年時間，分兵全力鎮撫山越。西元二〇七年、二〇八年，孫權兩次征討黃祖，而且都殲滅了黃祖的主力，但由於山越牽制，孫權只能回軍，無功而返。當時江夏主力已失；劉表病重，不久逝世；荊州官員在曹操大軍的壓力下產生意見分歧，這是孫權奪取荊州的最佳時機。結果就因為山越問題的束縛，孫權白白喪失了如此寶貴的機會。

　　吳蜀重新結盟的時候，孫權令使臣張溫對諸葛亮解釋說：「若山越都除，便欲大構於丕。」孫權以解決山越問題作為對外作戰的前提條件，說明了征伐山越是東吳內政的頭等大事。孫權至西元二二九年才正式稱帝，這時山越問題才算基本解決。國內政治也比較穩定了。

　　東吳不僅平定山越的叛亂，而且還多次深入山越地區，討伐山越。東吳對山越人「強者為兵，羸者補戶」，強壯的人補充入軍隊，體弱的編入東吳的戶籍。山越民族為東吳提供了大批的民戶，並且占據了東吳軍隊的近半數量。

　　嘉禾六年（西元二三七年），中郎將周祗困於軍隊缺員，希望去鄱陽郡招募兵員。他就這事諮詢陸遜。陸遜以為鄱陽郡的百姓易動難安，不適宜作為招兵地區，恐怕招致賊寇。但是周祗堅持前往，結果郡民吳遽等人果然作亂殺死周祗，攻沒多座縣城。臨近的豫章、廬陵兩郡山越人多，都響應吳遽作亂。陸遜不得不親自率領大軍，才平定了三郡的騷亂。

　　丹陽的山越首領費棧接受曹操的印綬，煽動山越人作亂，作為曹魏的內應。孫權派遣陸遜討伐費棧。費棧黨羽眾多，分布很廣，但是兵力不足。陸遜就在山區廣泛設置牙幢，分布鼓角，日夜在山谷之中鼓噪前行。這樣才平定了費棧的叛亂。我們不知道這次叛亂有多少山越人參與，但是陸遜最後從歸降的山越人中挑選的精兵就多達數萬人。

　　陸遜挑選的精兵就算是他自己的部屬了。東吳的將領們開始時都是用私家兵跟隨孫策、孫權征戰；反過來，東吳也屢次把國家佃客賜給功臣，因而逐漸形成了吳國武將世襲領兵的制度。世襲領兵的武將是東吳政權的主要支柱。

　　東吳將領的部兵幾乎就是將領們的私家財產，終身服役，不得退伍。東吳政府非常注意保持將領們的軍隊實力，因為這是國家的支柱。政府曾給韓當部兵兩千人，馬五十匹；給朱桓授兵兩千人；給全琮授兵數千人；給董襲授兵數千人。為了使將領能養活部兵，東吳還劃定固定的區域作為將領軍隊的給養來源。東吳還賜給將領們免除稅賦的人口和田地，厚待將領們。比如呂蒙的兒子呂霸在呂蒙死後，承襲父親官爵。孫權給呂霸守塚人口三百家，免收田賦的土地五十頃。優厚的待遇使東吳豪族將帥能夠厚養子弟兵。比如甘寧就「能厚養健兒，健兒亦樂為用命」。

　　東吳對將領的優厚待遇和對部屬的世襲規定，使東吳的軍事力量非常穩定。將領和士兵都是職業軍人，世代征戰，有利於戰鬥力的提升。

六 割據南國第一朝

世襲部屬制度在當時成了定製。呂蒙與成當、宋定、徐顧三名將領的駐地相鄰。三名將領死後，他們的子弟都很弱小。孫權就把三人的軍隊都劃歸呂蒙管轄。呂蒙堅持不接受，屢次上告孫權，說三將勤勞國事，子弟雖然小，但部屬不能廢。呂蒙堅持了三次，孫權才答應。

世襲部屬制度和將領的優厚待遇有助於國家創立時期的穩定和發展，但是國家穩定後卻也容易發展為派系之爭，發展為地方的惡性膨脹勢力。鄧艾曾經一針見血地指出：「孫權死後，東吳的大族勢力尾大不掉。東吳的名宗大族，都有自己的部曲。他們仗勢興兵，足以左右國家大政。」東吳後期中央和地方關係不順，將領大臣叛逃投降不斷，反映出厚植部屬策略的不盡如人意。但哪項政策能在開始時即考慮得十全十美呢？

可見，與曹魏富國強兵的政策和蜀漢的戰爭體制相對，東吳在內政上進行的是打擊山越、厚植部曲的策略，作為進行外交捭闔的基礎。

在穩定了長江防線，展開靈活外交和穩定內部後，孫權也適時開展對曹魏作戰。其中最成功的就是周魴斷髮誘擊曹休獲得大勝的戰例。

周魴是吳郡陽羨縣人，擔任鄱陽太守。那時候，東吳常有人投降曹魏。周魴在任上時，張嬰、王崇等將領就率部眾投降曹魏。然後周魴以轄區內山越民族中被曹魏所知曉的首領的名義向曹魏的大司馬、揚州牧曹休寫信歸降，營造出一派鄱陽降聲四起的氛圍。然後周魴再親自寫信引誘曹休。

周魴說孫權令自己擔任鄱陽這個山越大郡的太守，是為了監視自己的行蹤，要殺害自己。周魴哭訴說雖然官居太守，但經常遭到孫權的譴責，頭上始終懸著一把刀，所以希望曹休早發大軍，自己願做內應，共同滅掉東吳。他又告訴曹休說孫權重兵密布在邊境重鎮，後方空虛；鄱陽地區山越百姓生活艱難，都有意歸順，這些都是曹休進軍的有利條

件。周魴請求曹休賜予將軍、侯印各五十枚，郎將印一百枚，校尉、都尉印各兩百枚，以便自己事先獎勵招誘首領。周魴還囑咐曹休務必保守祕密，以免自己遭受誅滅三族的大禍。周魴派遣從小在家裡長大、親如兒子的董岑、邵南作為特使，還表示曹休如果不信，可以將董岑、邵南二人留一個人作為人質。

之後東吳朝野上下展開了對曹魏的欺騙行動。周魴剛向曹休獻密計的時候，孫權就頻繁派遣郎官奉詔到鄱陽責怪周魴。周魴在郡門口下跪斷髮。曹休聽說此消息後，就消除了對周魴的疑慮。

太和二年（西元二二八年），曹魏派遣賈逵督前將軍滿寵、東莞太守胡質等四軍，進攻東關；曹休出皖口；司馬懿從江陵進軍。其中曹休率步騎十萬，攜帶滿道的輜重，擺出一副滅人之國的架勢進入皖口。這一路是曹魏進攻東吳的主力。

孫權任命陸遜為大都督，迎擊曹休。陸遜截斷曹休退路，在石亭大敗曹休，一舉擊潰魏軍十萬兵馬。此戰血流成河。之前曹休曾上表請求深入江南，儘早接應周魴。曹魏朝廷命令賈逵東進與曹休合擊。賈逵認為曹休深入敵後必敗無疑，而東吳為了伏擊曹休，必定雲集於皖口截擊曹休的退路，在東關必定缺乏防備。於是賈逵督促諸將水陸並進，急行軍兩百里，抓獲吳兵，才得知曹休已經戰敗。諸將都不知道該怎麼辦，有人提議就地等待援軍。賈逵說：「曹休兵敗，被團團包圍。他是進不能戰，退不得回。現在我軍出其不意，急行軍還有望在東吳的包圍圈中打開一個口子，營救曹休的殘軍出來。」賈逵部繼續急行軍，到處設立旗鼓作為疑兵。東吳沒有預料到曹魏援軍的到來，紛紛敗退。賈逵得以占領要塞夾石，營救曹休殘餘部隊出來。但是曹休軍退還後，在石亭宿營。夜驚，殘餘有如驚弓之鳥，自亂陣腳，拋棄甲兵輜重敗逃。曹休上書謝罪，朝廷派遣屯騎校尉楊暨安慰他。曹休更加羞愧難當，加上背部

六　割據南國第一朝

舊傷發作，死在了軍中。周魴則因功被加封為裨將軍、關內侯。

　　石亭戰役是南北對峙時期的一次大規模軍事行動。東吳精心籌劃，取得了對曹魏作戰的重大勝利，大大緩解了與曹魏的對峙形勢。這次勝利更是東吳整肅內政、上下同心的結果。獨賴長江之險自不能讓南朝偷安，更需要內外協同、策略得當。偶爾的主動進攻也不錯。

金陵王氣黯然收

物極必反。孫權統治後期，東吳就走向了衰落。

孫權晚年好大喜功，而且君臣矛盾衝突不斷。比如，孫權計劃派遣偏師攻取夷洲及朱崖的時候，諮詢過陸遜。陸遜上疏說：「臣認為現在四海未定，應該愛惜民力。現在連年發兵，損失很大。陛下憂勞聖慮，廢寢忘食，現在要遠行夷洲定大事。但我反覆思考，看不到其中的利益。我們應該積蓄力量而後動。昔日長沙桓王（孫策）創立基業的時候，軍隊不到一旅，卻開闢了國家基業。陛下承運，拓定江表。臣認為治亂討逆，需要以軍隊為威；農桑衣食，都是百姓的本業。現在的干戈使百姓面有飢寒。我還是認為朝廷應該養育士民，寬其租賦，鼓舞士氣，那樣才能平定中原，統一天下。」但是孫權不聽。他晚年的行動往往得不償失。

東吳太元元年（西元二五一年），孫權得了風疾。當時太子孫亮剛剛九歲，孫權就選擇大將軍諸葛恪作為輔助幼主的主政大臣。朝廷召諸葛恪從武昌回建業的時候，與諸葛恪共同鎮守武昌的上大將軍呂岱告誡他說：「國事多難，您做每件事三思而行都不行，而是需要十思啊。」老成穩重、經驗豐富的呂岱看到了當時東吳內部矛盾重重的國情，提醒諸葛恪要謹慎行政，是完全正確和必要的。但是年輕浮躁、剛愎自用的諸葛恪難以理解，沒有聽從。

孫權死後，東吳以諸葛恪為首輔，主持軍國大事；中書令孫弘、太常滕胤、侍中孫峻、將軍呂據等協同輔政。孫權尚未入土，東吳就起了內訌。孫弘謀劃誅殺諸葛恪，結果被孫峻告發，反為諸葛恪誅殺。這是東吳內部派系林立的惡果。

六 割據南國第一朝

　　諸葛恪主政之初，聲望很高。但諸葛恪並沒有挖掘有利條件，整頓內部，而是更希望建功立業。輔政不久，諸葛恪就率軍到東興，重新修築孫權時所建的大堤，新築兩城，各留千人駐守。東吳深入東興威脅到了淮南地區的南北對峙格局。曹魏不久就命令大將胡遵、諸葛誕率眾七萬進攻東興；諸葛恪領兵四萬赴援。丁奉、呂據等將領奮力作戰，吳軍取得勝利，獲車馬牛騾驢各以千數，戰利品堆積如山。

　　諸葛恪凱旋後，更加驕傲輕敵。第二年春，諸葛恪又想出軍攻魏，遭到東吳大臣們的反對。諸葛恪不聽，固執地征發州郡二十萬軍隊，結果造成百姓騷動，大失人心。這是三國後期最大規模的軍事行動。諸葛恪進軍淮南，包圍新城，打算圍點打援。曹魏派司馬孚督諸軍二十萬前來，但是按兵固守。新城雖然城小兵寡，但極為堅固，吳兵困於堅城之下。當時正是盛夏，東吳士兵水土不服，死傷大半。曹魏乘機進兵。諸葛恪不得不下令班師，沿途東吳大軍或死於溝壑，或被曹魏俘獲，哀號遍野。

　　諸葛恪敗後，東吳無力再在淮南大舉興兵。直至吳亡，淮南戰場沉寂了下來。但是長江防線經此一折騰，也只能勉為支撐了。

　　大敗而回的諸葛恪依然晏然自若，對自己的錯誤毫無察覺，相反卻更加執法嚴峻。

　　孫峻假稱奉皇帝詔令，引誘諸葛恪入宮，將其擊殺，奪取大權。孫峻主政後，暴露出驕淫陰險的個性，殘害無辜，民怨沸騰。東吳政局更加動盪不安。孫峻最後暴疾而亡，其堂弟、偏將軍孫綝繼承他主政。驃騎將軍呂據不滿孫綝，與大司馬滕胤圖謀廢黜孫綝，失敗被殺。孫綝又鎮壓了堂弟孫憲和將軍王敦的政變。

　　孫亮十六歲親政後，不滿孫綝執政。他調集兵家子弟三千餘人，由將門子弟統帥，在皇宮內操練。孫綝膽顫心驚，開始稱疾不朝，安插四

個弟弟分領禁軍，加強對朝廷的控制。孫亮依靠親信和宦官圖謀政變，結果失敗，被孫綝廢為會稽王。

西元二五八年孫綝迎立琅邪王孫休為帝。孫綝一門五侯，掌握兵權，權傾朝野，成為東吳立國以來第一大權臣。孫休比孫亮有心計，對孫綝表面上迎合順從，暗地卻同親信張布等籌劃廢黜孫綝。在孫綝入朝的時候，孫休以宮殿的宿衛兵就輕易殺死了孫綝。

孫休在位時，減輕百姓田租和徭役，但還是難以消除國內根深蒂固的派系爭鬥，只重用自己的舊臣。西元二六四年，孫休死，年僅三十。孫休本指定幼子為新君，但大臣們傾向於迎立成年的宗室。結果烏程侯孫皓即位。

孫皓登基後做過一兩件為國為民的事，但馬上就暴露出驕暴淫奢的本性，大失人心。孫皓統治時期是東吳歷史上最為黑暗的時期。孫皓也被視為公認的暴君。孫皓這個人徵調繁苛，窮奢極淫，而且以殺人為愛好。

孫皓「登位以來，法禁轉苛，賦調益繁，中宮內豎，分布州郡，橫興事役，競造奸利，百姓……老弱飢寒，家戶菜色……人力不堪，家戶離散」。這樣的描寫是典型的亡國情形。孫皓讓宦官們遍布各州郡，考核選取官吏家的女子。二千石級別大臣家的女兒必須年年向朝廷登記，到十五六歲的時候由孫皓挑選。挑選不中的女兒才能出嫁。孫皓後宮有上千女子，還四處至民間選取。

孫皓每次和群臣宴會的時候，都要求參加的人大醉而回。他還專門設置了宴會上考察大臣過失的官吏，宴會結束後向自己報告宴會上各人的表現。孫皓厭惡別人看自己，大臣觀見的時候都不敢舉目看皇帝。孫皓對自己厭惡的人，大者加刑屠殺，小者定罪發配。宮人有不合自己意的，不是被孫皓屠殺就是流放，還有挖去眼睛的。

六 割據南國第一朝

　　孫皓任用的官員好多賢少。這還不算，孫皓還虐待賢才。湘東太守張詠沒繳納算緡，孫皓就派人去湘東將他斬首，還將張詠的腦袋傳到各郡給太守們看。會稽太守車浚為人廉潔，政績出眾，當時會稽郡大旱導致饑荒，車浚請求朝廷賑貸。孫皓認為車浚在為自己收買人心，就派人將車浚梟首。尚書熊睦曾經對孫皓有過旁敲側擊的勸諫。孫皓就以刀鐶撞殺他，熊睦的屍體身無完肌。

　　在孫皓的統治下，民不聊生，國家險象環生。全靠當時有陸抗、陸凱、陸胤、施績、范慎、丁奉、孟宗、丁固、樓玄、賀邵等文武大臣從政，國家還能支撐一時。而先人營建的長江防線依然生效，東吳反而成了三國中立國時間最長的國家。

　　在外交領域，孫皓在身邊宵小的鼓動下，數次騷擾西晉邊界，博取一時的小利。在策略上，求小利而迷失了大方向是大忌。孫皓就是缺乏策略思想的失敗的政治家。陸抗曾上疏勸孫皓：「現在國家不去富國強兵，從事農業畜牧業……而是窮兵黷武。數次行動費用數以萬計，士兵疲憊，敵人沒有衰落，而我國已經大為衰落了！這不是國家的良策。我們應該暫時停止小規模的騷擾，以便蓄養士民實力，等待北方出現情況再尋找破綻進軍。孫皓不敢殺害陸抗這樣的國家棟梁，但對他的話也充耳不聞。

　　孫皓鳳凰元年（西元二七二年），終於發生了西陵督軍步闡據城降晉的大事。西晉司馬炎非常重視從天而降的西陵和順流而下粉碎長江防線的巨大希望。國家再次統一的機會似乎在於此刻。西晉對步闡封侯加官，嚴令荊北晉軍南下接應步闡。

　　負責江陵防區的陸抗在第一時間就部署荊州各軍奔赴西陵，在荊西修築要塞，嚴加圍困西陵，同時對外抵禦南下的晉軍。陸抗日夜催促各軍修築工事，加緊圍困。諸將對陸抗說：「現在乘三軍的銳氣，猛攻步

闈，等西晉救兵到了，西陵城肯定早已經被攻占了。為什麼要採取圍困的策略、浪費民力、消耗士氣呢？」陸抗說：「西陵城地勢險要，城牆堅固，糧草充足。西陵城不是能迅速攻克的，荊北的西晉救兵必然在西陵失守前趕到。等晉兵到了，而我方沒有準備，就會表裡受敵，怎麼防禦呢？」

但是諸將一再要求進攻步闡。陸抗抵擋不住，為了服眾，只好允許發動一次攻擊，果然失利。陸抗的外圍工事剛修好，西晉的車騎將軍羊祜就到了。羊祜預料到東吳的阻援工事已經鞏固，難以短期突破，乾脆直接進軍江陵了。此舉意在圍魏救趙。東吳諸將認為應該從西陵撤軍，救援更重要的江陵。陸抗說：「江陵城池堅固兵力充足，沒有什麼可以憂患的。即使敵人占領了江陵，也肯定防守不了。那樣我們損失的還小。但如果西陵地區落入西晉手中，盤根錯節，加上南方少數民族都被擾動，這就是國家的大憂患啊。我都決定放棄救援江陵，對西陵志在必得了。更何況江陵牢固，難以撼動呢？」

於是陸抗親率三軍，利用新築的工事抗拒西晉荊州刺史楊肇的援軍。但將軍朱喬、都督俞贊卻在關鍵時刻投降楊肇。陸抗說：「俞贊是我軍中的舊吏，知道我方的虛實。我常常擔心少數民族部隊缺乏訓練，如果敵軍選擇少數民族防區為突破口，後果不利。」於是陸抗連夜撤換了少數民族軍隊，以經驗豐富的精兵強將代替。第二天，楊肇果然進攻原來少數民族的防線；陸抗命令猛烈還擊。矢石雨下，楊肇傷亡慘重。對峙無成，羊祜等部最終不得不撤軍。陸抗這才督軍攻陷了西陵城，誅殺步闡滿族。

司馬炎對沒有把握住這個寶貴的機會而懊惱不已，將羊祜、楊肇等貶官申斥。而陸抗的成功，只是收復了失地而已，而且還是西晉主動撤軍的結果。東吳雖勝，防守困境卻日深難返。只是由於司馬氏確定「先

蜀後吳」，而後又忙於新朝的制度構建，東吳才得以延續。

　　孫皓對此毫無察覺，依然是大修宮殿，沉湎淫樂。最典型的就是，有人詐稱讖文說，過兩年孫皓將「青蓋入洛陽」。孫皓滿心歡喜，認為自己入主中原已成定局。沒錯，孫皓入洛陽是肯定的了，不過是當作俘虜被押解到洛陽，而不是以天子的身分進入洛陽的。

　　咸寧五年（西元二七九年）十月，晉軍合兵二十萬，分六路攻吳，表面上主攻建業，實際上寄希望於王濬率領的益州水師，出三峽順流而下滅吳。

　　王濬順上游而下到達江陵的時候，杜預已經消滅了東吳的荊州軍隊。王濬水軍很快就逼近建業了。沿途東吳官員投降的居多。部分官員正面迎戰，怎奈國勢已衰，成了末世的殉葬者。兵臨城下，孫皓在建業附近拼湊了三萬部隊，命丞相張悌迎擊晉軍。張悌以殉道者的心情迎來了全軍覆滅、身死戰場的惡果。

　　西元二八〇年三月，王濬的八萬水軍布滿長江，旌旗遮天，鼓聲震天，直入石頭城。孫皓這時候認識到現實，把自己綁了，抬著棺材，到晉軍大營門口請降。王濬解掉孫皓的繩縛，燒掉棺材，收納東吳圖籍，接受孫皓的投降。孫皓進入洛陽，做了西晉的侯爵。

　　孫策於漢獻帝興平二年（西元一九五年）進入江東，到西元二八〇年他的堂孫孫皓投降，東吳立國八十五年。

七　首鼠兩端的遼東

　　公孫淵說：我很弱小，但我很溫柔，你們誰願意和我結盟啊？曹魏說：結什麼盟啊，直接來我公司當副董事長算了。東吳說：我和你結盟，我替你風險投資。於是公孫淵和孫權打得火熱。但是在要辦手續的那一刻，公孫淵猶豫了，退縮了，叛變了。

獨立寒秋忙飲馬

　　當長達四百多年的漢帝國開始呈現出國祚將盡之勢時，起於草芥的公孫家族割據遼東擁兵自重，稱王稱霸五十年。

　　公孫一族是漢人，在東漢初期進入東北南部遼東各地。話說遼東郡襄平縣有一個人叫公孫延，遭受當地官吏的刁難和迫害，不得不遷居偏遠的玄菟郡。公孫延逃難時候帶著自己的兒子公孫豹。這個公孫豹十六七歲的時候在太守衙門裡謀了一個小員工的工作。

　　當時的玄菟太守公孫琙有一個兒子也叫公孫豹，不幸早死。恰好公孫延的兒子公孫豹與太守夭折的兒子同歲，長得也挺像。公孫琙很自然地親情轉移，對自己衙門裡的這個公孫豹非常關照，進而喜愛，最後視同己出。他不僅送公孫豹去向名師學習，而且為他娶妻。最後公孫琙保舉公孫豹為本郡的「有道」（相當於後代進士之類的入仕資格），送往洛陽任職。

　　公孫豹先是被選為尚書郎，逐漸升遷為冀州刺史。其間公孫豹更名為公孫度。這位公孫度就是遼東公孫政權的開國君主。不料這時候，《三國志》裡突然加了一筆「以謠言免」。也就是說，公孫度被人打小報告、被人造謠誣衊，遭到了免職處分。

　　像公孫度這樣出身貧寒的官員，在極端重視出身的東漢官場，應該是沒有大前途的。他能做到刺史，已經算是不小的奇蹟了。公孫度被免職後，正想捲鋪蓋回遼東，誰料想突然迎來了自己的政治春天。同樣出身貧寒的董卓掌權了，提拔了一批官員替換原來的人馬。董卓的愛將、掌握軍隊的徐榮是公孫度的同鄉。徐榮他鄉遇同鄉，兩眼淚汪汪（當時在千里之外遇到同鄉比現在困難多了），就推薦公孫度擔任了遼東郡的太守。

　　回到家鄉的公孫度牢牢把握住機會，在遼東建立了基業。他的執政一是執法嚴苛，大開殺戒；二是四處征戰，拓土建制。

　　《三國志》載：公孫度出身太低，又做過小吏，所以遼東的氏族大家都看不起他。為了樹威立望，公孫度就尋找機會。剛好當時的代理襄平縣令公孫昭要徵召公孫度的兒子服役。公孫度就職後，以此為藉口，逮捕了公孫昭，將他在襄平街頭殘殺示眾。當地的豪強田韶等人依然不服。公孫度就一口氣將上百家世家望族都一一殺戮殆盡，震動遼東，建立了絕對的權威。

　　與此同時，公孫度幸運地取得了對外作戰的一系列勝利。向東，他戰勝了高句麗，向西驅逐了烏桓，在新占領地區設立郡縣。公孫度還利用發達的航海技術，派兵渡過渤海海峽，占領了青州的東萊等郡縣，設立所謂的「營州」，委任營州刺史駐守。

　　實力強大後，亂世中的軍閥總有非分之想。公孫度看到中原地區群雄割據，爭戰不斷；朝廷衰落，對遼東不聞不問，他就曾經對親信柳毅、陽儀等人說：「漢祚將絕，當與諸卿圖王耳。」這句話很值得思索。它表示公孫度對自己的實力還是有相當清醒的認識，他所謀取的只是「王」，對於率軍一統天下、南向稱帝是不敢奢求的。一方面，公孫度潛意識裡牢固地將遼東視為中國的組成部分；另一方面，公孫度對以遼東之力征服中原不抱幻想。

　　《魏書》可能出於醜化公孫度的目的，說公孫度自不量力，有當皇帝的野心。《魏書》記載，公孫度對柳毅、陽儀兩人說：「讖語說『孫登當為天子』。本太守姓公孫，有個孫字；字升濟，升就是登的意思。」（孫權剛好有個兒子叫孫登，很受孫權喜歡。讖語指的極可能是這個孫登。）裴松之將這段話附在了陳壽的記載後面，但不足信。

　　奇怪的是，襄平城適時出現了祥瑞。

七　首鼠兩端的遼東

《三國志》載：襄平的一個社區（延里社）出現了一塊長著三個小石頭的大石頭。就有人告訴公孫度說：「這是漢宣帝時期的冠石。出現祥瑞的地名與您的父親同名。這是天意啊，上天賜予您土地，將會有三公輔助您。」公孫度聽後很高興。

之後公孫度將遼東郡分為遼西、中遼、遼東三郡，置太守，在這之上設立平州（加上玄菟、樂浪兩郡，外加公孫氏新設的帶方郡，平州全盛時轄有六郡）。公孫度自立為遼東侯、平州牧。公孫度追封公孫延為建義侯，假稱皇命在襄平城南設立漢二祖廟和公孫家族宗廟，郊祀天地，稽查田地，整編軍隊。公孫度乘鸞路，戴九旒，旄頭羽騎，儼然皇家派頭。

曹操控制的朝廷忙於征戰，對公孫度採取順水推舟的態度，遙拜為武威將軍、永寧鄉侯了事。公孫度還很不高興，說：「我都已經是遼東王了，誰稀罕做什麼永寧鄉侯。」

建安九年（西元二〇四年），公孫度死，公孫康嗣位。身為第二代君主，令公孫康名垂青史的是他在曹操和袁氏殘餘的戰爭中運籌得當，維持了遼東政權的發展。

建安十二年，曹操追擊袁氏殘黨。袁熙與袁尚兩兄弟並烏桓殘餘投奔遼東。這向遼東提出了嚴峻的考驗。之前遼東政權一直沒有與中原割據勢力較量過。袁氏殘餘力量的到來，帶來了中原的血雨腥風。當時就有謀士向曹操建議，乘機以追擊二袁為名，派兵收拾了公孫康勢力。逃亡遼東的袁氏殘餘也不是什麼善輩。《典略》說外來的袁尚勢力試圖在公孫康會見時出其不意，孤注一擲擒殺公孫康，取而代之。袁熙等人對這個政變計畫還頗為贊同。

公孫康的選擇餘地很小，不是聯袁抗曹，就是聯曹滅袁。在曹操基本平定北方四州、袁氏兄弟逃亡遼東的情況下，大勢已經定了。聯袁抗

曹其實就是獨立抗曹。袁氏兄弟能夠提供的幫助僅僅是協助公孫康，糾集袁氏在北方的殘餘勢力和影響。而讓公孫康獨立對抗曹操，勝負非常明顯。因此，聯袁抗曹是公孫康所不願意的。那麼就只有聯曹滅袁一個選擇了。公孫康只要將逃亡到遼東的袁氏兄弟和烏桓的幾千人拿下，交給曹操就行了。但是聯曹也意味著獨立性的喪失。結果極可能是消滅了袁氏兄弟，又把曹操大軍引進來了。公孫康最怕自己獻出了袁氏兄弟的首級，而曹軍駐紮進來，用刀指著自己的頭了。獨立性是割據軍閥最切身的利益，因此聯曹抗袁的選擇看來也行不通。

最後的決策在很大程度上變成了視曹操的舉動而動的被動選擇。

如果曹操大兵壓境、討伐遼東，公孫度是橫豎都會喪失獨立性的，極可能背水一戰。傑出的策略家郭嘉看到了這一點，勸曹操說，大軍壓境反而可能促使遼東勢力與二袁殘部的會合，主動撤軍反而會使公孫康選擇成本最低的方法：殺袁示好。曹操力排眾議，將大軍從長城沿線南移，主動解除了對遼東的軍事壓力。這些訊息都被探馬匯報到了遼東。

現在，怎麼處理已到了家門口的袁氏殘餘和烏桓軍隊呢？於是典型的場景出現了。公孫康高高興興地接見袁氏兄弟。二袁興沖沖地來了。主人擲杯為號，預先埋伏的刀斧手齊出，摺倒二袁，砍下了血淋淋的頭。隨行的袁家勢力和烏桓軍隊被殺戮殆盡。一顆顆人頭被裝在籠子裡，快馬加鞭地送到鄴縣。

對於貿然投靠的喪家之犬，這樣的處理對雙方來說都是最精明的決策。袁氏勢力最終失敗在袁尚兄弟的莽撞上。曹操欣然接受公孫康送來的人頭，拜公孫康為左將軍、襄平侯。

公孫康在殺了二袁後也走完了人生旅途。他的兒子公孫晃與公孫淵年紀均小，他的弟弟公孫恭被部下擁立為遼東太守。魏文帝曹丕即位後，派人安撫公孫恭，拜他為車騎將軍、假節、平郭侯，追贈公孫康為大司馬。

七 首鼠兩端的遼東

　　身為第三代君主的公孫恭陰弱無能，《三國志》載「恭病陰消為閹人，劣弱不能治國」。魏明帝曹叡太和二年（西元二二八年），被侄子公孫淵篡位。公孫淵成了遼東政權的第四代君主。魏明帝順水推舟拜公孫淵為揚烈將軍、遼東太守。

　　讓我們透過歷史的塵埃，細看公孫氏遼東這個湮沒在歲月長河中的割據政權。首先，它是一個獨立的政治體。遼東地區與中原隔山阻海，僅有狹長的遼西走廊陸上相連，形勢相對獨立。「公孫恭時的遼東，與魏統治下的其他邊郡不同，仍是以外托服從之名，陰圖獨立之計的政治實體。」不僅是公孫恭時期，從公孫度到公孫淵的五十年裡，遼東都有獨立的政權、軍隊和政策方針。可能是因為歷時不長，加上未涉及中原政治，才長期不為人所關注。

　　其次，公孫氏政權保持了遼東地區的相對穩定，累積了相當的實力。這些成為政權能夠自立和參與政治角逐的基礎。東漢末年，中原戰亂不止，公孫氏採取積極招徠、安集流民的措施，使得大批中原人口北遷遼東。在這些流民中有農民，也有相當數量的文人傑士、賢達名流，如管寧、邴原、王烈、國淵等。這些人遷居遼東後，受到了公孫氏政權的禮遇。他們在遼東避難講學，從事私學教育，開創了東北私學的先河。例如，邴原在少年時候就和管寧一道以操行著稱，州府征辟他當官他都不去。黃巾之亂時，邴原帶領家屬渡海來到遼東。後來幾度想還鄉，渡海至三山（旅順附近之海中），聽到戰亂繼續，不得不再返回遼東。他在遼東居住了十餘年，講述禮樂，吟詠詩書，門徒數百，與漢末經學大師鄭玄齊名。又例如鄭玄的高足國淵，起初與管寧、邴原避居遼東，後來歸魏，最終遷任太僕卿，成為曹魏重臣。

　　從現代考古發現來看，在以遼東襄平為中心的公孫氏腹地，以及以大連為中心、由遼東越海通「東萊」諸縣的遼東南部，人文薈萃、經濟

繁榮，社會發展超過其他的邊疆地區。內容豐富、生動逼真的遼東漢墓壁畫藝術，真實展現了當時豐富多彩的社會文化生活。在遼陽發現的東漢末年古襄平漢代壁畫，都是用彩色直接繪於墓室壁上。畫面內容以表現墓主經歷和生活的題材為主，主要有《家居宴飲圖》、《車列出行圖》、《樓閣圖》、《庖廚圖》、《倉廩圖》、《雜技圖》等。其中《車列出行圖》場面宏大，共有人一百七十三名，馬一百二十七匹，車十輛，矛、戟、幢、蓋、旗幟等數目極多。整個儀仗行列整齊，武士先驅，文吏後擁，招搖過市，轟動一時。

玩轉三角終自毀

　　公孫度執掌遼東政權的時候，曾經有意進取中原、參與天下爭霸。曹操在世時，征伐四方，將空虛疲弱的黃河之北暴露給遼東政權。公孫度面對如此良機，心有所動。有一次他對諸將說：「聽說那曹操又遠征去了，鄴城沒有守備。現在我計劃以步兵三萬，騎兵萬匹直指鄴城。那時候誰能夠抵禦我呢？」諸將都拍手稱讚，認為這是個不錯的計畫。

　　公孫度又問涼茂：「你的意思如何呢？」涼茂是漢朝政府任命的樂浪太守，之前已經被朝廷徵召了多次，都被公孫度扣留。公孫度希望涼茂能為己所用。涼茂回答說：「海內大亂，社稷將傾，將軍擁十萬之眾，安坐而觀成敗，為人臣子的是這樣的嗎！曹公（指曹操，用詞可見涼茂的傾向）憂國家之危敗，愍百姓之苦毒，率領大軍為天下誅殺殘暴的奸賊，功高德廣，可謂是天下無雙啊。現在海內初步平定，百姓久亂後初步安定。朝廷還沒有責怪將軍的罪過呢，現在將軍卻想興兵西向。將軍自己好好想想吧！」公孫度和諸將聽到涼茂的話都受到極大震動。思索良久，公孫度只得說：「涼君言是也。」

　　涼茂以天下大義、朝廷安危來勸諫公孫度。公孫度肯定不是被一頓道德說教所說服的，他是綜合考慮了實力對比、時機變化而做出的選擇，最終按捺住了野心，專心經營遼東。身為開國君主的公孫度還是有自知之明的。

　　第四代君主公孫淵於西元二二八年即位。這一年相當不尋常：蜀國諸葛亮首次北伐，曹魏措手不及，一度喪失隴西；吳國計誘魏將曹休，名將陸遜在石亭設伏，大破魏軍（次年，孫權借此戰之威正式稱帝）。魏國接連失敗，威望下降，周邊各勢力心思開始活動。

　　歷經三朝後，公孫淵就不似公孫度那般自知自明了。祖父輩已經在盡可能大的土地上拓展了疆域，東方的三韓和北方少數民族與遼東達成了均勢。魏國和蜀吳聯盟形成了南北對峙。遼東脫身其外，可以扮演力量天平中的「關鍵少數」角色。前人累積的國力和南北對峙的僵局給公孫淵的野心以施展的空間。公孫淵於是試圖以外交爭鬥的形式謀取更多的利益。恰好堅實的航海基礎為遼東在南北雙方之間展開縱橫捭闔提供了可能。

　　這個「關鍵少數」的角色，既給了兩大勢力之外的遼東以可乘之機，也是對遼東外交技巧的極大的考驗。兩大勢力的外交競技就像是一個天平。當一方的力量稍遜於另一方的時候，天平就傾斜了，需要關鍵少數的平衡。但是關鍵少數何時上天平、上哪一方都是很講究的事情。如若不然，造成天平的傾斜倒塌，最終會破壞整個政治格局。

　　首先是何時上天平的問題。關鍵少數的份量在天平兩端接近平衡，或者開始不平衡的時候才能發揮最佳作用。只有在角力正酣的時候，兩大角色才需要關鍵少數的幫助。當天平完全失衡，處於劣勢的那一方雖然可能需要第三者的幫助，但是第三者的插足已經改變不了局勢了。這時候第三者必須做出最後的選擇，關鍵少數的角色至此終結。這裡就涉及上天平的哪一方的問題。如果不是與劣勢方有著特殊的感情或者利益關係，第三者一般會選擇向優勢方靠攏。尤其是當優勢方掌握完全優勢的時候，弱小的第三方就應該毫不猶豫地站在優勢方一邊。從本質上說，關鍵少數的作用是暫時的。它不能作為一個長期的策略。

　　公孫淵的失敗，就在於他將發揮關鍵少數的作用視作根本性外交策略，玩火自焚。

　　公孫淵在曹魏和東吳之間漁翁得利，形成了一個微妙脆弱的外交三角。恰好東吳孫權一直也有聯絡曹魏敵人、對北方形成策略威脅的意

七　首鼠兩端的遼東

圖，很早就與遼東政權展開了祕密外交。公孫淵日後在給曹魏的上疏中提到：「臣父康，昔殺權使，結為讎隙。」可見早在公孫康時期，孫權就對遼東進行了外交試探。公孫康出於種種考慮，沒有接受孫權的「好意」，而是殺了東吳的來使向曹魏表達忠心。

在東吳外交一章中，我們提到公孫淵奪取叔父公孫恭位置的時候可能有東吳在幕後操作。公孫淵即位第二年，就接見了孫吳使臣：張剛、管篤《孫權傳》載：「五月，使校尉張剛、管篤之遼東。」《公孫淵傳》載：「淵遣使南通孫權，往來賂遺。」也就是說在公孫淵即位之初，遼東和東吳之間就展開了頻繁的外交接觸。公孫淵的目的是在兩大勢力的縫隙間縱橫捭闔，謀取經濟和政治利益。

東吳船隊在魏國沿海的長途航行，自然躲不開魏國的眼睛。曹魏從一開始就知道東吳和遼東的祕密往來。曹魏自然不願意看到遼東反叛、脫離自己，所以魏吳雙方都展開了爭取公孫淵的工作。魏國當時的主要精力放在南方前線，集中在祁山和淮南戰場，同時期的國家策略主要是恢復國內建設，所以沒有調動精力和國力去處理遼東事務（這和東吳恰恰相反）。魏國所做的主要是透過為遼東公孫家族加官晉爵，拉攏遼東。可是對於一心要稱王稱霸的公孫淵來說，魏國賞賜的官爵早已滿足不了他的野心了。然而遼東也一直沒有展開對魏國北方邊界的騷擾行動，更沒有公開對魏國北方州縣官員說不。這可能是因為曹魏在北部邊境地區的軍事力量依然超過遼東，公孫淵在實力對比面前不敢輕舉妄動。

公孫淵的策略是待在曹孫之間。策略開始執行的時候，取得了不錯的成績。表面上看起來遼東的外交局面大開，南北往來不斷，不僅曹魏的官爵和賞賜不斷，而且東吳也不斷送來承諾和物資。公孫淵似乎覺得這樣的外交策略可以上升為國家策略，因此玩得越來越大。在與東吳的親密接觸中，公孫淵滿口答應東吳的外交要求，互通來使。他在這條路

上走得很遠，直到最後接受孫權封賞，向東吳稱臣。

吳嘉禾元年（西元二三二年），公孫淵向孫權上表稱臣，還派了代表舒綻來到孫權的都城建業；又派遣校尉宿舒、郎中令孫綜稱藩孫權，並獻貂皮馬匹等貢品。嘉禾二年三月，喜出望外的孫權派遣張彌（太常）、許晏（執金吾），將軍賀達、虞咨，中郎將萬泰，校尉裴潛等人率領大軍萬人護送宿舒、孫綜回遼東，同時攜帶金寶珍貨，九錫齊備賞賜公孫淵。封公孫淵為燕王，封地為幽、青二州十七郡、七十縣。

六月，東吳艦隊順利抵達遼東沓津（今旅順口），張彌許晏與萬泰、裴潛率吏兵四百餘人，賚文書命服什物，來到襄平。賀達、虞咨率領餘眾在船所。志大才疏的公孫淵這時又認為吳國相距遙遠難以依靠，覺得不能公開投靠東吳，但是又捨不得東吳艦隊攜帶的錢財貨物。

張彌等人見公孫淵遲遲不接受孫權的封號，這才起了疑心，可是為時已晚。遼東兵捉拿了張彌、許晏等人，將其斬首。剩下的吏從兵眾，都被徙充邊城。隨後，公孫淵派遣部將韓起等人率領三軍，急行軍趕至沓津，奪取財物。

遼東長史柳遠假惺惺地擺出賓主的禮儀，表面上要招待賀達、虞咨，又趕著馬匹帶上貨物，裝出一副和東吳貿易的樣子，其實遼東軍早就埋伏在周圍，就等著東吳人下船送死。賀達、虞咨不知從何處看出形勢不對，本人並未下船，而是命令五六百人下船，去進行貿易。東吳軍一到岸上，只聽金鼓大震，鋒矢亂發，毫無防備的東吳軍全軍覆滅，三百餘人被斬首，受傷落水的達到兩百餘人，其餘的人只得歸降，剩下少數或散走山谷，或藏竄飢餓而死。經此一戰，東吳到達遼東的士兵及帶來的金銀財寶全部被公孫淵奪走。

公孫淵事後將張彌、許晏等人的首級傳送至洛陽，悉沒東吳兵資珍寶。在上疏中，公孫淵將整件事情描述成：「臣前遣校尉宿舒、郎中令孫

七 首鼠兩端的遼東

綜，甘言厚禮，以誘吳賊。」也就是說，遼東對東吳展開了外交誘惑，成功將孫權引入圈套。公孫淵自稱為曹魏立了一大功。當年冬十二月，魏國拜公孫淵為大司馬，封樂浪公。曹魏原本對遼東和東吳的這一次大規模接觸是極為緊張的，結果卻是出其不意的好。

在東吳內部，遠封遼東的決策原本就是孫權一人在堅持，遭到了朝臣的普遍反對。重臣張昭反對之激烈，甚至到了不惜與孫權決裂的程度。張昭拒絕上朝。孫權派人將張家的大門用土封起來，意思是讓你張昭永遠就別上朝了。張昭自己在門裡面又加了一層土牆，表達自己反抗的決心。

當公孫淵吞滅使團的消息傳到孫權耳中時，孫權才明白自己做了件什麼樣的蠢事。孫權大怒說：「我都六十歲了，什麼風浪沒經歷過。想不到現在被公孫淵這隻小老鼠給騙了，我嚥不下這口氣。我不把公孫淵的老鼠腦袋扭下來拋到海裡去，就沒有臉再坐在現在的位置上了。即使萬里顛沛遠征，我也在所不惜。」怒火衝天的孫權要親自率領艦隊討伐公孫淵。但在陸遜、薛綜等人的勸說下，孫權冷靜下來，打消了遠征遼東的念頭。之後，他親自駕車去張家迎接張昭出門上朝。

在魏、吳、遼三角外交格局中，扮演關鍵少數的遼東必須具有高超的演技，既要保持力量平衡，又不能打破脆弱的力量平衡。稍有不慎，力量的天平就會被打破。而力量天平打破後，最弱一方就難以繼續左右逢源了。簡單地說，遼東既可能是最大的受益者，也可能是最大的受害者。公孫淵對東吳的背信棄義，最消極的影響是信譽全失，失去了繼續扮演第三方力量的道德基礎。《魏名臣奏》記載了中領軍夏侯獻的上表，其中描敘遼東的處境道：「今外失吳援，內有胡寇，心知國家能從陸道，勢不得不懷惶懼之心。因斯之時，宜遣使示以禍福。」也就是說現在遼東已經完全失去了東吳的援助，而曹魏又可以從陸路對遼東形成軍事威

脅，公孫淵的處境已經很危險了。

　　還有一個難以忽視的背景是：曹魏經過半個世紀的經濟恢復和發展，已經取得了對蜀漢和東吳力量的優勢。力量的天平已經失衡。曹魏的力量已經強大到不再需要遼東的協助，就足以對付南方蜀吳的程度了。而且隨著西元二三四年諸葛亮病逝於五丈原，同年孫權三路大軍攻魏無功而返，西元二三五年鮮卑首領軻比能遇刺身亡，鮮卑各部分崩離析，魏國的策略環境大為好轉。在這樣的國際形勢下，公孫淵仍然要小聰明，不及時「站好隊」，注定是沒有好果子吃的。

　　果真如夏侯獻所言，曹魏不久就向遼東攤牌了，逼公孫淵站隊。景初元年（西元二三七年），曹魏派遣幽州刺史毋丘儉，兵臨城下，宣詔公孫淵去洛陽上朝。公孫淵心中有鬼，只得翻臉迎戰。公孫淵與毋丘儉會戰於遼隧（遼寧海城西）。魏軍作戰不利而敗退。隨即，公孫淵在遼東自立為燕王，設置百官衙署，改元紹漢元年；又遣使招降鮮卑，並時常派兵出沒於曹魏的北方進行騷擾。

　　這一次，公孫淵真心遣使向東吳孫權謝罪，接受燕王的封爵，請求吳國援兵。孫權舊恨未了，想殺戮燕使。大臣羊衜勸諫道：「不可。我們不如厚待遼東，派遣奇兵出擊曹魏。如果魏國討伐失敗，而我軍遠赴，義蓋萬里，有恩於遼東；如果遼東失敗，而曹魏也遭受了我們的首尾夾擊。這對我們來說，都是出小力收大成的好事。」孫權聞言，也想在曹魏和遼東之間扮演第三者角色，就向遼東使者開了空頭支票，答應出兵支援，讓遼東堅守抗魏。

　　第二年，魏明帝加派司馬懿增帶大軍四萬討伐遼東。公孫淵派將軍卑衍與楊祚領步騎數萬守住遼隧。司馬懿佯攻遼隧，暗地出奇兵襲擊了遼東首府襄平。公孫淵恐襄平有失，急命卑衍、楊祚等回師襄平。兩軍在首山展開決戰。遼東軍隊主力被殲。天不佑公孫家族。時值酷暑，陰

七　首鼠兩端的遼東

雨連綿月餘，太子河水暴漲，魏軍乘船抵於城下，晝夜強攻。公孫淵與全城軍民被圍到八月，糧食吃光，將軍楊祚只能開城投降。公孫淵與兒子公孫修帶數百騎突圍，向東南方向逃竄，被魏軍追擊，斬殺於太子河邊。司馬懿入城，殺死燕王府中公卿百官千餘人。從此，遼東、帶方、樂浪、玄菟四郡皆為曹魏所有。

這裡還有個小插曲。公孫淵有個哥哥叫公孫晃，當年被父親公孫恭送到洛陽當人質。當初他聽到弟弟奪取了叔父的地位時，就意識到公孫淵終不可保，於是向曹魏上書要求討伐弟弟。當時的曹魏朝廷無暇顧及遼東的事，就用承認遼東現狀的方法加以安撫。後來公孫淵叛亂後，朝廷依法逮捕了公孫晃。公孫晃在獄中知道公孫淵被破後就是自己的死期，與兒子相對啼哭。魏明帝有意赦免公孫晃，但是朝臣認為依律當斬。公孫家族因此被族誅。

無獨有偶，在與公孫家族的遼東成地理對角線的交州南部地區（現在的廣西南部和越南北部），在三國時期，也存在一個由家族把持的地方政權。我們權且稱它為交趾政權。交趾政權的經歷與遼東政權相似，但結局卻相反。

政權的建立者叫士燮，交州蒼梧郡廣信人。士家從西漢末年起就避亂交州，至士燮已傳七世。父親士賜擔任日南太守。士燮從小就遊學京師，逐步升遷至交趾太守，拓地守土四十多年。其兄弟分別擔任南海、日南、九真等郡太守，士家子弟遍布南方州縣。

史載：士燮兄弟並列交州南部郡縣要職，天高皇帝遠，出入的時候威儀顯赫。同時因為交州沒有受到漢末戰亂的破壞，又接受了北方逃難的人口和財富，富庶一方。士家在交州的顯赫和權勢並不亞於遼東的公孫家族。

在交州的西北方向是荊州勢力，東北方向是江東孫權勢力，再加上

曹操控制的東漢朝廷，三方都想控制交州。東漢朝廷派遣張津為交州刺史。張津辦事不力，最後在內訌中被部將區景殺害。荊州牧劉表乘機派遣零陵人賴恭為交州刺使，吳巨為蒼梧太守。曹操聽說張津死後，就扶持當地豪強士燮為綏南中郎將，董督七郡，領交趾太守，與劉表抗爭。士燮曾經派遣張旻向京都納貢。這在天下喪亂、道路斷絕的背景下，給足了朝廷面子。朝廷特地下詔拜士燮為安遠將軍，封龍度亭侯。士燮在曹操和劉表之間也採取了關鍵少數的策略，得以與荊州勢力保持僵持局面，南北分治交州。後來吳巨與賴恭內訌，賴恭兵敗逃回零陵。建安十五年（西元二一○年），孫權派遣步騭為交州刺史。面對志在必得的強大東吳勢力，士燮知道難以抗拒，主動率家族歸順，接受步騭的節度。黃武五年（西元二二六年），士燮得以壽終，享年九十歲。同樣是不為人知的地方割據勢力，士燮家族的成功就在於明時勢。保持頭腦清醒對身在外交棋局中的行為者是難能可貴的特質。

　　從公孫度中平六年占據遼東開始，至公孫淵祖孫三代四世君主，公孫家族建立的遼東政權立國半個多世紀。遼東政權成了三國外交中不可忽視的重要角色。

海東莫可與相較

遼東政權參與中原外交固然是一大看點，它對北方少數民族事務的開墾也是三國外交的重要組成部分。

從漢代起，遼東樂浪等郡就以中原王朝代表的身分，處理東北和朝鮮半島各國的朝貢獻納事務。各國使者除非有特殊身分與情況，不必跋涉千山萬水到當時的國都長安、洛陽，直接在此就能完成外交交涉。邊郡具有外交功能，這是中國古代外交的一大特點之一。

東漢末年，「公孫氏對中央朝廷桀驁不馴，而對海東諸小國，更儼然以中國代理人的身分出現……公孫氏掌權，則乾脆斷絕了東夷各國與中原朝廷往來的道路，完全將各國使者留在領內進行朝貢，從而實際上將自己置於宗主國的地位。各國不明就裡，依舊封貢不斷。」

對於遼東政權來說，與周邊少數民族的交流可以說是其外交的主要內容。吳國是可利用的海上鄰國，魏國是名義上的朝廷，而周邊少數民族卻是陸上諸鄰，既是征戰的對象，又是潛在的盟友。與周邊少數民族的關係處理得當與否，在相當程度上決定了遼東政權能否順利發展。對周邊少數民族采取羈縻統治，並阻礙周邊出現威脅自身的強大勢力，是遼東政權外交的重要任務。

東漢時期，東北和朝鮮各民族與遼東地區衝突不斷。漢朝末期的時候，情況出現了變化。東北的鮮卑、烏桓等少數民族紛紛南下參與華北的戰爭，北方的高句麗開始強盛，構成對遼東邊郡的威脅；而朝鮮半島各部落和政權則專心於自身的民族建設和社會發展。國家的變亂和衰落使遼東各郡將主要精力放在對付高句麗和遼西遊牧民族上，對三韓採取緩和放任的政策。

公孫家族的對周邊少數民族的策略重點是對東北征戰，對朝鮮交涉，力圖建立在本地區的絕對權威，讓少數民族為己所用。遼東政權在東北方向受到了高句麗、烏桓、鮮卑各族的頑強抵抗。後來，公孫康成功誘殺了烏桓首領，趁高句麗內訌時出軍進攻，對高句麗的戰爭取得了勝利，攻占了高句麗首都，焚燒大批居民點，收降大批部眾，迫使高句麗遷都躲避。同時向三韓索取流民和領土，不惜發動戰爭迫使朝鮮半島各國重新歸屬遼東各郡。

遼東政權從實際情況出發，繼承了東漢的策略，不僅恢復了東漢在東北和朝鮮地區的外交格局，而且取得了開拓性的成就。經過幾代人的軟硬兼施、文武並濟，遼東政權最終在本地區建立了最高權威，實現了外交目的史載：「當是時，句麗震慴，夫餘親附，倭韓敬服，海東莫可與相較者，咸伏首鞠躬至闕下。」

隨著疆域的開拓，遼東政權將原來的遼東郡分置為遼東、遼中、遼西三郡，以後又領有玄菟、樂浪二郡。到公孫康時，其勢力又伸張到朝鮮半島南部，設立帶方郡，地域較東漢時的遼東地區拓廣了許多。

帶方郡的設置對中外關係產生了深遠影響。公孫康設立的帶方郡轄有原樂浪郡所領的帶方、長岑、提奚、含資、海冥、南新等縣，相當於現在朝鮮和韓國的黃海道、京畿道以及江原道的部分地區。魏滅公孫氏政權以後，帶方郡仍沿舊制，直到西晉未改。在公孫氏和曹魏時，帶方太守掌外人朝獻之事，監督朝鮮半島各國情況；同時帶方還是重要的外交樞紐，不僅可以通往三韓各地，還從帶方經三韓開闢了通往日本列島的交通網。南方的倭韓各國至少在名義上歸順了帶方郡。帶方郡成了中國對東方重要的外交據點。

公孫康在軍事上取得成功之後，就開始拉攏分化韓人。一批朝鮮部落和邦國與遼東政權保持著良好關係。百濟是與遼東政權走得最近的三

七 首鼠兩端的遼東

韓部落。公孫康將宗女嫁給了百濟國君，並支持百濟國修築城柵，擴張勢力。百濟的擴張引起了其他部落的不滿。遼東對朝鮮半島的分化政策是傳統羈縻策略的組成部分，也促進了朝鮮半島朝「三國時代」發展。

在公孫家族統治遼東的半個世紀裡，遼東政權與倭韓各國關係友好遼東政權與日本的關係缺乏直接的史料。但是研究顯示，遼東政權覆滅後公孫家族的血脈傳人可能向南逃難，一部分進入了三韓，另一部分輾轉進入日本列島。

日本的一些姓氏可能來源於公孫家族，例如，日本《新撰姓氏錄》上便有如下數條：「常世連 —— 燕國王公孫淵之後 —— 左京諸蕃上；常世連 —— 燕國王公孫淵之後 —— 右京諸蕃上；常世連 —— 燕國公孫淵之後 —— 河內國諸蕃。」「常世國」是日本古代傳說中位於中國的一座仙山。「常世連」部的存在似乎可以證明部分日本人係公孫淵之後。當然了，也可能是當時部分日本人以公孫家族後裔自居，以提高身價。即便是後一種可能，這也至少證明了公孫家族的遼東政權與古代日本交流歷史的存在。在公孫家族覆滅之後，遼東政權在日本的餘威依然存在，以至於部分日本人仍然以身為公孫家族的後裔而自豪。

在中國古代外交中，邊疆割據政權和邊郡具有外交功能。在亂世中，這些割據政權的外交開拓功績可能高於前代。但是這部分史實沒有引起人們的關注。公孫氏的遼東政權可以為我們提供一個分析的案例。

遼河流域是農業文明早發地區，中原文化進入較早。燕國即統治遼河；秦朝立國，設立遼東郡為正式行政區。數百年來，遼東郡是中原文化深入東北亞的橋頭、各政權交流的平臺和文明的燈塔。公孫政權在漢末紛爭中，維護並相當程度上擴大了這個作用，強化了中原文化在東北亞的份量。可惜的是，曹魏攻占遼東的戰役，傷害了當地中原文化的元氣。

司馬懿攻占襄平以後，野蠻屠殺公孫淵政權的官吏，並且殃及普通官兵、百姓。城池遭到血洗，遼東地區的社會經濟受到嚴重破壞。另一邊，東吳大帝孫權坐視公孫淵滅亡，派兵趁火打劫。吳軍在遼東半島的汶縣、沓津一帶登陸，和魏軍展開了激烈的爭奪戰，同時擄掠男女人口搶運回國。旅大地區受災尤其嚴重，百姓流亡他鄉，滿目淒涼。（事後，曹魏遷徙旅大居民至山東半島安置，設置了「新汶縣」。）

隨著公孫政權的滅亡、遼東地區戰亂的結束，曹魏政權並沒有建設遼東地區，僅僅將其當作可有可無的遙遠行政區。中央王朝關心的是該地區不能再出現類似公孫政權的割據勢力，放棄了有力的開發和建設。公孫政權是遼東地區發展的一個小高潮。之後，遼東經濟日趨衰落，其東北亞經濟文化中心的地位也逐漸喪失，外交功能隨之失效。高句麗政權逐漸興起，最終占據了朝鮮半島，得以與遼東的中原文化分庭抗禮。

公孫政權覆滅、遼東局勢惡化，與隋唐時期中國征討高麗的關係；遼東中原文化退潮，與東北少數民族的崛起，少數民族政權（遼、金、清）對中原王朝侵擾壓迫的關係，值得額外思考。

八　三國外交策略篇

三國是個謀士輩出的時代，但並不是所有的名人都是策略家。策略是根本性的、長期性的國家策略；要當策略家，不僅要有戰術家的素養，更要明瞭局勢，目光長遠，頭腦冷靜，善於歸納總結。三國戰略家為我們營造了一個由現實主義主導、重實踐輕闡述的策略時代。

三國亂世，各方人物你方唱罷我登場。從袁紹、曹操、劉表、劉焉、公孫瓚、呂布、袁術、孫策、張繡、張魯等人群雄割據，再到曹魏、蜀漢、東吳的三國鼎立，最後到西晉統一天下，策略百出，或多或少地閃耀著智慧的光芒。曹魏的「富國強兵」策略、蜀漢的「舉國進攻」策略、東吳的「據江自守」策略和遼東的「關鍵少數」策略都顯露著清晰的印記。

曹操、諸葛亮、魯肅、沮授等人都是傑出的策略家。還有些人物一戰成名，留名青史，卻稱不上是策略家，只能算是傑出的戰術專家。因為策略是長期性的、基礎性的國家方略，要求操作者對天下形勢、國內政治和戰術技巧有清晰準確的把握。這也是策略與戰術的區別所在。本書前面章節的多數內容涉及國家策略，詳細闡述了各方的國家策略內容和在重大事件中的策略決策過程，本章再以專題的形式做一下補充。

綜合國力競爭論

國家間的競爭本質上是實力的競爭。這裡的國家實力包括政治、經濟和軍事等要素，其中最重要的是經濟實力。在古代，經濟發展程度決定了軍隊的規模和戰鬥力，關係到政權的穩固。這是「綜合國力競爭論」的主要觀點。

曹魏是「綜合國力競爭論」的發源地和堅定執行者。這一理論重視綜合國力在國家競爭中的基礎性作用，主張「先富後動」。該理論在魏國最為盛行。許昌屯田，淮河軍屯，招募流民，注重翻車、提花機等手工業改良等都是該理論的體現。

當然，蜀漢、東吳及其他勢力也多少信奉這一理論。比如沮授、田豐等人在官渡之戰的時候向袁紹進言，主張打一場持久消耗戰，憑藉當時河北相對強大的綜合國力拖垮曹操勢力。蜀漢平定南中、屯墾漢中等也都是想建設國家，聚集實力。但是怎奈蜀漢實在國小民寡，短期內國力難以提升，而且最終的提升幅度也非常有限。為了支撐連年的北伐，諸葛亮主導建立了國家的戰爭體制，就是想盡量集中微弱的國力辦大事；與曹魏的抑制大族不同，東吳王室起於貧寒，採取了扶持部曲貴族的策略，授予軍隊民戶，建立堅固的政權基礎；大力討伐山越地區，獲取軍隊和編戶，推廣農業經濟，為江南的長足發展奠定基礎。東吳時期，江南地區由之前的卑溼貧地逐漸開始變成富足樂土。這些都是東吳重視綜合國力建設的表現。

其實任何國家的統治者都清楚國力大小關係著國家的榮辱興衰。北方遭受戰亂和爭霸圖強之心促使曹魏異常注重國力積蓄。

年號景初中期，曹叡對外屢次發起征役，對內大造宮室，加上當時

糧食收成又不好，民怨很大。蔣濟上書說：「陛下應當恢復之前富國強兵的政策。現在還不是您高枕無憂治理國家的時候。現在曹魏雖然占有十二個州，但居民總數只不過相當於漢朝盛世時的一個大郡。蜀漢東吳二賊還未誅滅。士兵們在邊陲辛苦耕戰；宗廟宮室等制度也都在草創時期。當今國家的當務之急是停止對百姓的損耗，讓百姓有農隙休養，專心農業。建立偉大功業的國君都是體恤民力、量民力而行的。」儘管蔣濟的諫言並未被曹叡採納，但這段話和已經出現過的許多言論一樣，顯示曹魏的主流治國思想是重視農業、體恤農民，力求恢復和發展經濟，目的是消滅蜀漢和東吳，統一國家。

曹叡非常器重鎮北將軍呂昭，計劃提拔他兼任冀州牧。杜恕反對這任命。他的上書中突顯了另一則資訊：「帝王之道在於安民；安民的方法在於積蓄財富；積蓄財富，關鍵是要務本節用。農桑之民就是國家的根本。現在大魏擁有十州之地，但是繼承的是大亂之後的基礎。國家的戶口還不到往昔的一州數量，同時吳蜀兩國僭逆作亂，北方少數民族也沒有完全臣服現在荊、揚、青、徐、幽、并、雍、涼各邊疆州都駐紮大軍。他們依賴國家府庫的充實來威懾四夷。實際上能夠安心建設的就是兗、豫、司、冀四州而已。」

接著，杜恕明確說明反對呂昭出任冀州牧的理由：「如果州郡地方官同時帶兵，就會專心於追逐軍功，不會勤於民事，應該把將領和地方守官分開，以便各盡其職。現在陛下將冀州牧的官職用來賜予呂昭。冀州的戶口最多，田地大多已經墾闢，是國家府庫積蓄的重要來源，不應該再讓地方官兼任兵事，如果陛下覺得北方應該加強鎮守，可以專門設置大將來鎮守安撫。」杜恕覺得呂昭這個人並不是全才，對地方行政事務並不熟悉。曹叡此舉有「以人擇官」而不是「為官擇人」的嫌疑。

「天下就像人的軀體，腹心充實了，四肢即使生了病，最終也沒有什

麼大患。現在的兗、豫、司、冀就是天下的腹心。」因此杜恕認為這四州的地方牧守，要專門處理農桑本業，以承擔四肢的重量。即使皇帝有親貴顯要的人需要提拔，也不能動搖這個原則。

杜恕的奏摺更加具體地指出了曹魏富國強兵的做法。他指出專心於農桑是地方官員的職責，其他事情不能淡化這一使命。他反對讓呂昭兼任地方州牧，是認為呂昭缺乏地方行政能力，不能勸農興農。可見當時，一位官員在農事方面的能力，已經成了綜合考察這個人的重要標準。

羊祜在荊州主持滅吳大事的時候，針對東吳的長江防線，指出國家實力才是最終勝利的保障，自然障礙和人工軍事都是次要的。事實證明，缺乏強大的國力和穩定的後方，再堅固的防線也抵禦不了敵人的進攻。

羊祜在荊州任職期間，表面上無所作用，與尋常守將無異。實際上，他奠定了西晉滅吳的重要基礎。羊祜在任上大舉屯田，使軍糧供應日趨豐足例如，他占領離襄陽七百餘里的石城後，分一半的衛戍和巡邏的軍隊開墾田地八百餘頃，大獲其利。羊祜剛到任上的時候，軍中餘糧不足百日之用，到第四年的時候軍中的餘糧足夠支撐全軍十年使用了。

與羊祜隔著防線相互對峙的陸抗也一心積蓄東吳的國力，希望東吳不在南北的國力競爭中失敗。無奈的是，東吳還是遠遠落在了國力競爭的後頭。陸抗在給孫皓的遺書中說：「臣所駐守的地區，四處受敵，要外禦強敵，內懷百蠻，耗費軍事物資難以計數。現在東吳弊政日久，恐怕難以應付變故了。」陸抗在遺書中建議加強督導各位諸侯王，節約兵馬，防備緊要事務；約束黃門豎宦；朝廷精簡節約，將物資用在疆場緊要的地方。這條條建議都是衝著保存和壯大國家實力而去的，可惜都是節流之策。

陸抗相信，如果他的部屬能有八萬人滿額，保障充足，賞罰分明，

即使韓信、白起再生也不能在荊州有所施展。遺憾的是，孫皓既沒有重視荊州西部，給予充分的保障，也沒有改革弊政，保存國力。東吳不久就滅亡了。

經濟關係政治結果，有人據此提出了「經濟制衡論」來分析三國形勢這種觀點，認為三國的對峙和統一都反映了三大區域的經濟均勢。三國早期，北方殘破，因此在南北對峙中處於被動局面；後來北方經濟恢復，超越了南方，因此曹魏至西晉吞併了南方。這種觀點有合理的一面，但把歷史簡化了。經濟制衡論忽視了外交的作用。

西元二○八年赤壁鏖戰時，北方殘破，但相對於立國不久、內憂外患的東吳和寄人籬下、只有尺寸之地的劉備陣營，曹操陣營擁有絕對的經濟優勢。曹操的一系列戰術決策的失誤，產生了策略層次的消極影響。劉備和東吳陣營的成功外交，不僅抵消了經濟實力上的劣勢，還取得了決戰勝利。同樣，赤壁之戰以後的蜀漢，經濟遠遜於曹魏和東吳，稱不上是經濟三極中的一極。它之所以能鼎立三國，除了天生的地理優勢，也得益於靈活、積極的外交。其實，東吳的經濟也不足以與曹魏對峙，但它主動出擊，彌補了經濟不足。所以，經濟是基礎，是最重要的實力因素，但不是絕對的。不能迷信經濟實力，如果缺乏外交等其他因素配合，「實力」轉化不成相等的「權力」。

最後，附帶在綜合國力競爭論後面，筆者想提一下均勢外交理論。蜀漢和東吳的聯盟、孫權和公孫淵兩人的外交實踐是均勢外交理論的典型，體現三國均勢外交的主要思想是弱者聯合對付強者，形成均勢局面。蜀漢與東吳相對弱小，於是相互盟好共同對付曹魏，形成了南北對峙的局面；海邊三國（魏、吳、遼）中曹魏最強，因此東吳和遼東就聯合起來對付曹魏。三國大地上覆蓋著兩個大三角圈，再輔以外交和謀略，最終形成複雜的外交約束網絡。

三國地緣政治論

袁紹與曹操兩人在剛開始起兵的時候，有過這樣一次對話。

袁紹問曹操：「如果討伐董卓不成，什麼可以作為我們的依靠啊？」

曹操反問：「足下以為如何？」

袁紹說：「我要南據黃河，北阻燕代，兼併北方戎狄少數民族，再南向爭奪天下。這樣可以成功了吧？」

曹操則說：「我要任用全天下的人才，用道德爭奪天下，那樣就無所不行了。如果只是用險固作為資本，就不能隨著情況變化而變化了。」

曹操的話固然有道理，但是袁紹的計畫體現出了古代歷史上重要的外交理論。袁紹的策略是：據守河北，再爭天下。河北有兩大優勢：一是地處北方，占領它就可以北擁長城，無後顧之憂，南臨黃河，有天險可以憑藉，進可攻，退可守；二是河北地區經濟發展程度高，基礎好，人口多，可以為天下爭霸提供物質基礎。

可見，袁紹主要是從地理因素上考慮的。地理因素在古今政治、軍事爭鬥中起著重要作用。在冷兵器時代，地理因素的作用更加突出。古代中國圍繞地理與政治的關係，有著豐富的實踐和思想累積。套用西方政治學的名詞，暫且稱呼它為「地緣政治理論」。中國古代地緣政治理論是與西方迥異的自成體系的理論，它偏重實踐，是和平的、有限範圍的微觀理論。

我們可以將東南起至大海，北到長城，西到隴右和巴蜀的廣闊地區看作是中國地緣政治的核心區域。歷史上的中央王朝都在核心區域，且幾乎都在北部立國。其他地區可以看作是中國歷史發展的邊緣區域。

核心區域的發展對整個中國歷史的發展起著關鍵性的作用。這一區

域內部可以根據地理條件和歷史經驗再細分為四大亞區域：關中地區、關東地區、西南地區與江南地區。四大亞區域具有較大的地理、文化區別，在歷史上支撐了不同的割據政權，扮演了不同的歷史角色。

核心區域因為地理、人口、經濟等方面的優勢，主導著中國歷史的發展。在古代歷史中，邊緣區域不時對核心區域構成巨大的軍事壓力（比如歷史上戎狄、匈奴、五胡、突厥、契丹、女真、蒙古等少數民族對核心區域的先後侵襲進攻），核心區域的地緣策略重點始終放在本區域的北部邊界。數千年間，核心區域往往對周邊地區靜觀其變，透過戰爭和封貢等方式，利用文化、經濟的吸引力進行滲透，適時安撫周邊、懷柔遠人。中原王朝也會將漢族先進的社會形態和文化擴展到周邊地區，擴大核心區域的範圍。現代國家和中華民族就是這麼緩慢形成的。

和平是中央王朝與周邊地區交流的主流精神。中央王朝精心構建以自我為中心的朝貢體系，囊括了中國所有地區和相關的鄰國。秦朝之後的中央集權專制制度，漢武帝後改良的儒家思想逐漸成為核心區域的主流價值觀，並向周邊地區傳播。雙方的交流從奴隸社會即已存在，並不斷豐富發展。維持並擴大這種交流，構建穩固的朝貢體系是中華帝國為歷朝歷代留下的歷史作業，也是寶貴的外交遺產。

在核心區域內部，關中地區、西南地區位於中國大陸地形的第二階梯地形都屬於易守難攻，只要把守住邊緣的策略要點，攻守自如，就對關東地區和江南地區具有居高臨下的地緣優勢。同樣，北部的關中地區、關東地區對南部的西南地區、江南地區具有地緣優勢。北部地區對南部地區的地緣優勢在早期是建立在人口和經濟優勢之上的。但是隨著南部的開發和人口的成長，北部地區只保留了最重要的優勢：軍事優勢。

歷史上，北部軍隊的戰鬥力一直優於南部軍隊。北部氣候相對惡劣，民眾體格強於南部，鬥志旺於南部；而且北部的地形和環境便利戰

車兵和騎兵的發展。這兩個兵種在冷兵器時期是戰鬥力、機動性最強的兵種。例如，馬鐙在三國時期已經出現在北方，而南方士兵依然以雙腿來夾住馬腹作戰。軍事實力的優勢使得歷史上的政治中心、軍事中心一直停留在北部地區。統一的中央王朝一般都是自北而南建立的。

　　儘管北部地區在政治、軍事上擁有優勢，但是只要南部地區控制了策略要地，包括秦嶺一線、襄樊、桐柏山至大別山區、合肥、揚州，南部就易守難攻了。同時，南部鬆軟的土壤、溼潤的氣候、密集的水網也都限制了北部軍隊戰鬥力的發揮。再加上北方人水土不服，儘管北部經常發動對南部的侵略，但南部政權只要措施得當，一般都能抵擋住北方的攻勢。這樣的局勢在三國、南北朝、五代十六國等時期都存在。南北部在很長時間內形成對峙形勢，使核心區域的南北分裂成為中國歷史分裂的常態。

　　地緣政治學派是三國外交策略的重要學派。沮授、魯肅、諸葛亮等人都是其中的重要代表，〈榻上策〉、〈隆中對〉都是其中的輝煌名篇。〈榻上策〉和〈隆中對〉在地緣形勢的判斷上基本相同，並且提出了大致相同的對策：占據南方險要地形，待機北伐。但是這兩個地緣策略都將荊州列為自己的占領目標。對劉備來說，荊州是進攻中原偉業的策略基地，也是對東吳政權保持地緣優勢的基地。然而對東吳來說，荊州在他人手中則對自己構成了巨大的策略威脅。當劉備集團占領漢中，勢力達到全盛、咄咄逼人之時，東吳集團出於自身防禦的考慮，偷襲荊州，最終占領了荊州，蜀漢則完全退居西南地區。夷陵之戰象徵著荊州問題的解決，但也使〈隆中對〉籌劃的天下策略流產。

　　東吳的長江防線和曹魏的江北防線相互對峙，是盡地理之利的傑作，也是中國古代地緣政治理論的突出表現。南北部長期分裂的界線並不是一條直線，而是大致沿著核心區域的南北界線上下移動，最北不超

過黃河，長江則是南部的極限。這一範圍內形成了大批重鎮，如古彭城（今江蘇徐州）、古壽陽（今安徽壽縣）、古懸瓟（今河南汝南縣）、古歷陽（今安徽和縣）等，是南北攻防的例證。東吳和曹魏沿著廣陵到合肥至襄陽一線相互對峙，形成了一條相對明確的對峙線。巧的是，這一條線也是中國歷史上南北分裂時出現最多的分界線。

三國時期的地緣政治理論還體現在許多地方。比如漢中被曹操占領時，巴蜀一日數驚。因為漢中是巴蜀的門戶，就像占領荊州的人與江東共有長江天險一樣，占領漢中的人就與巴蜀共有西南的崇山峻嶺了。又比如東吳和蜀漢面對曹魏的強大壓力選擇聯盟，恰恰體現了地緣政治中「在特定區域中，弱小者常常藉聯盟來對付最強大者的威脅」原則；遼東與東吳的外交也符合地緣政治中「區域內力量不平衡時，弱小者具有引入區域外大國以實現勢力均衡的傾向」的判斷等等。筆者覺得，三國可以為分析地緣政治理論提供極好的案例。

弱勢的理想主義

理想主義與現實主義的碰撞在任何時候都存在。

劉備從北往南進攻成都的時候，州從事鄭度勸說劉璋：「劉備襲擊我們的兵力不滿一萬，沿途士兵百姓並沒有歸附。劉備軍缺乏輜重，只能沿途籌集糧草。我們方今之計，不如將巴西、梓潼兩郡的百姓都趕到涪水以西去。同時將府庫裡和田野中的穀物都一把火燒光，高壘深溝，堅壁清野，以靜待動。劉備向我們挑戰，我們不答應他。不久劉軍就會軍糧物資不足，不超過百日，肯定要敗走。等他敗走的時候，我們再追擊，一定能取得最後的勝利。」

鄭度的計畫就是在劉備途經的地區製造「無人區」，讓脫離基地作戰的劉備軍隊糧盡後自動退走。這不失為一條毒辣的計謀。

劉備探聽到鄭度的計謀後，真的害怕起來，問法正應該怎麼辦。法正說：「劉璋是不會採納這條計謀的。主公不要擔憂。」

果然和法正說的一樣，劉璋這個老好人對下屬們說：「我聽說與敵人作戰是為了安定百姓，沒有聽說遷移百姓燒毀家園來避敵的。」劉璋不但沒有採納鄭度的計策，還罷黜了他。

在亂世時候，像劉璋這樣的君主很少。他這樣的人注定是要失敗的。亂世中，生存是第一位的。為了生存，現實主義大行其道。講求禮義廉恥、處處以百姓為念的人注定鬥不過心狠手辣、處處務實進取的對手。中國歷史上亂世重現實主義，盛世重理想主義，成了一條普遍規律。

在三國外交策略中，現實主義思想居於絕對主流。現實主義真實地體現了亂世中弱肉強食的情況，為了各自爭霸圖強的目的，無所不用其極。現實主義者遵守歷史經驗教訓和政治規律，決策冷峻、務實而自

私。理想主義的策略則更多思考「應該怎麼樣」、「將來怎麼樣」的問題，不是表現為對意識形態的推崇，就是行事脫離現實情況，不一而足。

鄧艾是現實主義大家，但是他在對待匈奴的策略問題上卻表現出嚴重的理想主義傾向。

當時匈奴右賢王劉豹部在并州勢力強大。鄧艾上言說：「戎狄人面獸心，不講仁義道德。勢力強大時就侵略內地，為暴一方；弱小的時候就請求歸附中原。因此周宣王的時候有狁入寇中原，漢高祖遭遇了平城之圍的羞恥。匈奴強盛都是前代的重大禍患。」可見鄧艾僵硬地從「夷夏大防」的陳舊思想出發立論，對匈奴抱有強烈的不信任感。

匈奴在單于的率領下，呼嘯在外，朝廷不能牽制。因此曹魏曾招誘匈奴單于入內地，讓他擔任朝廷職務以為羈縻之計。匈奴各部落失去了首領，缺乏統一的指揮，力量發展受到一定限制。鄧艾認為：「現在單于的威望在本民族日益下降，對匈奴和北方少數民族不可不做嚴格的防備。劉豹部有叛變、不聽從劉豹指揮的部眾，朝廷可以扶持這批人，將劉豹部一分為二，削弱他的勢力。一些匈奴貴族之前有過功績，現在也可以讓他們的子孫繼承爵位，安置在雁門地區，那樣既離中原腹心地區遠了，又可以協助抵禦北方其他少數民族的入侵。」鄧艾對當時匈奴不斷內遷、與漢族人雜居的狀況極不贊同，說：「羌胡少數民族與百姓同居共處。應該逐漸將這些少數民族遷移到邊疆地區。」鄧艾的遷徙匈奴至塞外的政策與當時北方少數民族不斷南遷、民族融合進程加快的現實背道而馳。簡單地外遷少數民族，的確能一刀切式地解決問題，但難以執行。曹魏也並沒有採納鄧艾的意見。

三國時期的理想主義重鎮無疑是在漢中。當時張魯在漢中地區施行了一場「空想社會主義」式的政治、社會事件。

張魯的政治實踐帶有濃厚的宗教色彩。他的祖父張陵在遷移到巴蜀

的時候，創作道書闡發教義，吸引了大批民眾跟隨。因為所有的教徒參加的時候都要出五斗米，因此張陵創立的宗教被人稱為「五斗米道」，屬於早期道教的分支。張陵死後，兒子張衡繼續行道布教。光和年間，出現了「東方有張角，漢中有張衡」的宗教局面。

張魯繼承了父親張衡的事業。當時的益州牧劉焉任命張魯為督義司馬，與張修一起率兵進攻漢中太守蘇固。占領漢中後，張魯偷襲張修，收編了張修的部隊。劉璋替代劉焉後，因為張魯長期不歸順，就殺了張魯母親一邊的親戚。張魯乾脆公開割據漢中，自號「師君」，用「五斗米道」來教化百姓，進行統治。

漢中的百姓幾乎都是道徒。剛開始學道的人被叫做「鬼卒」。信仰堅定而且擔任一定職務的人被叫做「祭酒」。祭酒擁有部眾，相當於地方官員其中部眾多、職位重要的祭酒被叫做「治頭大祭酒」。張魯的立政基礎是教導百姓講誠信、不欺詐。百姓有了病，就要透過坦白自己過錯的方式來治病，大致與黃巾軍的做法相似。

張角的黃巾軍也是教病人叩頭思過，再給病人飲用符水。五斗米道在張衡創立時期的做法大致與張角的做法相同，但是增加了安靜的房間，讓病人獨自在房間裡思過。張衡又讓一些祭酒攻習老子的《道德經》，稱為「奸令」；讓一些人當「鬼吏」，來為病者請福祈禱。請禱的方法，就是在紙上書寫病人的姓名，再述說病人服罪的意思。如此重複三遍，將其中一張紙埋在山上，以便讓上天知道，其中一張紙埋在地裡，第三張紙沉入水中，稱為「三官手書」。生病的人家則要獻出五斗米作為報酬。

張魯統治漢中的時候，避開戰亂、保境安民，進一步發展了五斗米教義，又有了現實政權的保障，因此建立起一套完整的社會制度來。他在漢中境內設立「義舍」，在裡面放置稻米白肉，以供應路人。行路的

人根據自己的食量進食。如果有人多拿多要，張魯就詛咒他被鬼纏身得病。漢中境地犯法的人，都可以獲得三次原諒的機會。以後再犯，才對人行刑。張魯設定的刑法相當簡單，依靠的是人們的自覺。百姓犯有小過錯，出錢出力整理百步長的道路就可以免罪。張魯規定春夏禁止行刑殺人，還減少極刑的使用。同時，漢中地區禁酒，以便儲備糧食。

張魯的政策帶有濃厚的宗教和理想主義色彩，但是在天下大亂的東漢末年裡，理想主義的漢中成了百姓的天堂。漢中地區不僅保持了相對的穩定，而且政府職能大大簡化，推崇人民自治，對經濟的恢復和發展造成了推動作用。張魯徵收的五斗米，其實相當於政府徵收的賦稅，既是固定的，數量又少，得到了百姓的支持。張魯的執政，一是主動與民休養生息；二是建立公有經濟，服務百姓；三是對外保境安民，不參與亂世紛爭，在亂世中特別顯眼。史載：「民夷便樂之。」百姓都很擁護張魯的執政。還有許多流民遷移到漢中來，信奉五斗米道。韓遂、馬超戰亂的時候，關中和西涼百姓從子午谷投奔漢中的就有數萬家之多。張魯借此雄霸漢中超過三十年。

東漢王朝無力征討四方，就承認現實，封張魯為鎮民中郎將，領漢寧太守。漢中四時向朝廷貢獻物產。當時漢中有人在地裡得到了玉印。下屬們就想推張魯當漢寧王。巴西人閻圃勸諫張魯說：「漢川的百姓，戶口超過十萬，財富累積，土地肥沃，而且四面都有險固可以堅守。您不論是稱王，還是割據一方，總之不失富貴。如果您務虛名，可能會導致禍害啊。」張魯於是繼續施行弱政府、輕政少策的執政思路。

建安二十年（西元二一五年），曹操出武都進攻漢中。張魯想投降，弟弟張衛不肯，帶領數萬軍隊堅守陽平關。漢中經過長期的治理，竟得以在陽平關與曹操軍形成對峙局面。據說後來曹軍已經下定決心後撤，在迷霧之中走錯了方向，開入張衛營中，才僥倖攻下陽平關。

八 三國外交策略篇

　　張魯聽到陽平關陷落的消息，就率眾南逃進入巴中山區。逃跑前，左右想燒毀漢中府庫，破壞漢中三十多年的積蓄。張魯說：「這些都是國家的。現在我們逃亡，是躲避軍鋒，何必要生這些惡意呢？」因此張魯逃跑前將府庫都封存起來。曹操進入漢中首府南鄭後，對張魯的執政和封存府庫的行為很讚賞，招慰張魯。張魯最終投降，被拜為鎮南將軍，封閬中侯，邑萬戶。漢中政權從此結束。

　　張魯在後世的知名度很高，既因為他的宗教，也因為他執政於漢中的事蹟。其實與他同時，河北地區的田疇也實行了類似的空想社會主義的實踐。田疇身逢亂世，組織鄉民，不僅實現了自保，還建立了一個道不拾遺的「世外桃源」。他率領宗族和附從於他的數百人，避入徐無山中，在深險地勢上紮營，開墾其中平坦肥沃的土地，親自耕種奉養父母。周圍的百姓知道後紛紛前來歸順。數年間田疇營地達到五千餘戶人家。聚眾自保者多矣，有占山為王者，有游弋截掠者。但難能可貴的是，田疇不當山大王，而是組織建立了一套社會規範。田疇對父老鄉親們說：「大家相聚在一起成為一座城池，卻沒有統一的規章制度，這不是長治久安的道路。希望大家推舉、選擇賢長的人進行行政治理。」在獲得居民們的支持後，田疇與大家相互約束，制定了殺傷、犯盜、諍訟的法律。罪重的人可以被罰至死罪，其次抵罪，一共二十餘條；又制定了婚姻嫁娶的禮儀，興辦學校，傳授知識。這些居民們覺得生活穩定方便，最後做到了道不拾遺。據說當時整個北方都知道田疇墾荒山中。烏桓、鮮卑等民族還曾派人與之聯絡，進行貿易。

　　儘管有局部的成功的理想主義實踐，但在整個三國歷史中，現實主義的思想做法無疑占據絕對優勢地位。理想主義思想猶如綠樹中的紅花，顯得特別醒目，映襯出整個森林的美。

九 三國外交謀略篇

外交謀略的精華是什麼？見機行事，隨機應變。水無常形，外交謀略也沒有固定的課本可以參照學習。我們只能總結出大的外交謀略（善於用人和打心理戰），再一起盤點點綴其中的外交戰術謀畫。

外交謀略的精華是什麼？

袁紹與公孫瓚在界橋交戰的時候，鉅鹿的太守和郡裡的大族都認為公孫瓚兵勢強大，想歸附公孫瓚。袁紹聽說後，就派遣董昭出任新的鉅鹿太守，以穩定局勢。

董昭的任務是防止鉅鹿郡投向公孫瓚。臨行前，袁紹問董昭：「你有什麼計畫嗎？」董昭回答說：「一個人的思考有限，肯定不能抵抗眾人的謀略。我們要招誘那些已經起了異心的大族，需要了解當地的實際情況，才能到時見機行事。計謀多出自臨時，事先怎麼能夠得知呢？」

董昭的回答一針見血，說出了外交謀略的精華所在：見機行事。與長期的基礎性外交策略不同，外交謀略是與具體事件緊密連繫在一起的，講究的是見機行事，隨機應變。我們的人生也是如此。每個人都身處瞬息萬變的世界之中，唯一不變的可能就是變化本身了。再牢固的印象、再可靠的經驗，也會在紛繁複雜、風起雲湧的環境中變得不堪一擊，不再適用。我們可以依賴的，就是用從前人的經驗教訓和自身的學習修為中歸納總結出來的人生智慧，來應對洶湧而來的客觀變化。

用人是第一謀略

外交人員是外交的根本。

外交的籌畫、進展和回饋都離不開人的執行。古今外交人員承擔著紛繁複雜的外交事件。從業者的素養高低決定著外交水準的高低。對統治者來說，外交過程其實在用人的環節就開始了。用人，著實是首要、最大的外交謀略。

郭嘉起初是投靠袁紹的一位謀士，後來對袁紹很失望，才投奔曹操。郭嘉說：「智者都非常謹慎地選擇主公，這是建功立業的基礎。袁公效仿周公的禮賢下士，卻並不明了如何用人。他多端寡要，好謀無決，是難以一起共濟天下大難、成就霸王之業的人。」郭嘉認為袁紹這個人行事拖泥帶水，抓不住要領；喜歡謀畫卻難以下決心，因此並不是自己心中的明主。（袁紹在失敗後，仍有人甘願為他而死。這說明袁紹在用人方面多少還是成功的。）

與袁紹一樣，劉璋的用人方略也不太成功。劉璋統治下的益州，不僅存在著當地人才和外來人才之間的矛盾，還存在著大量人才沒有得到充分挖掘、發揮作用的問題。因此有人就感覺沒有出路，人心思變。

正如諸葛亮在〈隆中對〉中說的：「智慧之士思得明君。」劉備的到來為人們樹立了一個相對英明的君主形象，多數人開始倒向劉備以保障自己的利益和前途。

黃忠是荊州的降將，雖然年老，但衝鋒陷陣，勇冠三軍。在漢中戰役的時候，黃忠「於漢中定軍山擊夏侯淵。淵眾甚精，忠推鋒必進，勸率士卒，金鼓振天，歡聲動谷，一戰斬淵，淵軍大敗。」漢中戰役的首功，非黃忠莫屬。戰後，黃忠因功升征西將軍。劉備做了漢中王以後，

想再提拔黃忠擔任後將軍。諸葛亮對劉備說：「黃忠的名望，一直都比不上關羽和馬超等人。現在讓他和關馬等人同列，近在跟前的馬超和張飛親眼看見了黃忠的功勞，也許可以理解這次任命；但關羽只是遠遠聽說過黃忠的事跡，恐怕心裡會有所情緒。」劉備說：「沒關係，我親自為你們調解。」劉備堅持提升黃忠，並賜爵關內侯。

魏延本是起身行伍的一名普通士兵。他率領部曲隨劉備入蜀，屢立戰功，升遷為牙門將軍。劉備做了漢中王以後，駐紮在成都，需要大將鎮守漢中。當時陣營內部大都認為劉備肯定會任用張飛來鎮守漢中，張飛也在心中認為這個人選會是自己。但是劉備最後提拔了魏延鎮守漢中，任鎮遠將軍、領漢中太守，全軍都震驚了。劉備之後大會群臣，公開問魏延：「現在我委託將軍以重任，將軍計劃怎麼鎮守漢中啊？」魏延回答說：「如果曹操率天下之兵前來，請讓我為大王抵禦住他；如果曹操派遣偏將和十萬士卒前來，請讓我為大王吞滅他。」劉備表示讚賞，全軍也都非常認同魏延的膽魄。

劉備之所以不用張飛，是因為他非常清楚張飛的弱點。歷史上真實的張飛並不是大老粗，而是敬慕名流、喜歡畫仕女圖的儒將。他善待士大夫而輕慢士卒，導致官兵關係緊張。劉備常常告誡他：「你刑殺太重了，而且每天都鞭打士卒，又把這些受到懲罰的士卒繼續留在左右，這遲早會給你帶來禍害的。」張飛卻知錯不改，在準備伐吳的時候，張飛帳下的將領張達、范彊兩人，就因為不堪張飛的重壓和鞭打，刺殺了張飛，投降東吳去了。

劉備不僅知人善任，而且待人相當寬容。

劉巴本來是曹操的人，在赤壁之戰時被派往荊州南部活動，以牽制劉備。但是他在戰後難以北歸，輾轉到了劉璋手下任職，繼續與劉備為敵（東漢末期人才流動性很大。很多人東南西北到處跑，尋找合適的主

子。）劉璋邀請劉備入川的時候，劉巴強烈反對，說：「劉備是梟雄，來了就是個禍害。主公千萬不能讓他進來啊！」劉備入川後，劉巴又強諫道：「如果讓劉備去外面征討張魯，就像是放虎進入山林。」他主張監視、約束劉備。可劉璋還是不聽。

劉巴覺得這樣下去劉璋必敗無疑，所以閉門稱病不出。劉備後來果然反了，可是不計前嫌，在圍攻成都的時候下令三軍：「有誰如果傷害劉巴，我就誅他的三族。」劉巴很感動，城陷後向劉備辭謝請罪。劉備高興地任用劉巴做了自己的西曹掾（相當於自己身邊的副祕書）。

劉備寬於待人的另一個例子是他對黃權的態度。夷陵戰役的時候，黃權領偏師在長江北岸執行警戒任務。劉備主力失敗後，黃權的軍隊就成了深入敵後的孤軍。他看到返回巴蜀無望，就率領部隊投降了曹魏。按照法律，黃權留在巴蜀的妻子和兒子應該受到法辦。劉備說：「是我辜負了黃權，黃權並沒有辜負我。」他還一如既往地對待黃權的家人。黃權的兒子黃崇，後來在蜀漢政權中做到了尚書郎。父子兩人在互為敵國的兩個國家做官，這是三國歷史上的一大趣聞。

劉備用人的第三大優點就是能夠根據利益需要，壓制個人好惡，人盡其用。

有個叫許靖的人，是蜀郡太守。在劉備圍攻成都的時候，他竟然想爬下城牆向劉備投降，結果被人抓住了。劉璋沒有殺許靖，可是他對這個主動歸降的太守非常厭惡，長時間沒有為他安排工作。後來劉備定蜀後，法正就勸劉備說：「許靖是那種天下虛名很高，但並沒有真才實學的人。主公現在正在草創大業，應該懷柔天下之人。許靖的虛名傳播四海，眾人皆知。如果我們不禮遇許靖，天下人還以為主公您不尊重賢才呢。您應該對許靖表示敬重，向天下遠近表示一下態度。」劉備於是厚待許靖，讓他做了有名無實的司徒。

說完劉備，再說曹操的用人。曹操一反漢朝重出身和虛名的傳統，注重德才兼備。演義小說中有許多講曹操刻薄多疑的故事，但歷史上的曹操以博大的胸懷和超然的眼光聚攏了當時海內的一流人才。曹魏的人才是三國四方中最多的，這從本書前面出場人物的多寡就可以看出來了。

終其一生，曹操用人的基本特點是：

第一，為下屬創造寬鬆的施政環境。這是建立在曹操對下屬信任並放權的基礎之上的。

臧霸是位泰山豪強，他在青州和徐州一帶與孫觀、吳敦、尹禮等人聚兵作亂。曹操與呂布混戰的時候，臧霸等人站在呂布一邊。呂布失敗後，臧霸被曹操逮捕。曹操非常喜歡他，不但放了他，還讓他招降了孫觀、吳敦、尹禮等人。曹操任命臧霸為琅邪相，其他人也都做了太守，將青、徐二州的安危託付給這群豪強。不久，曹操的叛將徐翕、毛暉兩人亡命青州，投靠臧霸。臧霸沒有交出這兩個人，還向曹操大談江湖道義。曹操非常信任地赦免了徐、毛兩人的罪過，重新任命兩人為郡守。

臧霸等人也知恩圖報，維持了青、徐兩州的穩定，抵禦住了其他勢力的染指。官渡大戰的時候，曹操命令臧霸率領精兵屯駐青州，巋然不動，免除了曹軍東部的威脅，使得曹軍能一心與袁紹對抗。曹操沒有花費大精力，就利用臧霸等人穩定了東方。史載臧霸等「執義征暴，清定海岱，功莫大焉」。其實下屬的成就很大程度上是上司協助創造的。

第二，寬容部下的過錯。

最典型的例子就是官渡之戰以後，曹操檢查袁紹軍中的書信，發現許多軍中官員的降書。當時陣營內部許多人憂心忡忡。少數人為了表白自己要求查驗書信。曹操反而是一把火把繳獲的書信全燒了，說：「當初袁紹非常強大，我還怕不能自保呢，更何況大家！」一句話，就贏得了很多人死心塌地的效忠。

　　曹操起兵兗州的時候，用東平人畢諶為別駕。張邈叛亂的時候劫持了畢諶的母親、弟弟、妻子和孩子。曹操很有人情味地對畢諶說：「你的老母親在敵人那，你可以去投靠敵人保全家人。」畢諶當場頓首，表示自己沒有二心，感動得曹操眼淚鼻涕都出來了。誰知道兩人一散，畢諶立即跑去投降了張邈。很多年後，曹操在徐州戰役的俘虜中發現了畢諶。當時很多人都擔心畢諶活不了了。曹操說：「他對自己的母親非常孝順，也自然會對君主非常忠誠！這樣的人，正是我需要的。」他不以往事為念，立即將畢諶從俘虜提拔為魯相。

　　魏種的情況與畢諶差不多。魏種是曹操起兵時期提拔的孝廉。兗州叛亂的時候，曹操說：「所有人都可能叛變，但是只有魏種是不會離開我的。」話沒說完，有人進來報告說魏種投敵去了！曹操覺得非常沒面子，發怒說：「魏種，你即使向南逃入吳越山陵，向北歸附塞外蠻夷，我也不放過你！」後來曹軍取得河內戰役勝利，攻占射犬的時候，俘虜中也有魏種。曹操感嘆道：「魏種是個人才啊！」就釋放了魏種，還任命他擔任河內太守，將河內這個河北的關鍵據點託付給他。

　　第三，不厚此薄彼，尊重所有下屬的謀略。

　　曹操遠征烏桓的時候，條件惡劣，前途難測。當時幾乎所有的謀士都反對遠征，只有郭嘉認為應該乘勝平定長城沿線。曹操肯定了郭嘉的建議，在長城沿線戰役中大獲全勝。回到易州後，曹操照樣重賞了先前勸諫不要攻擊的謀士。他說：「我這次冒著極大危險遠征，僥倖才獲得了成功。雖然得勝了，卻是上天保佑的結果，是不可以效法的。諸位的勸諫是萬安之計，所以賞賜大家。以後也希望大家知無不言啊。」

　　第四，注意提拔出身低微的人，甚至是那些投降、俘虜的人才。

　　曹操知人善察，提拔于禁、樂進二人於行伍之間，提拔張遼、徐晃於俘虜之中。這些人以後都建立了不世武功，成為一代名將。至於曹操

在民間和陣中提拔的人，更是數不勝數。

曹操討伐荊州的時候，劉琮舉州投降。他招呼部將文聘一起投降。文聘說：「我不能保全荊州，是個罪人。餘生待罪而已。」他不願意去迎接曹操，在家中閉門賦閒。曹操渡過漢江，進入荊州後，文聘才來拜見曹操。曹操問他：「為什麼姍姍來遲啊？」文聘說：「我先前不能輔助劉表保全荊州，侍奉國家，怎麼還好意思拋頭露面。劉表雖然沒了，但我仍然希望能夠據守漢江兩岸，保全家鄉故土，生不負於百姓，死無愧於地下。」文聘說話間，熱淚盈眶的曹操感動地說：「仲業（文聘的字），你真是忠臣啊。」曹操對文聘厚禮相待，還劃撥軍隊由他指揮。文聘在曹操陣營中不僅取得了長坂坡追擊戰的勝利，還在魏國建立後長期鎮守江夏，成為曹魏的南天一柱。

第五，權術和誠意、防範與寬厚相結合。

裴松之引《魏略》註解《趙儼傳》時，有一則重要的資訊。官渡戰役的時候，曹方很多人暗地裡與袁紹通信投降。趙儼當時與李通同城為官。李通也想派人和袁紹拉關係，為自己留條後路。趙儼為李通分析了袁紹必敗、曹操必勝的道理，李通才打消了原來的念頭。曹操破袁紹後，表面上是焚燒了所有的書信，實際上他早就派人搜查拆看了這些書信。他知道誰忠心、誰有過叛意，而且還有重點地調查了一些人（比如李通）。曹操防範下屬的權術可見一斑。

曹操的用人策略被子孫繼承。曹丕曾對投降的黃權說：「你捨棄叛逆歸順朝廷，是想效仿陳平、韓信嗎？」黃權實話實說：「劉備對我有知遇之恩。當時我是萬萬不能投降東吳的，返回巴蜀又被截斷了歸路，所以就只能投降北方了。我是敗軍之將，僥倖免死，從不想與古人相比。」曹丕聽了不但不生氣，反而更敬重黃權了。劉備去世的消息傳到洛陽的時候，曹魏群臣都來向曹丕祝賀，只有黃權一個人沒有來。曹丕也不怪

罪黃權，依然是拜將封侯信任如初。

　　用人的謀略除了專注於陣營內部招賢納士、人盡其才外，還有重要的一點就是「用」好其他陣營的人才。具體到外交領域，如何在其他陣營內維持、發展親善分子，建立親善集團是一個重要的任務。有的時候，這些外部的親善人物比內部的外交人員的作用還要重要。

　　以蜀漢與東吳的外交為例，魯肅就是東吳內部的「親蜀分子」。魯肅負責荊州事務。他的前任周瑜、後任呂蒙都是對蜀漢的強硬派。但是魯肅堅持認為保持與蜀漢的良好關係符合東吳的國家利益。他是吳蜀聯盟的推動者和堅決維護者。魯肅與關羽共治荊州的時候，史載相鄰的吳蜀兩軍「數生狐疑，疆場紛錯」。而魯肅常常做和事佬，好言好語緩和雙方的衝突糾紛。設想如果沒有魯肅，劉備勢力還能否在赤壁之戰後的十多年時間裡獲得和平發展的寶貴時機？魯肅死後，遠在成都的諸葛亮也為他發哀。在諸葛亮看來，就連自己的親哥哥諸葛瑾都沒有發揮像魯肅這麼重要的外交作用。

　　諸葛亮的哀悼，哀的是東吳內部再也出現不了魯肅這樣的「親蜀分子」了。的確，劉備勢力和孫權勢力歷經了共同戰鬥和友好結盟的歲月，有許多交流溝通的機會。但是劉備勢力沒有把握住在東吳內部發展親蜀勢力集團的機會，等到魯肅死後才意識到這個重大缺陷。

　　三國時期，人才的流動性很大。各派勢力都表現出親賢禮士的態度，其中一個重要的目的就是即使不能使人才為己所用，也可以為日後相見留下良好的印象。這是樸素的營建親善勢力的努力。曹操南征荊州的時候，荊州內部投降派的重要組成部分就是從北方逃難到荊州的士大夫。孫權對歷任蜀漢派往東吳的使節都非常和善親近，用意之一就是透過私人交好來營造蜀漢內部的親吳勢力，保持吳蜀友好同盟。

中國特色心理戰

《襄陽記》中有一段話，恰當簡要地解釋了什麼是中國特色的心理戰。

建興三年（西元二二五年），諸葛亮出兵征伐南中地區。馬謖為諸葛亮送行，一直送了數十里地。諸葛亮說：「我們一起共事好多年了，今天可以賜教平定南中的良策嗎？」馬謖回答說：「南中仗著地方偏遠險遠，長期不服從朝廷。即使我們今天打敗了他，他明天還會造反。南中知道您要傾全國之力北伐，國勢空虛，所以會迅速反叛。而我們既沒有力量，也不能在短期內消滅所有的叛逆。用兵之道，攻心為上，攻城為下；心戰為上，兵戰為下。希望您能夠征服他們的內心。」諸葛亮依照馬謖的政策，七擒七赦孟獲，終於平定了南中地區。在諸葛亮當政時期，蜀漢南方再沒有發生大規模的騷亂。

「攻心為上，攻城為下；心戰為上，兵戰為下。」這道出了中國特色心理戰的突出特點。古代中國相當重視攻心戰法。三國時期的心理戰主要表現為：

第一，設身處地，換位思考。

謀略高手們之所以善於把握對方的心理，得益於他們學會了設身處地，從對手的角度思考問題。這不僅有利於分清彼此，明了優劣；還可以拉近彼此之間的距離。

其中最典型的案例就是吳蜀同盟的恢復。鄧芝出使東吳的時候，對依然猶豫不決的孫權說：「臣此行不僅僅是為了蜀國，也是為了吳國而來。」一句話就引起了孫權的興趣。孫權接見鄧芝，多少是為了看對方能為自己帶來什麼樣的利益。鄧芝在會見中簡要地談了蜀漢和東吳地勢

的險要和聯盟的潛在利益，著重分析了東吳當前的處境：「曹魏正在徵召東吳的質子。大王您如果向曹魏獻出人質，魏國必然要徵召大王入朝，要求您的太子作為魏皇的內侍。如果您不聽從曹魏的命令，北方就可以奉辭伐叛。到時候我們蜀漢也必然順流而下，東進伐吳。如果出現這樣的情況，江南之地還會是大王您所有嗎？」如此這般，鄧芝的話馬上抓住了孫權的心理，孫權為了國家利益和發展考慮，終於下定了重修盟好的決心。

官渡之戰最初之時，袁紹大軍屯在黎陽，準備南渡。當時防守黃河南岸鄄城的是程昱，僅有七百名士兵。曹操派人告訴程昱，讓他不要害怕，馬上就給他增調兩千守衛士兵。程昱卻不肯要援兵，說：「袁紹擁有十萬大軍，自以為可以所向無敵。現在他看到我程昱兵少，就會認為鄄城構不成威脅，不會前來進攻。如果增加了鄄城的駐兵，袁紹經過時就不可不攻了。袁紹大軍一攻，小小鄄城，士兵再多也守不住。您的增兵只會分散兵力，增加傷亡而已。」曹操採納了程昱的意見，沒有發兵。袁紹得知程昱兵少無援，果然沒有前來進攻。曹操聽到消息後說：「程昱膽量過於戰國時勇士孟賁和夏育啊。」其實程昱的膽子大是一方面，另一方面是他準確把握住了袁紹輕浮急進的心理，才創造了以七百人守住一城的奇蹟。

袁紹死後，曹操大軍繼續征討袁譚、袁尚，節節勝利。將領們都希望能夠乘勝擴大戰爭規模，一舉消滅袁氏勢力。郭嘉說：「袁譚、袁尚是袁紹喜愛的兩個兒子。他們內心都在覬覦父親的職位。再加上郭圖、逢紀等謀臣的矛盾，二袁遲早會內鬥。現在是因為有我軍的強大軍事壓力，他們才保持合作，一致對外；如果軍事壓力小了，他們心中一定會生變。我軍不如南撤，擺出征討荊州劉表的樣子，等待河北的變化。如果二袁發生了內鬥，到時就真的可以一舉平定河北了。」曹操於是率軍

擺出南征的樣子，沒走多遠，袁譚和袁尚果然就開始爭奪冀州。袁譚被袁尚打敗，退守平原，向曹操乞降。這是郭嘉準確把握住對手心理，克敵制勝的例子。

第二，重視士氣對爭鬥結果的影響。

士氣對爭鬥結果有著重要的影響。春秋時期的「一鼓作氣，再而衰，三而竭」，說的就是士氣的重要作用。敵我士氣的爭鬥是三國心理戰的重要內容。最典型的例子發生在曹操征關中的戰役中。西涼地處偏遠，人民見識有限，當時對朝廷有畏服之心，再加上曹操盛名威加四海，所以在西涼軍隊中有很高的聲望。許多西涼將領在陣前看到曹操，竟先在馬上行參拜之禮。雙方對陣的時候，關中和西涼的士兵爭相目睹曹操的風采。曹操巧妙抓住了敵方的心理，將之轉化為自己的優勢。他在陣上高喊：「你們都想看到我曹公啊？我也是人，並沒有四隻眼睛兩張嘴，我只是比較聰慧而已！」曹操的配合演出加劇了西涼陣地的騷動。曹操適時地將五千裝備優良的鐵騎排列出方陣。在耀眼陽光的照射下，騎兵方陣光亮醒目，五千盔甲一起反射陽光，彷彿太陽落於大地一樣。西涼軍隊還未交戰，就在心裡輸了好大一截。

還有一個例子就是滿寵沉白馬的故事。這件事發生在關羽發動荊北戰役之時。曹魏的援軍在洪水中全軍覆沒；暴漲的洪水滾滾湧向孤立無援的樊城，城牆多處崩壞。得勝的關羽親自督促加緊進攻樊城。城內軍民大驚失色，人心惶惶。樊城搖搖欲陷。有人勸守將曹仁說：「情勢已經非常危險了，我們無能為力，趁現在關羽的包圍圈還沒有完全鞏固，我們可以乘小船連夜逃走。這樣雖然丟失了城池，但尚可保全性命。」

在這軍心渙散的時候，滿寵鼓舞大家說：「現在江水和山洪雖然又多又猛，但並不能持久。聽說關羽派遣部將進一步騷擾中原。現在許縣以南，百姓人心浮動。但是關羽之所以不敢大規模進軍，就是怕我們在

後方威脅道路通暢啊。如果我們逃跑，河南地區就不再為國家所有了。」在勸住了曹仁後，滿寵還在城牆上殺白馬，拋入洪水之中，與士兵們盟誓死守樊城。全城軍民士氣大振，頂住了關羽發動的圍攻。樊城保衛戰為曹魏的最終勝利贏得了寶貴的時間。誰能想到，這最後的成功應該歸功於士氣大振後的最後堅持呢？

被拖在樊城的關羽忽視了荊州南方的局勢突變。東吳的一系列偽裝騙過了關羽的眼睛，呂蒙白衣渡江，成功發動了偷襲，占領了蜀漢的荊州地區。

當時關羽率領的軍隊還相當強大。為了盡量擊敗關羽的主力，呂蒙又採取了成功的攻心戰。吳軍留意關羽軍中官兵的家屬，厚加撫慰。呂蒙下令全軍不得騷擾軍屬，更不得擅取軍屬家中的物品。東吳軍中有一個與呂蒙同鄉的士兵在雨天拿了老百姓家的一個斗笠，來覆蓋官府的鎧甲。呂蒙認為該名士兵雖然愛護公家的鎧甲，但是擅取百姓斗笠還是犯了軍令。為了整肅軍紀，呂蒙還是揮淚將他斬首。東吳全軍受到極大震撼，真的是做到了對百姓秋毫無犯。呂蒙還慰問長者，關心貧困無助、生病和飢寒交迫的人。對於蜀漢府庫中的物資，呂蒙也不取一毫，全部封存。

呂蒙整肅軍紀、安定荊州民心的做法造成了意想不到的效果。關羽從樊城撤軍來與呂蒙爭奪荊州舊地。途中，關羽數次派人與呂蒙聯絡，呂蒙都熱情接待使者，並將關羽使者到來的消息廣為散布。荊州的軍屬不是親身去見使者，就是寫信交給使者，大致說的都是家裡平安，盼望親人的意思。

使者回去後自然也將這些訊息帶到了軍營中。官兵們得知家小平安，而且得到了東吳的優待，又得知荊州路不拾遺的情形，根本失去打回家鄉的鬥志了。軍無鬥志，沿途逃兵越來越多。關羽不得不敗走麥城。

按理說，失去基地的關羽大軍是哀兵，如果困獸猶鬥，吳蜀勝負尚未可知。但是呂蒙的策略極大地瓦解了關羽軍隊的士氣。三軍瓦解始於士氣瓦解。小小的一頂斗笠竟然打敗了關羽。

第三，利用心理戰分化離間敵人。

西方有諺：「最不可信的就是政治家。」挑撥離間往往被政治家運用於外交爭鬥中。

三國末期，鎮守西陵的張政是東吳名將，國之棟梁。西晉荊北守將杜預為了拔除這個眼中釘肉中刺，就使用了離間計。杜預挑選部分精銳，偷襲西陵，取得勝利後迅速撤退。張政是一代名將，很看重自己的名聲。這一次因為毫無防備被對方偷襲得手，張政覺得是一個恥辱，加上城池未失，沒有造成實際的影響，所以就沒有向孫皓報告。杜預乘機將西陵戰鬥中繳獲的戰利品大吹大擂地還給孫皓。孫皓大怒，覺得非常沒面子，馬上下詔讓張政回來述職，另派人代替他的職位。臨陣換將，大大影響了東吳的荊西防衛。

杜預的離間計之所以能成功，張政和孫皓其實都出了力。杜預巧妙地將張政的重名聲和孫皓的重面子、猜忌大臣結合在一起，不愧是心理認知的高手。其實，任何成功的離間計都離不開對對手心理的成功掌握。

在渭南戰役中，曹操與韓遂需要在陣前相見。曹操與韓遂的父親是同年的孝廉（與後世同年考中進士類似），曹操與韓遂本人又有過交流。於是曹操就想利用這層關係。他與韓遂兩馬接近交談的時候，不談政治和軍事，只說一些京都往事和老朋友。韓遂多次想談點正事，都讓曹操躲閃過去了。最後兩個人還歡笑著揮手告別。韓遂回來後，馬超等人問他：「你們倆都談了些什麼啊？」韓遂說：「沒有談什麼。」馬超等人自然不信，懷疑韓遂與曹操有什麼密謀。他日，曹操又寫公文給韓遂，故意在信裡塗塗改改，弄得像是韓遂自己改的一樣。馬超等人見了就更加

懷疑韓遂了。會戰開始後，曹操先從正面突破，再用精銳的虎騎兵從側面夾擊。西涼軍隊的心扭不成一條繩，就被打敗了。

曹操離間能成功的基礎，就在於他事先明白西涼軍隊是由多個派系組成的。韓、馬等人是在強大的軍事壓力下才組成聯軍的，本身的利益衝突並沒有消除。這樣的堡壘最容易從內部攻破了。

第四，在外交過程中要注意對方心理。

人是外交事務的執行者，人的心理決定了人的行為。所以一些細節對人心理造成的影響，不可小視，它們可能會進而影響到外交過程。

最典型的例子發生在曹魏與遼東的外交中。

公孫淵殺了東吳使臣向曹魏表忠心後，心裡卻不安穩，不知道曹魏究竟會如何對待自己。所以在得知曹魏要派遣使者來遼東為自己加官晉爵之後，心裡充滿了疑惑。公孫淵的計吏（向中央報告經濟情形的官吏）從洛陽回來後對公孫淵說：「這次曹魏使團挑選的都是勇力出眾的人。那些使者都不是凡人啊！」

要知道，在三國時期，宣詔要在房間裡，設下席案，受詔者要行三跪九叩大禮。一旦使團成員想擒殺受詔者，那真是易如反掌的事情。所以公孫淵聽說使團成員都是勇力出眾的人，就更加懷疑起來，進而感到恐懼。

公孫淵為了保證自己的安全，派出鐵騎和步兵先圍困住接旨的地方，再帶了大批侍衛進去，讓侍衛環立後才接受聖旨，行跪拜之禮。整個過程中，曹魏派來宣旨的人倒是被虎背熊腰的遼東侍衛看得緊緊的，反而覺得自己的生命受到了威脅。

使團走後，公孫淵更不相信朝廷了；回到洛陽的使團，向朝廷陳述了公孫淵陳兵列陣、接受詔書的情況，使得朝廷也更加不相信公孫淵了。不久，曹魏就派遣幽州刺史毋丘儉帶兵向公孫淵攤牌。

　　曹魏不見得就有殺公孫淵的計畫，但是派遣的使團人員不合適，給
了公孫淵不安全的印象。同時，公孫淵的誇張表現，也給了使團極壞的
印象，認為公孫淵懷有不臣之心。雙方因為兩個也許只是因為被疏忽了
的細節，而陷入了心理的「安全困境」。

外交謀略大盤點

　　除了用人和心理戰外，三國外交謀略還有很多。人們喜歡三國，愛聽三國故事，一個重要的原因就是三國鬥智鬥勇的謀略案例吸引人。正史和演義小說中都有許多這類小故事。人們很自然把自己內化為三國的人物，設身處地思考週遭環境、思索對策。誠然，如將個體比作一座城池、一個政權，我們的交際和生活何嘗不是一個個「外交」行為。這或許就是亂世謀略吸引人的地方。演義小說中也有許多這些小故事。這些案例的深挖和整理還有待專家學者的辛勤工作。筆者就再介紹一些零散的謀略案例，以饗讀者。

案例一，不冷靜的王凌。

　　魏太和五年（西元二三一年），東吳將領孫布派人到揚州，告訴揚州刺史王凌說：

　　「自己欲降魏，奈何道路很遠，自身無力越過重重山河來到揚州，希望魏國能夠出兵迎接。」揚州刺史王凌就將孫布的書信上報給了主持江北軍務的滿寵，請求派兵馬迎接孫布。

　　滿寵則認為孫布的歸降靠不住，所以拒絕派兵，還寫了一封信給王凌說：「孫布知道天下正義所在，想避禍歸順，這種精神是需要嘉獎的。但是如果我們現在派兵相迎，兵少了不足以相衛，兵多了肯定會被東吳知道。還不如祕密回報孫布，嘉獎他的行為，讓他按兵不動，再隨機而動。」滿寵當時正被朝廷徵召，臨走前嚴屬命令留府的長史（相當於主持日常行政的祕書長）：「如果王凌想派兵迎接，千萬不要給他兵啊。」

　　王凌得不到援兵，最後不得不單獨派遣一名部將帶領步騎七百人去

迎接孫布。想不到孫布真的是假投降，連夜襲擊了曹魏援軍。魏將逃走，軍隊死傷過半。

王凌受了教訓後，也沒有學會保持冷靜的頭腦、認真分析局勢，後來他在主持曹魏的揚州軍事時，計劃發動反對司馬家族的叛亂，結果拖泥帶水，事洩兵敗，自殺身亡。

案例二，董昭的虛實相間。

關羽將曹仁死死圍困在樊城的時候，孫權派使者對曹操說自己要「歸順朝廷」，派兵西進，進攻關羽鎮守的荊州。如果關羽丟失城池，他肯定會撤軍。樊城之圍也就不救自解。孫權還特別請曹操「乞密不漏，令羽有備」。也就是說讓曹操為自己保密，千萬別讓關羽知道。

曹操問大臣們怎麼辦，群臣都說應該替孫權保密。董昭卻建議說：「我們應該表面答應孫權，幫他保密，暗地裡洩漏孫權的計畫。關羽聽說孫權進軍荊州，肯定會回軍自衛。這樣曹仁將軍的圍困不僅被解開了，而且還可以讓孫權和關羽兩個人互相爭鬥，我們坐待其成。首先，幫孫權保密讓他的計畫實現，並不是上策。其次，陷入重圍的官兵們現在不知道有救兵，心懷恐懼，防守艱難。如果大家都知道孫權要進攻荊州了，還能夠鼓舞前線士氣。最後，關羽為人剛愎自用，自以為荊州城池堅固，肯定不會馬上撤退。」

曹操接受了董昭的建議，命令前方將領將孫權的書信射到陷入重圍的樊城和關羽的軍營之中。樊城官兵知道消息後，士氣百倍；關羽接到書信後，猶豫不決。

董昭的計策虛實相間，是三國經典謀略。它表面上是向關羽通風報信，實際上是丟給了關羽一顆煙幕彈，讓關羽難辨別真偽。關羽如果相信了，回軍荊州，樊城的重圍就自然而解了，曹魏還可以隔岸觀兩虎相

鬥，坐收漁翁之利；如果關羽不回軍，孫權的計畫就能成功，樊城的重圍還是可以解救。無論如何都會實現曹魏解救樊城之圍，同時消滅敵人的目的。

案例三，猛虎掏心。

《三國演義》故事中有許多將領喜歡用「襲糧計」，這就是「猛虎掏心」的戰術。這裡的「心」就是關係到敵人核心利益、可以一擊敗敵的關鍵所在。

曹操輕騎燒烏巢糧草就是典型的戰例。建安五年（西元兩百年），曹操傾注全力，和袁紹大軍在官渡對峙。袁紹的軍力幾乎是曹操的十倍，且兵精糧足，曹操處於絕對劣勢。當曹操得知袁紹把糧草儲存在大營後方四十里的烏巢（今河南封丘西）時，力排眾議，連夜率領主力騎兵，長途奔襲烏巢，焚毀袁紹軍糧。袁紹大軍得知後，軍心渙散，導致官渡之戰潰敗。這次作戰奠定了曹操統一北方的基礎。

同樣在官渡戰役期間，謀士許攸就向袁紹進言，建議以部分軍隊將曹操大軍拖在官渡，派遣主力繞過官渡戰線南下，偷襲許縣。只要占領首都和曹操的屯田重鎮，將皇帝搶到手，就等於除去了曹操的心臟。可惜袁紹沒有聽從。

當時在袁軍陣營中的劉備看到袁紹成不了大氣候，就自請去取汝南，在曹操的後方搞破壞。這也是猛虎掏心謀略的運用。

案例四，外交威懾。

所謂的外交威懾就是一方利用自己在資訊、實力方面的優勢，對相對較弱的一方形成威懾，以求達到不戰而屈人之兵的目的。

袁紹的兩個兒子逃到遼東的時候，曹操要殺他二人。郭嘉就建議曹

操實行對公孫康的外交威懾，利用強大的軍事壓力，陳兵北方，又不進攻公孫康，對其造成威懾力。公孫康斷然不敢與曹操大軍為敵，就明智地選擇了殺袁氏兄弟，向曹操稱藩。

鍾繇安定關中和西涼地區，也是使用外交威懾戰術的成功案例。當時，曹操忙於東方混戰，沒有力量進入關中地區。好在關中地區也沒有形成統一的權威，而是各派系分治。為了防止這些豪強勢力被人利用，或者聯合與曹魏為敵，鍾繇來到了關中。他當時能夠利用的最大資本就是朝廷掌握在曹操手裡，他在關中的統治是名正言順的，所以可以利用朝廷的名義大開封賞的空頭支票。就這樣，鍾繇成功地利用了政治名分的優勢，維持了關中和西涼地區脆弱的穩定局面。

案例五，張特虛與委蛇。

張特是三國後期的曹魏軍官。他先是在鎮東將軍諸葛誕手下做軍官，後來被調到後方去了。剛好，合肥新城的守將出缺，就先讓張特去補缺。不想，沒過多久諸葛恪就傾東吳全國的軍隊北伐，大軍將合肥新城圍得水洩不通。張特集中全城軍隊，只有三千人，剛一接戰，就死傷過半。

眼看著圍困越來越緊，張特派遣軍士劉整潛出重圍求救。劉整在突圍途中被東吳軍隊擒拿，嚴刑拷打。東吳士兵對劉整說：「諸葛公想給你條活路，只要你投降服從就行。」劉整罵道：「死狗，這是什麼話！我死是魏國的鬼，不苟活在世上。如果想殺我，就快來殺吧。」劉整至死都沒有說其他的話。

張特又派遣軍士鄭像出城傳遞消息。有人把此事告訴了諸葛恪。鄭像等人又被諸葛恪派出的騎兵擒拿住了。東吳兵士把他們四五人綁著，計劃繞城而行，以動搖合肥新城的軍心。吳軍讓鄭像向城內喊話，說：

「朝廷大軍已經退回洛陽了，合肥不如早早投降。」鄭像假裝答應，喊話的時候卻向城中大呼：「大軍近在重圍之外，城中壯士努力啊！」吳軍只得用刀堵住他的嘴。

諸葛恪造起和城池一樣高的土山，加強進攻。眼看著城池多處損毀，難以修復，就要陷落了。張特對東吳大喊說：「我無心再戰了，請求投降。但是按照魏國法律，城池受到圍攻超過百日，救兵還沒到的，守將即使投降了，家屬可以不連坐。現在東吳大軍圍困合肥已經超過九十天了。城中本來有四千多人，現在戰死的人超過一半。城中許多人因為這條法律，還不願意投降，這很難辦。我計劃和城中的人一一談話，註明善惡，明天一早就上報給東吳。現在我將自己的印綬交給吳軍，作為投降的信物。」張特說完，真的將自己的印綬交給了東吳。吳軍相信了他的話，也不取印綬，就退兵了，等待第二天合肥城投降。

張特回到城裡，馬上號召軍民連夜拆掉城中房屋去修復城池，並將城牆加為兩重。第二天，東吳前來受降。張特說道：「我不會投降，只會死戰！」諸葛恪大怒，加緊進攻，但卻在修復如初的合肥新城面前毫無進展。合肥新城在整個淮南戰役中都沒有被東吳占領。

戰後，曹魏朝廷嘉獎張特，提拔他為將軍，封列侯，調任安豐太守。

案例六，不拘常例。

蜀將孟達投降曹魏後，魏國非常優待他。司馬懿認為孟達巧言令色，不能提拔擔當重任。但曹丕還是任命孟達為新城（今陝西東南和湖北西北地區）太守，封侯，假節。孟達在新城地區暗地裡果然和吳、蜀交流，圖謀更大的利益，最終接受了蜀漢的策反，準備起義。諸葛亮其實非常討厭孟達這個反覆小人，又擔心他日後成為禍患，於是就利用孟達與鄰郡的申儀（曹魏魏興太守）關係不好這一點，想了個借刀殺人的計畫。

　　諸葛亮派遣一個叫郭模的人假意向申儀投降，將孟達響應蜀漢準備起義的事告訴了曹魏。孟達知道自己的計畫洩漏了，只能加緊舉兵進程。主持南方軍務的司馬懿為了穩定孟達，贏得鎮壓的時間，假意寫了一封書信給孟達：「孟將軍以前拋棄劉備，歸順朝廷。朝廷將邊疆要地託付給將軍，讓將軍負責進攻蜀漢的大事，非常信任將軍。蜀國人莫不對將軍切齒痛恨。諸葛亮想消滅將軍，苦於沒有辦法，就想了這麼個離間計。郭模的話，是軍國大事，諸葛亮怎麼可能會洩漏出去。由此看來，他是想離間朝廷與將軍的關係。」

　　孟達接到司馬懿的信，大喜，又在起兵與否的問題上猶豫了起來。司馬懿一邊上報朝廷，一邊集合部隊，暗地行軍進討。下屬將領們都建議要先觀望而後動，司馬懿認為：「孟達是沒有信義的小人。我們要在他們幾方互相懷疑的時候，抓緊進軍，推動孟達的反叛而消滅他。」司馬懿的軍隊日夜兼程，八天就到達了新城城下。吳、蜀兩國都派遣將領從西城安橋、木闌塞救援孟達，但被魏軍阻擊不得前進。

　　當初，孟達還樂觀地向諸葛亮分析道：「宛（司馬懿所在地）離洛陽八百里，離新城一千兩百里。司馬懿聽到我舉事的消息，要先上表給天子，等待朝廷命令。如此反覆需要一個月的時間。到那時候我的城池堅固了，軍隊也布置完成了。加上新城地區地勢深險，司馬懿不見得敢進攻；等蜀吳兩國的援兵到了，我就無憂了。」

　　看到司馬懿兵臨城下，孟達傻了眼：「我剛舉事，司馬懿大軍八日後就到城下了，何其神速啊！」

　　司馬懿大軍八路進攻。半個月後，孟達的外甥鄧賢、部將李輔等人開門投降。孟達被斬首，傳首京師。司馬懿的成功就在於他不按常理出牌。

案例七，擒賊先擒王。

最後讓我們回到本章開頭，再說說董昭。

當時的孫伉（他是公孫瓚推薦的孝廉）是鉅鹿郡的大姓，他和數十人煽動吏民，謀劃投靠公孫瓚。董昭到郡裡，以袁紹的名義發表了一篇檄文，說：「我軍截得情報，說公孫瓚計劃進攻鉅鹿郡，孫伉等人就是公孫瓚的奸細，準備裡應外合，出賣鉅鹿。我（袁紹）的檄文到後，逮捕孫伉等人，軍法處置。他們的妻子兒女不需要連坐。」董昭依照檄文，將當地大姓都斬首示眾，再安撫鉅鹿郡惶恐不安的人心。至於投靠公孫瓚之事，自然就煙消雲散了。

董昭成功地實踐了自己提出的「見機行事，隨機應變」的外交謀略精華。

十　外事四夷的延續

　　三國亂世中，中國與周邊少數民族和國家的交流不僅得到了延續，
而且在東北和東南方向得到了重要發展。

延續：北方及西域

西元前六〇年，當時的羅馬執政官（兼敘利亞行省總督）克拉蘇，率領七萬軍隊，進攻安息，希望拓展羅馬帝國的疆土。途中，克拉蘇就地僱傭士兵，沿途補充兵力。當年盛夏，羅馬軍隊在沙漠深處被安息輕騎兵擊敗。激戰中，大約有一千名士兵成功突圍，向東逃亡。這些羅馬雜牌軍最終來到了漢朝棲身。

這批背井離鄉的士兵在中國重操舊業，成為西域郅支匈奴的僱傭兵。

陳湯征討西域的時候，就見到過這支奇怪的軍隊：「手持一人高的巨型大盾牌，一千人組成正方形隊列，用盾牌把隊伍包裹個嚴嚴實實密不透風。然後喊著口號邁著統一步調往前走。」敵人在遠處時，他們就投擲長矛；待敵人近了，他們就平舉長矛集體刺殺；肉搏時，他們丟棄長矛和盾牌，使用短刀。

這支部隊遭到了漢朝重騎兵部隊的毀滅性打擊。一千人的戰陣只剩下一百多人，被漢軍俘虜。這件事記載在《漢書·陳湯傳》中。漢朝將這百餘名羅馬士兵安置在驪縣（今甘肅者來寨）。

在《三國志》中記載了馬超率領的西涼軍團吸收羅馬兵團的戰法。渭南戰役中，西涼部隊聚攏成戰陣，密集使用標槍，給曹操率領的中原軍隊造成巨大的殺傷，取得了階段性勝利。西涼軍團中的部分西涼兵，就是當初羅馬士兵的後裔。

河西走廊和西域，是中原王朝對外交流的傳統平臺。它們和長城沿線構成了中原王朝對外交流的主要舞臺。不論是北方遊牧民族對南方農業區域的侵壓，還是南北經濟文化交流的活躍，都是在這一條線上展開的。中國古代中原王朝對外軍防、邊疆治理、外交的主要精力幾乎都投

向了王朝疆域的正北和西北方向。直到近代清王朝產生「海防」與「塞防」之爭後，中國對外交流的眼光才從西北和正北調整到浩渺的海洋，關注那些從海上舶來的外交對象。

《三國志》中，有關對外交流的史料主要集中在第三十卷《烏桓鮮卑東夷傳》。

該傳頭一句話就是：「書載『蠻夷猾夏』，詩稱『獫狁孔熾』，久矣其為中國患也。」這裡，禍患中原的少數民族主要指的是西北和北部的匈奴和續之而起的鮮卑、烏桓等，也包括羌、氐等民族。兩漢一直慘淡經營北方，沒有解除北方異族對中原的威脅，更談不上在北方建立穩固的統治。可貴的是，兩漢在正北和西北的努力，留給了三國政權一定的影響。三國雖然混戰，卻繼承了兩漢在北方的影響力和一系列的制度安排（包括西域都護、烏桓校尉、匈奴中郎將等），自然還有那條聞名遐邇的絲綢之路，這才保持了中原王朝與北方、西域的交流，並延續了與更遙遠的民族與政權的關係。

秦、漢以來，匈奴稱霸蒙古高原，脅迫西域，久為北方邊害。

強大的匈奴勢力在東漢前期分裂為南北二支，開始衰落。南匈奴降服於東漢，並被移居至并州、涼州等地，協助東漢政府防禦北方。而北匈奴在漢朝與南匈奴的聯合打擊下，不斷西遷，最後消失在了茫茫的歐亞大陸深處。東漢末年戰亂之際，南匈奴與漢族軍閥聯合參與了北方地區的戰爭。他們進一步向南遷移，加深了漢化程度。其中一支匈奴定居在了河東郡。日後，正是這一支匈奴的後裔滅亡了西晉。

不過在曹魏時期，南匈奴各部完全隸屬於曹魏政府，接受直接管轄。建安二十一年（西元二一六年）秋七月，匈奴南單于呼廚泉率領各部首領來鄴城向曹操朝貢覲見。曹操待之以客禮，將呼廚泉等人留在魏地，只讓右賢王回去監國。南匈奴各部終曹魏一世都受到嚴格監管，沒

十　外事四夷的延續

有生事。漢匈關係失去了外交的性質。

到三國時期，匈奴已經衰落，鮮卑成為續起的霸主。鮮卑民族凝聚力強，軍事勢力大，與中原王朝的交叉往來更甚於匈奴。

鮮卑占據了匈奴空出來的北方，成為新的霸主。鮮卑屬於古代東胡系民族，居於鮮卑山（今大興安嶺），因此得名。秦漢之際，鮮卑、烏桓等受匈奴役使。漢武帝大敗匈奴後，鮮卑人陸續南遷至今西拉木倫河流域和呼倫貝爾草原、河套地區。鮮卑逐漸占領匈奴故地後，迅速壯大，兼併了匈奴的殘餘力量，勢力日強。

漢桓帝時，首領檀石槐建立了部落聯盟性質的鮮卑政權，建汗庭於高柳北彈汗山（今山西陽高西北）。整個鮮卑分為東中西三部，各置首領率領。

檀石槐統治時期，加速了本民族的漢化。漢人、漢律和鐵器的進入，促進了鮮卑社會的發展。檀石槐死後，統一政權瓦解，出現步度根、扶羅韓、軻比能等首領，各擁所部。他們或趁火打劫，或附屬漢魏，或游離各政權之間，活躍於北方草原。需要指出的是，北方的一些軍閥在遊牧民族侵擾中原的事件中起了幕後黑手的作用。比如遼東公孫淵就曾「誘呼鮮卑，侵擾北方」。

關於對鮮卑的政策，東漢末期的蔡邕提出過「先安內後拒外」的建議。

漢末和曹魏時期因中原多事，事實上採用了蔡邕的建議，並將之擴展為處理與所有北方少數民族關係的基本原則。曹操時期，只要鮮卑等民族不插手中原事務，曹操對他們的劫掠都採取睜一隻眼閉一隻眼的態度。一旦鮮卑等民族參與北方征戰，曹操就給予堅決打擊。曹丕即位後，「務欲綏和戎狄，以息征伐」，實現羈縻政策。軻比能後來兼併了步度根，鮮卑部將歸泥劫掠并州地區，殺戮吏民。曹魏驍騎將軍秦朗對鮮

卑發起了大舉進攻。歸泥率領部眾投降。曹魏封他為歸義王，賜幢麾、曲蓋、鼓吹，並將其部落遷移到并州居住。除了羈縻政策外，分化瓦解周邊少數民族也是中原王朝常見的策略。曾經主持曹魏北方事務的田豫「以戎狄為一，非中國之利，乃先構離之，使自為讎敵，互相攻伐」，取得了良好的效果。朝廷和北方邊郡都採用田豫的方法。

烏桓、夫餘等也是北方的遊牧民族，騎兵勢力也相對強大。袁紹曾引用這些民族作為外援。曹魏為了消滅袁氏餘孽，親自遠赴烏桓展開征討。在白狼山戰役中，曹軍消滅烏桓主力，斬殺了首領蹋頓。此後曹操將降服的烏桓移至內地定居。其中部分人被補充到曹軍的騎兵部隊中，殘餘的部分勢力則被遼東公孫政權消滅了。

投降、安置少數民族，是曹魏政府執行的又一項重大的民族政策和外交政策，這麼做既可以減輕少數民族對自身的侵擾，又能以夷制夷，穩定北方邊區，還能招攬人口。《三國史》上就有曹魏招降北方少數民族的記載。例如，牽招擔任使持節、護鮮卑校尉的時候，在昌平廣布恩信，招降納附。鮮卑族十餘萬人紛紛前來歸降。曹魏政府將他們安置在長城內外。

除了曹魏政權外，遼東公孫政權是處理北方民族事務的另一個主體。當時高句麗和鮮卑勢力強大，公孫度就與地處兩者之間的夫餘盟好，將宗族中的女子嫁入夫餘，拉攏一部分，打擊一部分。遼東政權執行的也是羈縻和分化瓦解政策。

談完了北方各民族概況，我們重點來考察亂世的中原王朝與西域的外交關係。

兩漢時期，中原王朝經營西域取得了相當的成績。東漢政權的權威，以及西域都護組織的存在，對西域的穩定造成了重要作用。絲綢之路發展為交通網絡，沿線出現了「商旅往來不絕，使者相望於道」的繁

十　外事四夷的延續

榮景象。中原使者的足跡遠及羅馬、安息、奄蔡（今鹹海至裡海一帶）、
條支（今伊拉克）、大夏（今阿富汗）、印度等地；東來的商隊和使團也
沒有停歇，「商胡販客，日款於塞下」，一年之中多至數千人。

　　到了魏晉南北朝時，雖然中原戰亂頻繁，但同中亞、西亞和羅馬各
國的交流從未間斷。

　　三國時期，西域明確通使朝魏的有十一個國家：烏孫、疏勒、車
師、鄯善、龜茲、於闐、焉耆、危須、大月氏、康居和大宛。《烏桓鮮卑
東夷傳》只記載了西域三國：烏孫、疏勒、車師。余太山先生根據《魏
略‧西戎傳》考據認為，除危須外，其餘十國都是當時西域的大國，其
中七個國家（鄯善、龜茲、於闐、焉耆、大月氏、疏勒、車師後國）都
是西域的霸主，各有各的勢力範圍。這些國家占了當時西域的大部分。

　　絲綢之路在三國時期依然存在，而且相當發達。由於戰亂和之後的
南北對峙，曹魏代漢後一時沒有力量深入西域。西域又出現了類似西漢
末期東漢初期諸國兼併、劃分勢力範圍的局面。當時車師後國稱雄北新
道，扼守交通要衝。曹魏賜車師後王「一多雜守魏侍中，號大都尉，受
魏王印」。

　　中原王朝當時表面上對西域各國封爵，稱各國的來訪是來朝貢獻，
但是曹魏對西域的影響更多的是空喊口號，徒有心理優勢而已。因為在
亂世中「河右擾亂，隔絕不通」，曹魏與西域根本不可能實現直接交流。

　　河西各郡最西邊的敦煌郡太守馬艾在任上死了。郡丞出缺，加上道
路不通，張恭（功曹）就被人推舉代理長史職務，掌握了敦煌政權。張
恭派兒子張就去拜見曹操，請求派遣新任太守。當時，酒泉的黃華拒絕
太守辛機入境；張掖的張進逮捕了太守杜通，然後自稱太守、霸占郡縣。

　　張就到酒泉的時候，被黃華拘執。張恭決定以武力打通河西與中原
的連繫，就派遣族弟張華進攻酒泉郡的沙頭、乾齊二縣；張恭自己領兵

在張華後面，兩軍首尾互援。張恭另外派遣鐵騎二白，過酒泉直接出張掖北河，迎接新太守尹奉。

張進需要黃華的支援才能保住自己的位置；但是黃華雖有心救張進，卻受到西邊張恭的威脅，怕張恭截斷自己後方。最後黃華被曹魏的金城太守蘇則擊敗。張就平安得救。

黃初二年（西元二二一年），曹魏下詔褒揚張恭，賜爵關內侯。張恭儼然成了河西走廊的穩定支柱。黃初三年，曹丕設西域戊己校尉。首任戊己校尉是張恭，駐高昌。這是曹魏政權在局勢相對穩定後主動經營西域的舉措。《晉書·地理志》涼州條記載，魏時涼州刺史領戊己校尉。但我們不知道張恭是否擔任了涼州刺史。曹魏似乎還設有西域長史。但因為魏國立國時間短，西域長史和戊己校尉的作用也許很小，所以《三國志》中並未有傳。

張恭數年後被徵召入朝。張就後來成為金城太守。張氏父子著稱涼州，可謂是曹魏西北外交事務的拓荒者。

與張恭同時代的涼州支柱是蘇則。蘇則在金城太守任上就招攬隴西流民，平定了隴西李越、西平麴演的叛亂造反和羌胡的圍攻，還擔任過護羌校尉，賜爵關內侯，有豐富的處理少數民族事務的經驗。後來麴演勾結張進、黃華作亂，加上武威少數民族叛亂，東西道路再次斷絕。當時雍涼的豪強都聯合羌胡少數民族響應張進的作亂。武威太守向中原告急。

輿論認為張進勢大，銳不可當。曹魏政府也命令屯守金城的郝昭、魏平等人不得西進。蘇則召見郡中官吏、郝昭及羌民族豪帥等人說：「現在的亂賊都是烏合之眾。我們鼓舞士氣，一定能擊破他們。如果一味等待朝廷的大軍，曠日持久，那時候亂賊的勢力就鞏固壯大了，難以剷除。現在雖然有詔書，但我們將在外可以便宜行事。」在蘇則的堅持下，郝昭等人發兵救武威，擊敗張進，誘殺麴演，招降脅從的少數民族，解

了武威之圍。蘇則進而會合諸軍攻占張掖，黃華獻出酒泉乞降，河西澈底平定。

之後的任敦煌太守是倉慈。敦煌在國家西陲，喪亂隔絕，曾經二十年沒有太守。張姓是地方大姓，把持地方事務。前太守尹奉等人循故治理，無所作為。

倉慈這個淮南人遠赴河西，到任後，抑挫豪強，撫卹貧贏，清理刑獄，地方政務煥然一新。當時西域各少數民族非常希望與中原貿易、交流。但河西的豪強大族卻採取了斷絕中西交流的舉措，壟斷了中原與西域的經濟文化交流，欺詐外商，巧取豪奪。西域各地怨聲四起。倉慈任上最大的功績是規範、深化了中西交流。對於想去洛陽內地貿易遊歷的人，倉慈協助他們辦理文書手續，派遣吏民沿途護送；對於在河西貿易後就想回去的人，官府以平價與他們貿易。倉慈再將這些外貿物資公開交易，獲得了河西的交口稱讚。數年後倉慈死在了任上，官員百姓如喪親戚，繪畫倉慈的遺像悼念。西域各少數民族聽到倉慈去世的噩耗，都聚集到戊己校尉及其長史的治所，哀悼死者。當時還有人以刀劃臉，用血表達自己的誠意；又有人為倉慈立祠祭祀。

《魏略》說天水人王遷接替倉慈擔任太守之後，繼承了倉慈的政策，但政績趕不上前任。金城人趙基接替王遷擔任敦煌太守，但做得還不如王遷。

燕國薊縣人徐邈在魏明帝時期來到涼州，擔任涼州刺史、使持節，領護羌校尉。他上任的時候剛趕上諸葛亮出祁山北伐，隴右三郡歸降。徐邈成功地率領參軍和金城太守等保住了轄區。之後徐邈興辦內政，挖掘武威、酒泉鹽池的潛力；廣開水田，招募貧民佃耕；他興辦商業也取得成功，甚至可以向內地上繳物資；他逐漸收斂民間武器，興辦學校，移風易俗。徐邈在處理民族問題上，寬容待人，不問小過；尊重部落首

領的權力，如果要懲辦犯大罪的少數民族居民，都事先告訴其部落首領。徐邈時期，中西交流暢通，少數民族向曹魏進貢。徐邈因功封都亭侯，食邑三百戶，加建威將軍。

與兩漢一樣，魏國經營西域的目的主要是政治性的。那就是延續傳統的「夷夏大防」觀念，構建心目中的國際體系：中原王朝居中央，教化周邊少數民族和政權；周邊少數民族和政權要恭敬順從中原王朝，安境保民。這是和平、穩固和分級的國際體系。中原對外交流時，重視泱泱大國風範，厚來薄往，以懷柔宣化為主；當時對西域雖然也動用過武力，但行威懾而已，不事掠奪。（漢武帝時期的李廣利征大宛是次例外。那次大軍征討大宛，歷時三年，造成海內虛耗。西漢破大宛後，僅僅取其良馬數十匹而已。）

但是西域諸國與兩漢魏國交流的目的，首先是經濟的，即所謂「欲通貨市賈」，其次是為了吸取後者先進的文化，即所謂「慕樂中國」。此外，帕米爾以東諸國還想尋求庇護，以避免來自塞北遊牧民族的侵掠。

在中原局勢穩定後，中西的交通之盛、貿易繁榮可能遠遠超過後人的想像。儘管中國典籍都將西方的來訪稱為「進貢」、「奉獻」，但所謂的朝貢往往成為西域各國謀取貿易利潤的幌子。西域向魏國的大規模進貢有六次：文帝，黃初三年；明帝，太和元年；明帝，太和三年；景初三年；齊王芳正始元年正月；元帝咸熙二年。許多西域胡商假借朝貢之名到中原來進行貿易謀利。

崔林擔任大鴻臚主管外交的時候，規範了中西貿易。當時龜茲王派遣侍子來洛陽朝貢。曹魏朝廷嘉許使團千里迢迢而來，給予了豐厚的回饋和賞賜。於是西域各國的國王紛紛派兒子們來朝貢，前後相望於道。崔林認為其中有許多虛假成分，西方來的所謂使團很多是貴族結伴而來，甚至乾脆就是商隊，看重的是中原的賞賜和回饋。但是中央王朝道

十　外事四夷的延續

路護送和接待的費用很高，不僅勞民傷財，而且被西域各國正宗王室所嘲笑。崔林於是向敦煌方面下公文，要求重視這件事，記錄西方各國的情況和前後朝貢的情況，經常查對。逐漸地，西域對曹魏的朝貢有了常態化的制度可依。

　　曹丕尚未受禪的時候，延康元年春三月，濊、貊、夫餘單于和焉耆、於闐國王同時派遣使節奉獻。曹丕接受漢獻帝禪讓的典禮上，就有周邊少數民族派出的使節。魏明帝太和三年冬十二月，曹魏因為大月氏王波調遣使奉獻，封波調為親魏大月氏王。曹魏王朝顯然對在正北和西北取得的如此的外交成果非常滿意的，主觀上沒有進一步經略更加遙遠地區的決心，客觀上也受到吳蜀的牽制，沒有實力展開與更遠地區的外交活動。這不能不說是一件遺憾的事情。

　　中原正西方向的羌人、氐人的凝聚力沒有匈奴、鮮卑那樣強，各自分散，始終未能有獨立作為。至今存在的羌民族是中國西部的古老少數民族。東漢末年，羌族趁天下大亂大舉侵入了涼州領域並定居下來，開始與漢人雜居。當時羌族或者與當地的豪族聯手，或是獨立舉兵發動叛亂，西元一八四年的涼州大亂中就活躍著羌人的身影。三國時期，由於居住地介於魏蜀兩國邊界，羌人依然活躍在蜀漢和曹魏的攻防戰中。氐族偏南，主要居住在涼州與益州，較善於農耕。他們也參加了涼州的兵亂，在三國時期也時常被捲入蜀漢和曹魏的戰火。西元三〇四年，氐族流民首領李雄趁亂占領巴蜀稱帝，建立了成漢政權，在名義上繼承了蜀漢的香火。

　　蜀漢對西邊少數民族採取了和撫加利用的政策。前者是防止少數民族與蜀漢政權為敵，後者是希望利用他們的兵力與曹魏作戰。《後主傳》引《諸葛亮集》建興五年三月詔書說：「涼州諸國王各遣月支、康居胡侯支富、康植等二十餘人詣受節度，大軍北出，便欲率將兵馬，奮戈先

驅。」刨除其中誇張成分，這說明蜀漢政權與西域和西邊少數民族存在連繫，關係似乎還不錯。

《漢晉春秋》也有這麼一句記載：「亮圍祁山，招鮮卑軻比能，比能等至故北地石城以應亮。」這顯示諸葛亮的手伸得很長，跨越曹魏國境與正北方向的鮮卑勢力也有連繫。

蜀漢的傳統外交重點是在西南。諸葛亮平定南中後，改南中的益州郡為永昌郡。永昌成了蜀漢南方外交重鎮。

張騫出使大夏時，在市場上見到蜀布、竹杖等，很好奇地詢問何處所來。

當地人說：「從東南身毒國可數千里，得蜀賈入。」原來在四川和印度之間，透過雲南和緬甸有一條商路。張騫通西域之前，穿行在川、滇、緬、印古道上的貿易商人，繞過西藏高原東南部，經橫斷山脈高山峽谷，過緬甸，到印度、阿富汗，開通了聯結東西方文化的最古老的絲綢之路。蜀中的絲綢、布匹、鐵器就沿此道銷往東南亞、南亞及西亞，而印度和中亞的珠寶、琉璃亦沿絲路輸入中國。《後漢書·西南夷傳》記載，西南地區曾向東漢政府「獻樂及幻人」。所謂的幻人，也就是西方魔術師。說明當時透過西南地區，中國與地中海沿岸開始了交流。在永昌郡境內的騰衝城西八里寶峰山下的荒塚中，考古工作者曾一次就挖掘出了漢代五銖錢千枚，足見西南絲綢之路貿易之盛。三國時期，這一區域是亞洲大陸與中南半島的銜接處，是民族遷徙經濟往來的通衢，是大陸文化向南傳播和島嶼和海濱文化的北上滲透的咽喉地帶。南方絲綢之路在歷史上的價值不亞於北方的陸上絲綢之路。《三國志》註解說：「永昌出異物。」說的就是該地區中外貿易交流發達的情況。

不過因為蜀漢政權地處偏遠，國力有限，蜀漢的傳統外交活動並不多。關於此的史料很少。

開拓：朝鮮和日本

三國時期，因為遼東公孫政權的建立和海運事業的發展，中國對朝鮮半島和日本列島的情況逐漸了解，雙邊往來逐漸密切。之後，朝鮮半島和日本列島開始成為中國外交的重要對象。

兩漢三國時期，朝鮮半島的命運牢牢地與中國遼東地區的歷史連繫在了一起。

西元前一〇八年，漢武帝攻滅衛氏朝鮮，在朝鮮半島中北部設立樂浪、玄菟、臨屯、真番四郡。朝鮮半島進入「漢四郡時代」。四郡都負有鎮撫東北和朝鮮部落的任務，而且是當地與中央政府交流的第一道外交戰線。

因為當地部族的反抗，西漢政府在西元前一世紀廢止了臨屯和真番兩郡，後來又將玄菟郡遷移到遼東。東漢時期，中原王朝在朝鮮半島的外交戰線逐漸萎縮。公孫政權時期，儘管中國在戰亂中走向分裂，但遼東政權對朝鮮半島的外交經營逐漸恢復並擴展。公孫氏分出樂浪郡南部，設立帶方郡加強對朝鮮中南部的鎮撫。

《三國志·烏桓鮮卑東夷傳》向我們描述了三國時期朝鮮半島的情況當時正是「三韓時代」。南方土著和南遷的朝鮮人在半島南部建立了辰韓、馬韓、弁韓三國和伽仰等小國。按照《三國志》的描述，這些國家都處於部落聯盟階段。三韓各由十數個或數十個部落組成，各部落都保持著很大的獨立性，沒有形成鞏固的統一體。其中馬韓勢力比較大，三韓各部落首領原先都是馬韓人。部落大酋長叫做臣智。其中的辰韓國已有城柵，制定了法律，並出產牛、馬匹（這是東吳缺乏的策略物資）和鐵。三韓都從事種稻、養蠶、織布等生產。

　　三韓時代的朝鮮各國，主要是與遼東的樂浪和帶方兩個郡進行貿易。遼東政權代表中原王朝對朝鮮各國進行宣化懷柔，接受朝鮮各國的進貢，也接受朝鮮各國的訴訟並進行調解。這是理想的狀態。遼東政權憑藉自己相對強大的實力，在朝鮮半島扮演著穩定和仲裁的作用。公孫家族出於圖存爭霸的目的，也積極維護著朝鮮半島的穩定並開展貿易。現有研究顯示，公孫氏的遼東政權促進了朝鮮半島的社會進步。

　　東吳政權與三韓的交流稍晚。孫權也看到了三韓的優越策略地位，同時也為營造「俯視四夷，萬邦來朝」的氛圍展開了對三韓外交。這裡有一段值得一提的插曲。

　　西元二三三年，吳國大隊遠航遼東，雖然被公孫淵出賣，但卻陰差陽錯地造就了東吳與三韓外交的新局面。

　　當時吳國中使者秦旦、張群、杜德、黃強等及吏兵六十人，被遼東政權逮捕安置在玄菟郡，形同囚犯。四人決定在八月十九日夜，帶領大家起事逃跑，結果被人告發，計畫夭折。四人翻牆而逃，躲過追捕。逃亡之前，張群膝蓋生瘡，在途中病情加重，難以前行。四人躲在荒草叢中，張群臥地不起。

　　幾乎陷入絕境，相守悲泣。為了大家的安全，張群讓其他人先走。杜德卻說：「萬里流離，死生共之，怎麼能忍心扔下你不管呢！」於是秦旦、黃強在前探路，杜德則負責照顧張群，以野菜、山果為生。

　　經過六七百里的顛沛流離，秦旦、杜德到達高句麗（位於三韓北部，也是以朝鮮人為主體的國家）。為了完成歸國的心願，二人靈機一動，自稱是孫權派來的使節，有詔書送達高句麗，揚言東吳國王有賞賜。秦旦、杜德到達高句麗，見到了國王，他倆宣稱吳王給高句麗的賜品都被遼東劫掠走了。由於高句麗和遼東本來就有仇隙，戰火未滅，所以高句麗相信了兩人的話，下令接回留在路上的黃強、張群，又派遣差

十　外事四夷的延續

役二十五人，護送秦旦等返回吳國，上表稱臣，進貢貂皮千枚，鶡雞皮十具。

　　一行人取道三韓，由黃海北岸入海，萬里流離，終回故國。四人見到孫權，悲喜難抑。孫權將他們都提升為校尉。東吳以此為突破口，將外交的重點轉變到三韓，希望以三韓壓迫遼東，進而影響中原。但是東吳畢竟鞭長莫及，對三韓的影響是間接的。而遼東和曹魏對三韓的影響是直接的，構成了切實的軍事壓力。在遼東和曹魏的干涉下，東吳與三韓的交流斷斷續續，收效甚微。整本《三國志》顯示的東吳的切實外交收益只有兩件：一是獲得了部分馬匹；二是得到了對朝鮮半島較清晰的了解。孫權死後，繼位的東吳列皇放棄了孫權賠多賺少的對三韓外交。

　　公孫政權被消滅後，曹魏繼承公孫氏方針，開拓對三韓外交。曹魏的強大國力促使其在半島事務上採取了強硬態度。魏正始五年至七年（西元二四四年至二四六年），曹魏遼東軍隊征討了高句麗及其濊、貊僕從，連連取勝。西元二四六年八月，屬於馬韓的百濟部落乘虛出兵襲擊了樂浪、帶方等地，劫掠民眾。百濟的這一行動據說還受到了公孫氏殘餘勢力的影響。得勝歸來的曹魏軍隊對百濟的偷襲極為憤怒。樂浪太守劉茂聯合帶方郡，計劃對百濟發起專門的軍事討伐。百濟害怕了，主動迅速地將掠奪的民眾歸還給了樂浪郡。這場風波表面上才告一段落。

　　為了加強對三韓的控制，樂浪和帶方兩郡決定重新劃分管轄範疇。帶方郡在樂浪之南，原先管轄的三韓屬國和部落多於樂浪郡。而帶方郡的實力卻遠遜於樂浪郡。因此樂浪郡提議將原本屬於帶方管轄的八個三韓屬國劃歸樂浪管轄，以加強對三韓諸國的牽制，也為帶方郡分擔壓力。帶方郡同意了。

　　這次魏國內部的行政調整在朝鮮半島上引起了軒然大波。翻譯人員在傳達政令的時候出現了重大失誤，將八國調整管轄上級的命令翻譯成

了要求三韓割讓指定的八國，作為對百濟部襲擊樂浪的懲罰。這當中也不能排除百濟從中作梗的嫌疑。之後百濟部藉機挑唆三韓起來反抗魏國的羈縻統治。朝鮮半島南部六十六個邦國舉兵攻打魏國帶方郡的崎離營。樂浪太守劉茂和帶方太守弓遵，聯合出兵反擊朝鮮人的進攻，取得成功後又進行反攻，一路滅亡了數個朝鮮邦國。

歷史上稱這場戰役為「二郡遂滅韓」，但對戰役的過程和戰後的政治設置語焉不詳。我們可以知道的是：第一，三韓並沒有滅亡，而是重新降伏於曹魏。戰鬥中魏軍的確消滅了一些邦國，甚至占領了三韓當時名義上的首都目支城，但並沒有對朝鮮半島南部進行軍事占領。第二，曹魏在戰役中付出了慘重的代價。帶方太守弓遵戰死，這是三國時期曹魏對周邊少數民族征伐中陣亡的最高將領。同時曹魏極可能付出了巨大的減員損失，以至於史書忌諱，而多不願提及。「此役雙方仍然是兩敗俱傷的……魏軍儘管攻破敵國首都，卻沒有留下充分的軍事資料，以至於《三國志》對三韓的地理失載，即構成了所謂『空曠的地圖』。」

挑起事端的百濟出乎意外地成了戰役的最大贏家。百濟開始逐步與遼東二郡和好。晉朝時，百濟王甚至與帶方太守聯姻，雙方共同對抗強勢的高句麗。在中國的支持下，百濟逐步強盛，成為半島西南部的強國。百濟部統一了馬韓諸部，於西元四世紀初吞併了帶方郡土地，形成百濟王國。辰韓被斯盧部統一，成為新羅國。弁韓等國領土日蹙，分別併入百濟、新羅。西元四世紀，朝鮮半島形成了高句麗、新羅、百濟三國鼎立。

說完朝鮮半島，再說說日本列島。

中國史籍對日本最古老的記載可以追溯到《山海經》。早在西漢，日本百餘國中就有三十餘國遣使中國。史載「舊百餘國，漢時有朝見者，今使譯所通三十國」。東漢中元二年，日本「倭奴國奉貢朝賀，使人自

稱大夫」。光武帝賜以「漢委奴國王」印。但是從《三國志》開始，中國典籍對日本的描述才更加詳盡。正史中，陳壽的《三國志》首次為日本立傳。

三國時期，中國人把日本當作朝鮮半島的外延來認識。《三國志·烏桓鮮卑東夷傳》講到日本的第一句就是「倭人在帶方東南大海之中，依山島為國邑」。中國人從帶方郡出發，沿著海岸線航行，經過韓國進入大海，忽然向南忽然向東，就到了日本北岸的狗邪韓國，再經過一個寬七千餘里的大海就能到日本列島了。

《三國志·烏桓鮮卑東夷傳》提到的日本諸國名稱超過三十個，重點記述了以邪馬臺為首的二十九個國家。進入倭國界後，首先經過對馬國。其後依次是一支國、末盧國、伊都國、奴國、不彌國、投馬國、邪馬臺國。邪馬臺國女王名為卑彌呼，領導其餘諸國。從帶方郡到邪馬臺國的距離超過了一萬兩千里。邪馬臺國南部有狗奴國，男子為王，掌權的人是狗古智卑狗等官員。狗奴國不屬卑彌呼女王管轄。我們大約可以想見當時的日本列島處於部落聯盟紛爭的發展階段。這些記載基本符合日本當時的史實。

《三國志·烏桓鮮卑東夷傳》還對日本各國人口戶數、官職制度、地理環境和經濟物產等都做了記載。日本當時「種禾稻、薴麻」，還有捕魚、撈蛤，不分深水淺水，均能入水取之，有些人「食海物自活」；有細薴、綿、帛布等紡織品；兵器、酒、玉、船隻等也是較普遍的手工業產品。日本各國都有市貿互通有無，特置官吏「收稅賦，有邸閣」。

《日本書紀》卷八記載，仲哀天皇八年（西元一九九年），有一個人自稱是秦始皇的第十一世孫，把中國的蠶種從朝鮮半島的百濟東傳到日本。它和《三國志》中記載倭國「種禾稻、紵麻，蠶桑、緝績，出細、縑綿」的年代大致相近，可以相互印證。這是中國養蠶織綢等生產知識

傳入日本的起源。

《三國志·烏桓鮮卑東夷傳》載，「景初二年（西元二三八年）六月，倭女王遣大夫難升米等詣郡，求詣天子朝獻，太守劉夏遣吏將送詣京都。」這是日本派往去曹魏的第一個官方使團。明帝接見該使團，冊封卑彌呼為「親魏倭王」，並回贈了白絹、龍錦、銅鏡、真珠、鉛丹等大批禮物。《三國志》全文收錄了魏明帝頒賜卑彌呼的《詔書》。據這份《詔書》透露，日本使團以難升米為正使，都市牛利為次使。其貢品除「班布二匹二丈外」，還有男生口四人，女生口六人。明帝認為，卑彌呼地處遙遠，遣使「貢獻」實在不易，感其「忠孝」，封其為「親魏倭王」，假金印紫綬。書中，魏明帝也不忘要求卑彌呼綏撫國人。

魏帝的詔書和禮品於正始元年，由帶方郡太守弓遵派遣建中校尉梯俊等人航海送至邪馬臺國。這是曹魏派往日本的第一個官方使團。魏明帝贈送給日本精美的絲織品。這是中國各色絲織品作為外交禮品傳入日本的最早紀錄。倭王上表答謝恩詔。中日正式建立起了外交關係。

正始四年，「倭王復遣使大夫伊聲者、掖邪狗等八人，上獻生口、倭錦、絳青縑、綿衣、帛布、丹木、短弓矢。」除生口外的其他七種貢物均是珍貴的上等產品。在位的魏齊王對「掖邪狗等一拜率善中郎將印綬」。

正始六年，景初年間的正使難升米再次來華。魏國「詔賜難升米黃幢」，獎勵其在中日友好關係中做出的貢獻。

正始八年，邪馬臺國與狗奴國發生戰爭，遣使來華通告求助。「倭女王卑彌呼與狗奴國男王卑彌弓呼素不和，遣倭載斯、烏越等詣郡說相攻擊狀。」曹魏遣塞曹橡史張政等人，帶著詔書、黃幢等到日本。中國使團在日本的時候，卑彌呼死了。邪馬臺國隆重為國王建造墳塚，直徑超過百步，用百餘名奴婢殉葬。邪馬臺國新立了一位男性國王，但是遭到

十　外事四夷的延續

國中不服。國家陷入互相誅殺的內戰中，上千人在衝突中被殺死。統治階層重新立卑彌呼的宗女——年僅十三歲的一與為新國王，國家才得到安定。張政使團並沒有參與日本內政，塵埃落定後，將曹魏詔書告諭新國王一與，以示支持。一與派遣大夫、率善中郎將掖邪狗等二十人送使團回國，並獻上男女生口三十人，貢白珠五千枚，孔青大句珠兩枚，異紋雜錦二十匹。這當是日本使團第四次來華。

根據《三國志》的描寫，由景初二年到正始八年間的短短十年中，雙方使者往來六次，相當頻繁，遠勝於後代。司馬昭執政時，邪馬臺國和曹魏繼續互通使節，來往不絕。

在邪馬臺國與中國北方國家交流的同時，近畿地區的大和國也同長江流域的吳國有往來，因而深受中國稻耕農業、手工業生產技術的影響，很快強大起來。吳織、吳布在三國時期就聞名東亞。日本就有吳國織工到倭的傳說。

遠航：東海與南海

　　東吳政權在外交領域的活躍程度不下於曹魏，其開拓性質也不亞於曹魏。

　　在東北方向，東吳政權對遼東和朝鮮半島國家展開了外交流。為了威脅曹魏後方，實現南北夾擊的策略意圖，東吳多次派遣海船前往遼東半島，與遼東的公孫淵結成同盟。大批船隻從江南至遼東半島，海路艱險，中途還要透過魏國的領海，有著隨時會受到魏軍襲擊的危險。

　　孫權還派船隊訪問朝鮮半島的高句麗和三韓。嘉禾二年，高句麗王奉表稱臣，貢貂皮等特產，孫權派造使者謝宏、中書陳恂拜高句麗王為單于，賜給他衣物珍寶。高句麗王送數百匹良馬回贈給孫權。這些史實證明了當時東吳開拓外交之心，也證明東吳海運之強。

　　東吳對外交流的主要舞臺是在東南沿海和嶺南地區。尤其是這一時期的交州地區（今兩廣、雲南東部和越南北部地區），後來居上，成為中原王朝與南海諸國交流的門戶。西南絲綢之路和海上絲綢之路都是以交州為基地的。交州的優勢地理使得它成為東吳向南洋發展、東南亞商隊來往中原的重要基地。

　　《三國志》分散記載了交州的富庶，令將近兩千年後的人讀來依然神往不已。《三國志‧薛綜傳》記載薛綜的上書：「田戶之租賦，裁取供辦，貴致遠珍，名珠、香藥、象牙、犀角、玳瑁、珊瑚、琉璃、鸚鵡、翡翠、孔雀，奇物充備寶玩，不必仰其賦入以益中國也。」《三國志‧士燮傳》說士燮「每遣使詣權，致雜香細葛輒以千數，明珠、大貝、流離、翡翠、玳瑁、犀象之珍，奇物異果，蕉邪、龍眼之屬，無歲不至。」《三國志‧孫休傳》載永安五年，「是歲使察戰到交趾調孔雀、大豬。」

十　外事四夷的延續

　　交州的富庶，加上基本沒有遭受戰亂的影響，催生了繁榮的商貿經濟許多外國商人來交州貿易，並由交州進入內地，有些人甚至就居住於交州。《高僧傳・康僧會傳》中記載，中亞名僧康僧會的父親「因商賈移於交趾」士燮家族出入時，有「胡人夾轂焚燒香」。這些「胡人」可能就是來自中亞、南亞、東南亞等地區的傳教者或商人。由於南海諸國到交州貿易甚多，交趾日南太守等官員也從貿易中獲利不少。「初，徼外諸國嘗賫寶物自海路來貿貨，而交州刺史、日南太守多貪利侵侮，十折二三。」由此可見，由於交州交通的便利，其經濟相應興旺繁榮。交州的合浦郡甚至不產糧食而產珍珠，郡民用珍珠換取糧食，完全以商立足。

　　東吳政權一直沒有放棄對交州的覬覦之心。士燮死後，東吳朝廷直接管轄了交州。東吳平定嶺南交趾後，該地依靠大陸腹地，迎來了更大的發展。《三國志・呂岱傳》載，西元二二〇年交州刺史呂岱「既定交州，復進討九真，斬獲以萬數。又遣從事南宣國化，暨徼外扶南、林邑、堂明諸王，各遣使奉貢」。所謂的「奉貢」，就是互市。交州成了名副其實的商貿重點和外交基地。

　　東吳政權和海洋的密切關係決定了它必不會是浩瀚太平洋的默默看客。東吳在政權相對穩定後，就將眼光投向海洋。

　　《三國志・孫權傳》載黃龍二年：「遣將軍衛溫諸葛直將甲士萬人浮海求夷洲及亶洲。亶洲在海中……所在絕遠，卒不可得至，但得夷洲數千人還。」這小段記載背後隱藏著重要的外交事件。西元二三〇年，孫權派遣將軍衛溫、諸葛直率領甲士萬人浮海求夷洲（今臺灣），並希望能夠到達更遠的亶洲。這是一樁不折不扣的大航海壯舉。

　　東吳船隊從章安（今浙江臺州椒江區）啟程，從臺州灣出海，沿海岸航行到福州、泉州，然後橫渡臺灣海峽，在今臺南市和嘉義縣一帶登陸。一行人在臺灣駐紮下來，進行了必要的考察和開拓。但是臺灣並不

像設想的那般美好，島上的土著居民和疾病奪去了數千名東吳士兵的生命。遠航壯舉最後變成了徒勞無功的探索。衛溫和諸葛直最後只得夷洲數千人，半道回國。孫權的目的不是探險，而是希望獲得領土、財富，希望掠奪人口補充軍隊開墾南方。衛溫、諸葛直的損失令孫權震怒，兩人歸國後被下獄誅殺。

陸遜在船隊籌劃之時就表示反對。他認為：「陛下的長遠規畫，包括了夷洲。我反覆思考，看不到這件事有什麼好處。船隊萬里襲取，風波難測，加上水土不服，必然導致疾病和瘟疫。驅趕上萬人為一個縹緲的目標奔波是不划算的。」

儘管這次航海對東吳來說的確是一場噩夢，但孫權的雄心和客觀的結果顯然不能用簡單的「投入與產出」來衡量。

幾十年後，有位文人沈瑩在丹陽當太守。他在一次視察中，見到了幾位當年到達過夷洲的回鄉老兵，興致勃勃地聽他們講述了在那遙遠海島上的傳奇經歷。沈瑩後來寫成了《臨海水土異物志》一書。書中記錄了夷洲的風貌，其描述與今臺灣北部相似。書中所載夷洲土人的風俗習慣等也可從今高山族中找到，從而說明夷洲即臺灣。這也是中國歷史上中國人到達臺灣的首次記載。

西元二三〇年，中原王朝第一次進入了臺灣。國人對夷洲的情況有了切身的了解。這可能是漫漫歷史長河中的一點浪花，但我們在將近一千八百年後仍要感激衛溫、諸葛直的遠航。

衛溫、諸葛直船隊尋找的第二個目標是亶洲。「亶洲在海中，長老傳言秦始皇帝遣方士徐福將童男童女數千人入海，求蓬萊神山及仙藥，止此洲不還。世相承有數萬家，其上人民，時有至會稽貨布，會稽東縣人海行，亦有遭風流移至亶洲者。」有人認為亶洲是海南島，但是更多的人認為是韓國的濟州島。根據徐福的傳說和該地與會稽兩地常有互相救

十　外事四夷的延續

助海難的記載，我們應該傾向於認為衛溫、諸葛直尋找的是前往濟州島的航線。

亶洲不是海南島的另一個重大依據是，當時吳國所設置的交州已經包括朱崖洲（今海南島）。西元二四二年，孫權遣將軍聶友、校尉陸凱率領三萬人的船隊遠航朱崖、儋耳。《三國志·孫權傳》赤烏五年「秋七月，遣將軍聶友、校尉陸凱以兵三萬討珠崖儋耳。」《三國志·陸凱傳》說陸凱在「赤烏中，除儋耳太守，討珠崖，斬獲有功，遷為建武校尉。」

雄心勃勃的孫權和龐大的東吳船隊並不滿足於航行於東海大陸架地區。有兩件事促使東吳將目光投向了更遙遠的南海深處。西元二二五年，扶南諸外國來進獻琉璃。當時南海諸國來獻方物都是以扶南（今柬埔寨）為代表。當時的扶南，國力強盛，鄰近的幾個小國都受它的控制。扶南的勢力擴展到了今天的泰國、緬甸、馬來半島等地，扼守東西海上交通要衝。東吳朝廷對這個南海大國產生了濃厚的興趣。

《梁書》卷五十四《諸夷傳·中天竺國》載：孫權黃武五年（西元二二六年），有大秦商人秦論來到交趾。這是大秦人從海道來到中國的紀錄。交趾太守吳邈見到歐洲人種，很稀奇，就將秦論遣送建業見孫權。孫權問大秦的方土遙俗，秦論分別做了詳細的介紹。秦論在中國待了八年才回國。當時諸葛恪征討丹陽，捕獲黝、歙少數民族的矮人。秦論見了說：「大秦沒有這些人種。那裡的人肯定希望見到這些人。孫權知道後，送給秦論男女各十人。當時秦論已經上路，孫權就差會稽人劉咸將人送給秦論。劉咸在路上病故了，秦論則直接回到本國。

與秦論的交流，促使孫權下定了交結南海、探索前往羅馬帝國道路的決心。

同年，為進一步探索通往大秦的海上航路，以及了解南海地區的情況，孫權命朱應（宣化從事）、康泰（中郎）率領龐大船隊出使扶南。

朱應、康泰等人泛海到達了扶南。整個南洋之行歷時六年之久，「其所經及傳聞，則有百數十國。」其中包括林邑（今越南東南部）和扶南（今柬埔寨）。

根據《通志·四夷扶南》記載：「吳時，遣中郎康泰、宣化從事朱應使於尋國（指以范尋為王的扶南國），國人尤裸，唯婦女著貫頭。泰、應謂田：『國中實佳，但人褻露可怪耳』，尋始令國中男子著橫幅，今干漫（即現在的紗籠，也就是中國人說的筒裙）也。大家乃截綿為之，貧者用布。」可見三國時中國的綿（絲綢）也傳入了扶南，並且用來製作紗籠，改變了扶南人裸體的習俗。

朱應、康泰滯留扶南時，恰巧天竺國（今印度）使臣也來到扶南，康泰「具問天竺士俗」，了解到天竺「佛道所與國也，人民敦龐，土地饒沃，街曲市裡，屋舍倭觀，鐘鼓音樂，水陸通流，百賈交會」等風土人情。

這是中原第一次派專使到南海，直接了解南海地區。朱康二人為探詢通往大秦（羅馬帝國）的通商航路，在扶南居住了多年，把親自到過的和聽說過的情況都記錄了下來。康泰寫成了《吳時外國傳》，朱應寫成了《扶南異物誌》。這兩本書是研究東南亞古代史以及古代中國南海交通史的寶貴資料。

東吳海上開拓事業的進展和成果遠遠超過了被視為大一統盛世的兩漢。這與東吳強大的航海能力有關，也離不開東吳對航海開拓事業的鼓勵與支持。比如，長期經營交州的呂岱為東吳外交事業做出了重大貢獻。孫權毫不吝嗇地進拜呂岱為鎮南將軍。

孫吳的海上交通往來，加強了大陸與臺灣、東海近鄰和南海地區的連繫，也促進了中外貿易和文化的交流。當時東南亞所產的象牙、翡翠、玳瑁等不斷進入中國。中國的土特產品以及文物等也傳到各國各地

區。這就為東晉南朝海上貿易的進一步發展奠定了基礎。

　　跳出一時一地論航海的意義，東吳的遠航繼承了中國的海洋傳統。中華民族無疑是一個陸地民族，我們的活動、思考都是在陸地上展開的。但這並不意味著我們缺乏海洋歷史。中國的東部與南部都為浩渺的太平洋所包圍，具有發展海洋事業得天獨厚的優勢。早在商朝末期，中國就存在「殷人東渡」的傳說。從一九二〇年代開始，考古學界就在太平洋沿岸和南美洲等地發現了疑似中國文明的印痕。

　　數千年來，中國先民透過海外貿易、海外移民、大規模的遠航，構建了豐富多彩的「海上中國」，從來沒有放棄透過海上通道來擴散中華文明。「海上中國」是一張毫不比中外陸地交流遜色的文明網絡。遺憾的是，古代中國的文明和交流活動主要集中在陸地上的客觀事實似乎也使中國人將目光局限在了陸地之上，中華文明中的海洋因子遠遠沒有被人認識透澈。

　　現在「海上中國」已經引起了人們的關注。三國時期東吳的遠航史實完全可以為中國的海洋歷史提供承上啟下的佐證。東吳強大的航海能力和對海洋的探索也可以成為研究「海上中國」的重要案例。

　　中國在三國時期，不僅開眼了解了更多更深的世界，也敞開大門，邁步走向了世界。

三國外交年表

三國外交年表

年份	事件	人物事蹟
155 年		曹操出生
161 年		劉備出生
172 年		魯肅出生
175 年		周瑜出生
179 年		司馬懿出生
181 年		諸葛亮出生
182 年		孫權出生
184 年	黃巾之亂爆發，開始長達30年的起義歷程	
	曹操、劉備、孫堅都參與鎮壓黃巾之亂	
	隴西邊章、韓遂叛亂，眾十餘萬，天下騷動	
187 年		曹丕出生
189 年	董卓提兵入洛陽，開軍閥專權先河	
190 年	關東諸侯合軍討伐董卓，軍閥混戰時代開始	
	漢獻帝遷都長安	
192 年	長安內亂，關中混戰開始	孫堅戰死
	曹操破青州黃巾，收編餘眾	
193 年	曹操討伐徐州，下十餘城，於彭城大破陶謙	
	袁紹、曹操連合，南北互為犄角	
194 年	孫策得孫堅舊部，開始創業	劉璋繼任益州牧
195 年	漢獻帝東歸	
196 年 （建安元年）	曹操逐韓遲、楊奉，迎獻帝至許縣	張濟戰死
	曹操開始屯田州郡例置田官，所在積穀	
197 年	袁術稱帝，旋亡	
	曹操進攻南陽，為張綉所敗	
198 年	曹操南征張綉，袁紹議襲許，曹軍退還	

年份	事件	人物事蹟
199 年	袁紹領有北方四州，袁曹矛盾公開化	
	袁紹虛言南征，曹操分兵山東	
	袁曹雙方展開外交戰。曹操取得勝利：張繡投降、關中安定	
	鍾繇、衛覬西入關中，穩定曹軍側翼	
200 年	官渡之戰，曹操破袁紹；冀州各地多附曹，曹操無力接收	孫策身亡，孫權繼位
	劉備依附袁紹，前往汝南開闢第二戰場	
	汝南之戰，曹操南征破劉備，劉備逃亡新野	
	袁紹擊定冀州諸叛城邑	
203 年	禍起蕭牆，袁尚擊敗袁譚	
205 年	曹操平定冀州	
207 年	曹操擊敗烏桓，穩定北方邊界	劉禪出生
	遼東政權臣服曹操。中國北方統一	諸葛亮投劉備
208 年	曹操南征，荊州投降	
	兵臨城下，孫劉訂立同盟	
	赤壁之戰，孫權、劉備大敗曹操	
	東吳占領江夏、南郡，劉備占領荊州南部	
209 年	孫劉互表官職，並聯姻，鞏固同盟	
210 年	劉備以交州北換得南郡江陵，東吳內部分歧嚴重	周瑜病故
	周瑜欲以取四川為由，牽制劉備	魯肅代周瑜，對劉備親善
211 年	孫權復遣軍取四川，遭到劉備阻撓	
	曹操破西涼諸軍，平定西方，威脅四川	
	劉璋引劉備入川	
	211年前後，東吳開始籌建建業防區	
212 年	孫權建都建業，開始經營江北防務建造濡須塢	
	劉備進攻劉璋	
213 年	曹操進攻東吳江北防務，僵持於濡須口之戰	
	曹操進爵魏公，曹氏王朝隱現	

三國外交年表

續表

年份	事件	人物事蹟
214 年	劉備調荊州力量入川,合圍成都	
	劉備領有益州,激起東吳極大憤怒	
	曹孫繼續在江北防線激戰	
215 年	東吳求索荊州三郡,遭到劉備拒絕	
	東吳強力爭荊州,劉備整軍以待,孫劉交惡	
	曹操乘孫劉交惡,攻取漢中	
	劉備在漢中壓力下,與東吳簽訂平分荊州協定	
217 年	東吳開始疏遠劉備,外交上靠攏曹操	魯肅病故
		呂蒙代魯肅,對劉備強硬
219 年	劉備攻取漢中和東三郡地區,勢力達到極盛	
	孫權攻合肥,無功而返	
	關羽北伐樊城,水淹七軍,震動中原	劉禪出生
	孫權致信曹操,計謀偷襲關羽;曹操公布孫權來信	諸葛亮投劉備
	呂蒙偷襲荊州,擒殺關羽	
220 年	孟達以東三郡降魏	曹操逝世,曹丕繼位
	曹丕受漢獻帝禪,建立魏王朝	
	周邊少數民族派出的使節參加禪讓典禮	
221 年	劉備稱帝,建立蜀漢	
	劉備整軍東征孫吳。孫權求和不成,移都武昌備戰	
	孫權委曲求全於魏國,避免兩線作戰	
	曹魏下詔褒揚張恭重新打通河西走廊的功績	
222 年	陸遜大敗劉備於夷陵	
	曹魏乘虛分兵征吳,孫權臨江拒守	
	孫權派遣鄭泉聘劉備於白帝,蜀吳重新開始外交接觸	
	曹魏設西域戊己校尉。首任戊己校尉是張恭,駐高昌	
223 年	鄧芝使吳,吳蜀重新通好	劉備逝世,劉禪繼位
	諸葛亮受命為輔政大臣	

年份	事件	人物事蹟
224 年	東吳輔義中郎將張溫出使蜀漢	
225 年	諸葛亮南征，平定南中地區	
	扶南諸國向東吳進獻琉璃	
226 年	大秦（羅馬帝國）商人秦論從海路到達交趾，並前往武昌會見了孫權。秦論在中國居住了8年	曹丕逝世，曹叡繼位
	東吳開始收回交州南部	士燮逝世
	孫權命宣化從事朱應，中郎康泰率領龐大船隊出使扶南。這是中國第一次派專使出使南海。	
228 年	諸葛亮出祁山北伐，遭到街亭失敗	
	陸遜誘敵深入，大敗曹休軍石亭之戰	
	諸葛亮出散關北伐，糧盡而退	
	公孫淵取代叔叔公孫恭，成為遼東第四位君主	
229 年	諸葛亮北伐攻取武都、陰平二郡	
	孫權稱帝，建立東吳。蜀漢派陳震使團前往祝賀。蜀漢、東吳訂立中分天下盟約，平分天下	
	五月，孫權派遣張剛、管篤出使遼東	
	大月氏王波調遣使奉獻，被曹魏封為親魏大月氏王	
230 年	諸葛亮北伐，糧運不濟而退	
	孫吳船隊遠航大海求夷州及亶州，成功登陸	
232 年	二月，孫權派遣周賀、裴潛出使遼東，遭到曹魏截擊	
233 年	孫權進軍合肥新城，不克	
	孫權派遣大規模的張彌使團出使遼東，被公孫淵出賣	
234 年	孫吳蜀漢東西分兵伐魏，皆不克	
	諸葛亮在休養兩年後，最後一次大舉北伐	諸葛亮病逝五丈原
235 年	孫權派遣使者謝宏、中書陳恂出使高句麗	
238 年	司馬懿平定割據遼東的公孫淵	
	日本向曹魏派出第一個官方使團，以難升米為正使	

三國外交年表

續表

年份	事件	人物事蹟
239 年	司馬懿與曹爽共同輔政	魏明帝逝世，曹芳即位
240 年	梯俊等人航海來到邪馬臺國。這是曹魏派往日本的第一個官方使團	
	西域商人大舉來中原朝貢並貿易	
243 年	日本向曹魏進貢	
245 年	日本向曹魏進貢	
247 年	日本邪馬臺國與狗奴國發生戰爭，遣使來華通告求助。張政等人帶著詔書、黃幢等到日本宣化。日本使團第四次來華	
241 年	孫吳再次北伐淮南，失利	
244 年	此後3年，曹操討伐了高句麗及其濊、貊僕從	
246 年	百濟部落出兵襲擊了樂浪、帶方等地，引發曹魏與朝鮮半島地區的大規模戰爭	
249 年	司馬懿經過高平陵政變，獨攬朝政	
251 年		司馬懿逝世
252 年		孫權逝世，孫亮即位
253 年	諸葛恪大舉北伐淮南失利，淮南戰事從此沉寂	
	此後幾年，姜維多次北伐，戰果不大	
253 年	鍾會伐蜀，鄧艾偷襲，劉禪投降，蜀漢滅亡	
265年	曹奐禪讓，司馬炎受禪建立西晉，魏亡	孫皓即位，為吳末代君主
	西域商人大舉來中原朝貢並貿易	
272 年	西域督軍步闡據城降晉，馬上被東吳消滅	
279 年	夏，交州郭馬叛亂，幾乎動搖東吳後方	
	西晉兵分六路，大舉伐吳	
280 年	孫皓投降，東吳滅亡，三國時代結束	

三版後記

感謝各位讀者閱讀本書。

古代中國有著豐富的外交實踐和外交思想遺產。就拿「大使」這個外交官職來說，筆者一直在使用這個名詞，但對這個詞的來由認知甚少。筆者在寫作古琉球國與清朝關係論文的時候，第一次在中國古代典籍中注意到了「大使」這個詞。當時古琉球國到北京朝貢的使團有專門住處，那就是位於現在北京正義路一帶的「琉球館」。禮部在琉球館派駐有管理、接待官員，稱為「琉球館大使」。琉球官員拜見禮部官員，領送公文和進宮參拜，大使都要全程陪同。這個「琉球館大使」和現在意義上派駐他國的大使功能有些相似，但又有根本不同。因為他是被動在國內接待、處理外國的外交事務。其背後的外交觀念與現代截然相反。

在寫作本書的時候，筆者查閱了系列著作，才明白「大使」稱謂在先秦時期就已經出現了。當時人們將天子所遣使節稱為大使，《禮記·月令》：「是月也，毋以封諸侯，立大官，毋以割地，行大使，出大幣。」這種「大使」是天子所遣封建諸侯的使節。這裡的「大使」是重要使節之意。到西漢後期也有將正使稱為「大使」的。可見大使一詞是土生土長的古代詞。在接受近代的西方外交規範的時候，大使這個詞被古詞新用，賦予了全新的含義。

輝煌的中國古代歷史有著獨特的、成熟的外交制度。其中就包括相當規範嚴整的外交使團制度。除了官員層級的官屬、隨員之外，外交使團中還有翻譯、警衛、雜役等各種服務人員。筆者不禁要汗顏的是，自己對本國外交歷史和遺產了解太少，以至於在認識現代外交事物的時候

三版後記

常常不明左右和上下的由來。

本書就是揭開中國古代外交神祕面紗的一個嘗試。筆者嘗試著從外交角度講述三國歷史，評論三國的人和事。這裡的外交既是傳統意義上的中國與周邊國家之間的外交，也包括內部各政權之間的縱橫捭闔。

現代意義上的外交指的是國與國之間的外交。當今國際政治討論使用的是西方概念、西方思維，連案例也是西方的。在這樣的背景下，國際政治研究總是夾雜著那麼一絲無奈和不甘。好在外交學領域正在興起兩大熱潮，衝擊了現在的這一狀況。第一，呼喚挖掘外交傳統和歷史寶藏。比如國際政治學界提倡的政治研究的中國視角。其中的重要方向就是重視、整理歷史經驗和傳統。第二，已經有人開始做古代外交和外交思想的工作。葉自成教授的著作《春秋戰國時期的中國外交思想》是迄今為止在中國外交史和外交思想研究領域的扛鼎之作，也是外交學專業的必讀書目。而在《三國史》一書中則將東漢末期的軍閥割據混戰時期的政治軍事爭鬥直接稱為「三國外交」。乘著前人的風氣，希望本書能夠參與到這兩大浪潮中去。

筆者感覺到現在的三國外交史研究，歷史學科與外交研究尚有待建立更加緊密的連繫，相互借鑑，相互促進。作為顯學的三國史累積了大量的研究成果，包括對外交流史、內部政治史和專門史的豐富內容。傳統意義上的外交，在三國時期的確存在，包括以西域為中心的各國外交、以遼東為樞紐的三角外交（魏-遼-韓日，吳-遼-韓日，魏-吳-遼）、以嶺南交趾為中心的南方外交和海上絲綢之路的內容。這些是外交研究的基本內容。再將三國外交延伸至內部的雙邊關係，將是另一個絢麗多彩的領域。但是外交學研究偏好關注更熱的顯學和實際問題，而歷史學界也無暇顧及挖掘三國歷史的外交內涵。

已有的三國外交史研究成果有限。現在站在外交立場研究三國的作

品多是平淡地移植三國歷史研究的成果，進行簡單的分析。對三國外交的大致脈絡、三國外交思想、具體行為體的外交策略缺乏深入分析，對傳統外交和三國內部外交的關係缺乏關涉，對具體的外交事件和外交家的思想研究也有待繼續深入研究。

現有的三國外交史的進展在一些具體問題上相當有深度，但是對三國外交的整體梳理工作還沒展開。已有的歷史論文和外交研究集中於特定國家或特定時期，缺乏全面的研究。三國時期人物和事件中的外交思想具有相通之處，按照國別、事件和人物將完整的外交歷史和外交思想割裂是有欠缺的。

還有一個不足就是《三國演義》的影響。三國歷史實在是太有名了，人們在演義小說和傳聞的影響下對三國歷史耳熟能詳。但遺憾的是，演義小說中有一些虛構的情節和史實，與正史相摻和，使人們難分真偽。

筆者僅以對蜀漢勢力的推崇為例子說明一些問題。《三國志》成書的時候，陳壽是以曹魏為正統的。晉朝的習鑿齒寫了《漢晉春秋》，顧名思義是以蜀漢為正統了。宋朝朱熹以來，知識分子基本上是同意習鑿齒的意見而否定陳壽的做法。陳壽身為晉朝大臣，而晉朝承繼的是曹魏的國統。如果否定曹魏正統，就是否定當朝，因此儘管陳壽是蜀人，還是要以曹魏為正統。習鑿齒時，晉朝已經南渡，情況類似於蜀漢的偏安。習書的傾向有為偏安者爭正統的意思在裡面。宋高宗南渡臨安以後，南宋偏安江左，情況更與蜀漢相似。當時北方原曹魏的土地全部進入了金國版圖。因此南宋諸儒紛紛以蜀漢為正統。長期的尊蜀抑魏，造成《三國演義》小說中有許多傾向性明顯的故事和史實。它們深深刻入了人們的腦海。筆者在寫作中盡量依靠《三國志》，但演義小說在人們頭腦中植入的條條框框自然也影響了筆者。筆者和本書也難以做到完全不受演義小說的影響。

三版後記

　　本書是在筆者碩士論文的基礎上擴展而成的，共分十章。第一章介紹了三國外交展開的背景；第二、三章介紹了從西元一九〇年開始的軍閥混戰到蜀漢夷陵之戰為止的外交歷史；第四章到第七章分國別對曹魏、蜀漢、東吳和遼東的外交策略和國家歷史做了梳理；第八、九章分別從策略和戰術層次談了三國外交思想；最後的第十章介紹的是傳統外交的內容。三版主要修正了「借荊州」的部分內容，增加了筆者對遼東政權歷史作用的思考，同時刪除了部分繁瑣的文獻註釋。

　　筆者的導師葉自成教授對本書的成形和論文的答辯給予了很大的幫助。葉老師對「三國外交」研究的鼓勵是本書寫作的重大動力。葉老師對中國外交史和外交思想的開拓性研究，給予筆者這樣的後來者巨大的思維啟發和創作刺激。十年後，徵得葉老師的同意，並修改了個別字詞，本書繼續沿用他的序言。

　　謝謝大家！

張程

謀略，三國留名青史的外交遺產：

官渡之戰逆轉勝、利益衝突毀同盟、玩轉三方終自斃，為了奪天下，每步都得深思熟慮！

作　　者：張程

發 行 人：黃振庭

出 版 者：崧燁文化事業有限公司

發 行 者：崧燁文化事業有限公司

E-mail：sonbookservice@gmail.com

粉 絲 頁：https://www.facebook.com/
　　　　　sonbookss/

網　　址：https://sonbook.net/

地　　址：台北市中正區重慶南路一段六十一號
　　　　　八樓 815 室

Rm. 815, 8F., No.61, Sec. 1, Chongqing S. Rd.,
Zhongzheng Dist., Taipei City 100, Taiwan

電　　話：(02)2370-3310

傳　　真：(02)2388-1990

印　　刷：京峯數位服務有限公司

律師顧問：廣華律師事務所 張珮琦律師

國家圖書館出版品預行編目資料

謀略，三國留名青史的外交遺產：官渡之戰逆轉勝、利益衝突毀同盟、玩轉三方終自斃，為了奪天下，每步都得深思熟慮！ / 張程著 . -- 第一版 . -- 臺北市：崧燁文化事業有限公司 , 2024.01

面；　公分

POD 版

ISBN 978-626-357-889-0(平裝)

1.CST: 三國史 2.CST: 謀略

622.3　　112020808

定　　價：350 元

發行日期：2024 年 01 月第一版

◎本書以 POD 印製

電子書購買

臉書

爽讀 APP